南方传媒智库丛书

岭南文脉

南方日报社◎编

南方日报出版社
NANFANG DAILY PRESS
中国·广州

图书在版编目（CIP）数据

岭南文脉 / 南方日报社编. -- 广州 : 南方日报出版社，2020.1
ISBN 978-7-5491-2102-1

Ⅰ. ①岭… Ⅱ. ①南… Ⅲ. ①地方文化一文化研究一广东 Ⅳ. ①G127.65

中国版本图书馆 CIP 数据核字(2019)第 235238 号

LINGNAN WENMAI
岭南文脉

编　　者：南方日报社
出版发行：南方日报出版社
地　　址：广州市广州大道中 289 号
出 版 人：周山丹
责任编辑：刘志一　李　哲
责任技编：王　兰
责任校对：裴晓倩
装帧设计：邓晓童
经　　销：全国新华书店
印　　刷：广州市岭美文化科技有限公司
开　　本：787mm×1092mm　1/16
印　　张：19.75
字　　数：250 千字
版　　次：2020 年 1 月第 1 版
印　　次：2020 年 1 月第 1 次印刷
定　　价：68.00 元

投稿热线：（020）87360640　　读者热线：（020）87363865

《岭南文脉》编写组

主　编：陈　志

副主编：孙国英

编　辑：李　培　郭　珊　杨　逸　毕嘉琪

前言

文运同国运相牵，文脉同国脉相连。

岭南文化，源远流长，采中原之精粹，纳四海之新风。两千多年来，在华夏文明历史长卷上书写了独树一帜、绚丽多彩的不朽篇章。

广东乃岭南文化的发祥地、海上丝绸之路发源地、近代民主革命策源地、改革开放先行地。广阔的南粤大地上，埋藏着数不尽的珍宝遗存，诉说着彪炳千秋的人文史诗；得天独厚的地理环境和人文环境，孕育了求真务实、开放包容的精神气质。

新中国成立以来，广东文化频结硕果。尤其改革开放后，广东文化数度引领风潮，对推动广东当好排头兵、先行地、试验区功不可没。迈进新时代，坚定文化自信，加快建设文化强省，努力承担起举旗帜、聚民心、育新人、兴文化、展形象的使命任务，交出物质文明和精神文明两份好的答卷，是广东实现“四个走在全国前列”、当好“两个重要窗口”的必然选择。

近年来，《广东省进一步加强精神文明建设行动计划》《广东省建设文化强省行动计划》《广东省推进“粤港澳大湾区文化圈”建设三年行动计划（2019—2021年）》等相继出台，以走在全国前列为目标，高标准高质量推动广东文化繁荣兴盛……一幅恢宏绚丽的新时代广东文化强省建设蓝图，在南粤大地徐徐展开。

一纸书风云，劲笔著华章。与新中国同龄的《南方日报》，始终坚守作为广东省委机关报的文化担当，坚定文化自信，讲好奋勇前行的广东故事，唱响主流舆论的南方声音。

为深入学习贯彻党的十九大精神和习近平总书记系列重要讲话精神，南方日报文体新闻部接连开展“广东文化深调研”“大湾区文化观察”“文物看湾区”“南粤护宝人”“广东文化现场”等重大策划——聚焦广东文化发展各个领域，深入走访南粤各地文化现场。文化记者用专业的笔触剖析广东文化发展中的热点、难点，发挥媒体“智库”作用，助力广东文化强省建设。

《岭南文脉》一书中，既有立足粤港澳大湾区建设新的发展机遇，对三地同根同源文脉的梳理和追寻，也有专家学者对人文湾区建设的建言献策；既有对广东各地生动基层文化现场的直击，也有对传统文化进行创造性转化和创新性发展的经验提炼；既有对广东文化建设难点问题的深调研走访，也有文化名人、一线文化工作者的实践案例……洋洋大观，展现出南方日报文化记者认真锤炼脚力、眼力、脑力、笔力“四力”的收获和成果。

珠江水逶迤浩荡，南海潮激昂壮阔。从这些鲜活的文字中，我们能窥探广东文化强省建设发展的新变化、新面貌，看到奋战在一线的文化工作者的努力和拼搏，感受千年岭南文脉的昌兴延绵，薪火相传。

目录

第一章
综观：增进文化认同　构建人文湾区

第二章
直击：寻味文化亮点　提升文化自信

第三章
深访：挖掘典型案例 探索文化方位

第四章
问脉：探访文化遗产 追寻文化根脉

第五章
对话：走近文博人物　感悟工匠精神

第六章
调研：聚焦重大议题　助力文化强省

第一章

综观：增进文化认同　构建人文湾区

湾区文化同根源
历史文脉共守护

青砖上写满记忆，灰墙间触摸城市肌理。在广州恩宁路占地面积仅8000平方米的永庆坊，坐落着李小龙祖居、24—28号双号民居等历史建筑。随着永庆坊的修复，李小龙祖居、粤剧武打演员的精神家园銮舆堂活化一新，成为年轻人热门打卡地，吸引着越来越多的市民慕名前来。

2018年10月24日下午，习近平总书记视察了广州市荔湾区西关历史文

●改造后的广州市荔湾区西关历史文化街区永庆坊，成了年轻人的热门打卡地（李细华　董天健　摄）

化街区永庆坊。总书记指出，城市规划和建设要高度重视历史文化保护，不急功近利，不大拆大建，更多采用微改造这种“绣花”功夫，注重文明传承、文化延续，让城市留下记忆。

粤港澳三地以岭南文化为共同根脉。近年来，三地文博界合作密切、互动频繁，联手推进历史街区及历史建筑的保护活化、文物资源的融通交流，共同守护岭南文脉。随着粤港澳大湾区建设步伐的加快，三地文博界互动合作将迎来一个崭新时期，增进三地民众文化认同，推动岭南文化焕发当代光彩。

/ “绣花”功夫 /
活化历史建筑，留下城市记忆

永庆二巷七号之一，是粤剧銮舆堂所在地，随着永庆坊的“微改造”成功，銮舆堂也重现生机。广东粤剧銮舆堂秘书长罗英伟向笔者介绍说，銮舆堂是粤剧武打演员的行会组织，属于八和会馆的下属堂口之一，在全球粤剧戏班中，只有广州和香港两地有銮舆堂。

热爱粤剧的盘经宇老人来自香港，现年70多岁的他是负责掌板的乐师，几乎每周都专程从香港赶来参加私伙局演出。现在交通很方便，粤港两地的銮舆堂会员经常来这里参加活动。如今，在广东粤剧銮舆堂的400多名会员中，香港和澳门的会员有十几人。銮舆堂已然成为三地粤剧爱好者的精神家园。

其实，銮舆堂早在重建的过程中，就凝聚了粤港两地演艺界和粤剧界的共同力量。20世纪80年代，香港知名武打演员林蛟率领大批香港红伶回穗观光，见到堂所颓败将倾，于是热心奔走粤港两地，筹资重建。香港粤剧名伶芳艳芬，著名演员成龙、梅艳芳等众多香港演艺明星大力支持。1993年，銮舆堂重建落成，建筑面积有200余平方米。

在粤港澳大湾区，三地城市在历史街区的改造中，通过历史建筑的保护活化，延续岭南文脉，也维系着粤港澳三地民众共同的文化乡愁。在岭南古建筑研究专家、广州大学岭南建筑研究所所长汤国华看来，香港、澳门一些代表性的历史建筑保留了岭南文化的基因内核。

“澳门非常重视历史城区的保护，始建于清末的郑家大屋、卢家大屋，作为‘澳门历史城区’的一部分被列入《世界遗产名录》，它们同属岭南风格民宅，保留了最为完整的岭南西关大屋形制。如今，这样完好的西关大屋和岭南风格园林即便在广州都已不多见。”汤国华说，“今天，要了解最原汁原味的广州西关大屋，可能要去澳门。”

在香港，位于湾仔的蓝屋建筑群，也是典型的岭南特色建筑，是目前香港少数还有凹阳台（香港人称“骑楼”）的唐楼。近年来，香港对蓝屋建筑群进行保育活化，2017年蓝屋建筑群荣获“联合国教科文组织亚太区文化遗产保护奖”中最高级别的卓越奖项，成为香港首个获得卓越奖项的项目。

“蓝屋建筑群较好地保留了20世纪20—80年代的唐楼风格，与广州恩宁路附近的‘竹筒屋’风格相似，体现了岭南建筑中西合璧的风格特色，见证了华洋杂处的文化特征，它的外墙、木楼梯和阳台铁栏已成为湾仔的

●澳门历史城区成功申报世界遗产的过程，包含了粤港澳三地政府和专家学者的相互支持和共同努力。图为澳门大三巴牌坊（新华社资料图片）

●香港蓝屋建筑群是典型的岭南特色建筑，于 2017 年获得“联合国教科文组织亚太区文化遗产保护奖”卓越奖项（新华社资料图片）

标记。”汤国华认为，保护、活化这些历史建筑，就是保护三地共同的城市文脉和记忆。

“香港蓝屋建筑群的活化非常成功，实现了‘留屋留人’。通过加装卫生间、升降机等手段提升原住居民的生活质量，引导留下来居住的居民自发讲述旧日香港的生活；通过建设香港故事馆、糖水铺、素食店等，在满载回忆的老房子里融入新的故事。”汤国华说。

对比香港和澳门，广州有2000多年的城市历史，这旦既有历史悠久的岭南建筑，又有中西合璧的近现代建筑，传统与现代在这里相融。广州市国土资源和规划委员会相关负责人表示，广州未来的城市规划和建设要充分发挥“岭南文化中心地”的桥梁与引领作用，做好优秀岭南文化传承创新大文章，更多借鉴永庆坊的模式，用“绣花”功夫进一步平衡老城的新与旧、现代与传统、活力与文化的关系，让历史文化重回市民的身边，融入市民生活。

/ 遗迹串联 /

倡建大湾区文化遗产游径

粤港澳三地唇齿相依、血脉相连。基于深厚的地缘、史缘、亲缘等关系，三地以岭南文化为根脉，留下璀璨而丰富的文化遗产，见证、诠释着一脉相承的久远过往。

近年来，粤港澳三地文博界的合作日益增多。由广东省文物考古研究所和香港古物古迹办事处合作开展的香港大埔头村敬罗家塾修缮工程获得了2010年“联合国教科文组织亚太区文物古迹保护奖”杰出项目奖。在澳门历史城区和开平碉楼与村落申报世界文化遗产的过程中，三地政府部门和专家学者相互支持，合作审核修订申报文本，发挥了各自的专业特长，使两个项目先后成为世界文化遗产。

2007 年开平碉楼与村落成功申报世界文化遗产，其申报文本凝结了粤港澳三地专家学者的共同智慧（肖雄　张冠军　梁文悦　摄）

从20世纪90年代开始，香港通过规划和启用文物径，将历史建筑及旧址连接起来，不少文物径勾勒出岭南文化在这座国际城市的发展和演变过程。以1993年始建于香港新界的屏山文物径为例，把坑头村、坑尾村和上璋围三条村落中极具历史意义的古建筑，如全港最大的祠堂邓氏宗祠、上璋围、觐廷书室、洪圣宫、杨侯古庙等，串联成一条独具岭南特色的文化廊道，勾勒出百年前农耕生活的图景。

2018年10月23日，在澳门开幕的2018世界旅游经济论坛上，广东省领导首倡共建粤港澳大湾区文化遗产游径，提出要以历史为纽带，将粤港澳三地的历史文化遗产，尤其是广州的文化遗产、珠海和中山的岐澳古道、深圳改革开放的历史遗迹、澳门的世界遗产建筑和历史城区、香港的文物径等，进行有效的串联沟通，构建成一个极富特色和历史底蕴的粤港澳大湾区文化遗产游径系统，共同展示三地的包容性和岭南文化特质。

“广东省将大力推动三地共同挖掘和利用粤港澳大湾区内的文物古迹、世界文化遗产和非物质文化遗产、古驿道等资源，打造精品文化和旅游线路及产品，共建粤港澳大湾区文化遗产游径。”广东省文化和旅游厅厅长汪一洋说。

孙中山、林则徐等中国近代史上的杰出人物在粤港澳三地都活动过，留下了历史足迹；东江游击纵队也在粤港两地活动过，营救文化名人。广东省文物考古研究所所长曹劲认为，以主题游径串联起这些散落在粤港澳大湾区里的文化遗产，让人们追忆并找寻自己的文化脉络，感受传统文化独特的凝聚力，也让遗产融入当下的城市生活。

在香港规划的诸多文物径中，有一条孙中山史迹径。这条史迹径以孙中山就读的香港大学为起点，串联15个孙中山活动过的地点。这条独特的孙中山史迹径的出炉，让公众缅怀孙中山足迹之余，深入地认识其革命理想和爱国情操。

“以孙中山史迹为例，大湾区相关遗存可以连珠成串。中山是伟人故里，澳门是孙中山从学校走进社会从医的地方，香港是孙中山赴夏威夷、早年求学和革命的根据地，广州是孙中山革命的圣地……这些特殊而深厚的关系，是粤港澳历史文化中宝贵而核心的共同财富。”曹劲说，“踏上粤港澳文化遗产游径，寻根溯源感受岭南文化，三地有着相通的方言、习俗、记忆和传统，以历史为纽带，串联文化遗产，凸显城市气质，推动湾区的交融与合作。”

广州孙中山大元帅府纪念馆副馆长朱晓秋告诉笔者，近年来，越来越多的香港和澳门学生到大元帅府纪念馆开展研学活动，纪念馆尤其注重向香港的大学、中学和教育学院的师生敞开课外教育的大门。

“许多香港学校组织学生到大元帅府、鸦片战争博物馆等广东革命历史遗迹参观学习，他们会根据历史课本编写拓展教材。一些学生参观完纪念馆后，还会在大元帅府现场组织学生对历史知识进行讨论和演讲，这样的学习形式能让他们更真切地认识和感知历史。”朱晓秋希望未来粤港澳三地的文化和教育主管部门不断推动类似的合作交流，联结共享文物资源，促进三地民众对大湾区共同文化历史的认知。

岭南文化学者、华南理工大学教授谭元亨近年来多次呼吁，在广州海珠区南石头街建立一座关于抗战的纪念馆，展示粤港两地人民共同的抗战记忆。

据了解，目前南石头街发现尚存的粤港难民细菌战遗址共有7处。其中，侵华日军华南防疫给水部遗址于2002年被公布为广州市登记保护文物单位。近年来，这一遗址吸引了越来越多的粤港两地专家关注。2015年10月，广州市海珠区政协港澳组40多位港澳政协委员专程来到南石头街回顾那段历史。2017年2月，海珠区还组织了“粤港难民细菌战历史遗址保护”专题调研。“通过建设纪念馆，可以让两地人民更好地记住那段历史，前事不忘，后事之师。”谭元亨建议。

/ **联合办展** /

共同擦亮地域文化品牌

除了作为不可移动文物的历史建筑，诉说三地历史文脉的可移动文物资源也以多种方式互通、交流、巡展，不断强化粤港澳三地民众对岭南文化的共同认知。

"在艺术上，粤港澳三地同属岭南美术体系。近年来三地不断以岭南地域美术研究为学术抓手，促进藏品、人才和研究的互动交流，成果颇丰。"广州艺术博物院院长陈伟安说，尤其是粤港两地的美术馆已形成了一套较好的对岭南地域美术策展和研究的联动机制。

多年来，广州艺博院与香港博物馆和美术馆合作，调拨三地重要博物馆和美术馆的珍贵藏品，先后促成了"故园思乡——居廉居巢绘画展""丁衍庸艺术回顾展""岭南独秀——纪念赵少昂诞辰110周年展"等重要展览。展览在粤港两地举办，备受两地文化界和市民好评。这三大展览分别围绕岭南画派"二高一陈"的先师居廉和居巢、广东近代美术"三杰"之一的丁衍庸（另两位是关良、林风眠）、岭南画派第二代代表人物赵少昂（与关山月、黎雄才、杨善深并称"岭南四大家"），从粤港两地博物馆精选作品，共同促成了对岭南美术史颇为深入的研究和展示。尤其是"岭南独秀"展，调集香港文化博物馆、广州艺博院和旧金山亚洲艺术博物馆三馆所藏的最具代表性的赵少昂精品同聚一展，促成了迄今规模最大、展品最精、学术规格最高的赵少昂作品展览。

多年前，广东省博物馆（以下简称"粤博"）为筹建新馆，开始重点征集反映十三行和明清外销艺术品方面的文物。正是在香港文物界专家的共同努力下，促成粤博在2007年和2008年，先后从海外收藏回一批珍贵的外销画，如乾隆年间的《市井风情图》外销壁纸、《广州港全景图》外销画等珍贵藏品，极大充实了粤博馆藏。

"当时我馆这方面的收藏几乎是空白，而香港历史博物馆、香港艺术馆、澳门博物馆、澳门艺术馆在这方面的研究和收藏都优于我馆。于是我们通过学术会议交流学术观点，通过前往港澳各馆调研相关藏品、展览和文物保护方面的经验，通过聘请港澳文博界在此研究领域的资深专家，为我们的文物征集、鉴定、把关提供帮助。"广东省博物馆陈列展示中心主任、研究馆员白芳说。

近年来，三地文博界不断通过密切交流，增强合作，守护共同的岭南文化遗产。三地的文物交流展览也日益频繁。仅在2018年，粤港澳三地联合或粤港两地就联合举办大型文物交流展览5个，如"牵星过洋——明代还贸传奇”“海阔羊城——广州与海上丝绸之路图片展”“东西汇流——13至17世纪的海上丝绸之路”“潮州木雕精品展览”“一衣带水——文物视角中的香港与江门”等。

白芳向笔者介绍说，广东省博物馆目前主要有三种方式与港澳文博界“合作办展”，包括三地联合策展、交流互换展和对方单向引进三种模式。“三地联合策展模式，如2014年举办的‘岭南印记——粤港澳考古成果展’，三地通过文物资源共享、三地策展人联合策划、三地巡展的方式在研究、策展、回馈公众方面都有受益；交流互换展模式，包括2018年引进香港历史博物馆的‘百年时尚：香港长衫故事’在广州引起了轰动，而香港历史博物馆对应引进了粤博的潮州木雕展，利用各馆藏品、研究优势提升展览的多样性；对方单向引进模式，如把‘牵星过洋——明代还贸传奇’‘东西汇流——13至17世纪的海上丝绸之路’等粤博自主策划的有国际影响力的展览品牌输送给对方，增进展览交流合作。”

随着粤港澳大湾区建设步伐的加快，未来将有更多三地联合推出的文物展惠及三地民众。2019年至2020年，广东省博物馆与香港艺术馆、澳门博物馆联合策划“三城记”展览，以文物、史料为主，多角度展示穗、港、澳三城同宗共源却又都别具一格的人文生态。广州艺博院在2019年举办“岭南画派鼻祖高剑父诞辰140周年纪念展”，也计划联动香港、澳门的资源，汇聚三地馆藏最精的作品、最强的学术成果，合力推动岭南艺术绽放新的光彩。

（孙国英　李培　宋金绪　刁定宏）

融合湾区资源　创新非遗业态

让城市留下记忆，让人们记住乡愁。粤港澳三地同根同源，人文底蕴深厚，丰富多彩的非物质文化遗产，既是中华优秀传统文化的重要组成部分，又是粤港澳三地民众共有的文化根脉与精神家园。大湾区非遗的创造性转化、创新性发展，已成为三地共建“人文湾区”的题中之义。

习近平总书记在广东视察期间，参观了广州永庆坊的“三雕一彩一绣”展览与粤剧艺术博物馆。如今，粤港澳大湾区非遗保护工作也迎来新的机遇：首届“深圳非物质文化遗产周”与“2018广东（佛山）非遗周”等盛会先后开锣，广州为被列入第一批国家传统工艺振兴目录的项目制订“三年计划”方案，东莞首创“非遗季”“非遗墟市城际联盟”等非遗保护创举也同样亮点纷呈。

如果说文化认同是构建“人文湾区”的基础，文化创新则是未来大湾区深度融合的活力之源。随着文化交流活动主体、平台日趋多元，大湾区非遗保护的新型合作模式也渐露雏形。南方日报记者深度追访湾区城市在非遗交流、传承、活化等方面交流合作的案例，前瞻粤港澳非遗保护合作的新路径。

/ **渠道融通** /

打造平台，溯源三地非遗根脉

2018年11月2日，佛山祖庙牌坊前，礼炮齐鸣、彩灯飞旋，一场盛大的“佛山秋色”巡游即将拉开帷幕。巡游队伍踏着乐声、欢呼声出发。全程3.5公里的巡游路线上，43项节目、6辆彩车汇聚成一场民俗文化盛宴。

在2018广东（佛山）非遗周上，香港传统文化艺术扎作师冒卓祺带来三只色彩各异、个性十足的纸扎麒麟，吸引大批市民前来围观。麒麟扎作技艺在香港已经流传将近200年，它的“根”却在广东佛山。时至今日，这门手艺仍在民俗活动中扮演着不可或缺的角色。

粤港澳三地非遗同根同源。最早的澳门广彩手绘艺人大部分来自广州。澳门工艺美术协会理事、澳门广彩手绘传承人李溢坡介绍说，澳门广彩在欧美市场一直销路很广，形成了淡雅、柔和、中西合璧的独特风格。

澳门特别行政区文化局文化遗产厅研究及计划处职务主管卢可茵介绍说，在澳门首批被列入非遗清单的15个项目之中，就有超过一半同时被纳入国家级非遗代表性项目名录。

“三地非遗无论在传统文化源流还是外来文化源流方面，形式和内涵上都具有同质性，既反映了岭南非遗对港澳的影响，也表现了港澳非遗项

来自香港的传统客家麒麟队加入2018年“佛山秋色”巡游队伍（戴嘉信　摄）

目吸收的外来文化对岭南文化的影响。”广东省文史馆馆员、中国工艺美术学会副理事长张春雷说。

随着大湾区城市交流日益频繁，“佛山秋色”这一民俗活动也在不断升级：自2016年始，“佛山秋色”巡游活动与广东（佛山）非遗周结合举行；2018年，港澳非遗项目的加盟让非遗周扩容为粤港澳大湾区非遗展示的大舞台。

冒卓祺表示，非遗周不仅让更多人认识了香港扎作，也让粤港两地扎作艺人开展更广泛的交流。“非遗周的平台，打开了港澳非遗传承人的眼界，获得不少文创灵感。”有观众就建议冒师傅在纸扎麒麟上增加声光电特效，将传统扎作升级为公共艺术品。

相同的文化根脉，让大湾区城市的非遗项目很容易走到一起。2017年东莞“文化四季”之“非遗季”期间，广州、深圳、佛山、韶关、阳江、河源、云浮、清远、惠州九市与东莞成立“非遗墟市城际联盟”，展示各地非遗产业转变成果。据透露，联盟将进一步升级为“粤港澳大湾区非遗墟市”。

大湾区城市非遗展会百花齐放之余，如何深度融合与转化，打造具有全国影响力的非遗品牌活动，也引起业内人士的思考。

张春雷认为，大湾区非遗不仅需要展示平台，建立传承人和非遗工作者之间学术碰撞、思想沟通的平台同样迫切。2018年，广东（佛山）非遗周为此举行了“非物质文化遗产保护区域合作交流会”，构建区域“非遗保护联盟”等设想也随之被提上议事日程。

/ 人才孵化 /

香港时装设计师向非遗艺人取经

文化根脉的延续离不开传承。大湾区非遗保护工作，越来越多地聚焦在年轻人的身上。2018年“文化遗产日”期间，南方报业传媒集团、广州市教育研究院共同举办“人文岭南少年行·我是非遗小记者”活动，上百名“小记者”在汕头采访非遗传人、体验非遗项目，为“文化遗产日”留下一道“最萌风景线”。

从2015年起，广州市非遗保护中心就面向市民举办一系列体验式、互动性的小型体验课。2018年，广州市非遗保护中心进一步整合资源，推出“非遗课来了”品牌活动，让年轻人在与非遗的“亲密接触”中“培养感情”。

“我们不再只是做一名简单的观众，每个人都能亲身参与，自然而然了解非遗和它们背后的故事。”一位学员分享自己的感悟。

除了线下的系列培训课、单次体验课、大型公开课等课程模式外，线上开放式的“非遗慕课”，也得到网友的青睐。广州市非遗保护中心办公室主任黄艳介绍，课程不但推动了社会公众与非遗传承人之间的互动，也让传承人进一步认识自身的资源价值，从更多维度思考非遗的传承。

在港澳，近几年随着非遗代表作名录的公布，以及相关普查研究、法制建设的推进，面向青少年的非遗导赏与展示活动日益增多。香港特别行政区政府民政事务局非物质文化遗产办事处总监何咏思介绍，香港2016年设立香港非物质文化遗产中心，作为非遗展示和教育基地。

成立不久的香港扎作业工会，一方面积极推动扎作工艺进校园，同时以工作坊的形式定期开设题材不同的扎作课程。“虽然他们都是从零开始，但我们将原汁原味的手艺教给他们，在他们手中就能变换出新的花样。”冒卓祺介绍，参与课程的学员来自各行各业，课程尤其吸引青年设计师关注。香港时装设计师李冠然就专程向冒卓祺学艺，设计出具有岭南文化元素的系列时装。

时代也对新生代非遗传人提出了更高的要求。“非遗创造性转化、创新性发展的最大难点，就是复合型人才的不足。他们既要懂得传统文化知识，也要对现代产业发展需求有所了解。”中山大学中国非物质文化遗产研究中心主任宋俊华指出。

为了弥补这些不足，2018年9月，广州市非遗保护中心吹响“广作新生代”传承人的集结号，为来自“三雕一彩一绣”等广作项目的25名“广作新生代”传承人开设“广作新生代提升季”课程。学员们学习非遗、文化、法律等专业知识之外，还得到资深媒体人支着，走上“非遗传播达人”的转型之路。

宋俊华展望，广东进一步探索非遗与创意产业融合的非遗创新人才学科建设，搭建大湾区非遗培训平台，为粤港澳大湾区非遗创造性转化、创新性发展提供充足的人才支撑。

/ 产业创新 /

文旅融合让非遗走进生活

过去，大部分非遗项目根植于农耕文明传统。在向世界级城市群目标大步迈进的粤港澳大湾区，如何在现代化大都市语境下实现非遗振兴，将是湾区城市面临的全新命题。

从2018年开始，广州就以广绣打头阵，实施振兴传统工艺“三年计划”。广州市文化广电新闻出版局（现广州市文化广电旅游局）非遗处相关负责人介绍，未来三年，将通过举办广绣新生代提升计划、广绣进校园等一系列活动，对广绣资源的开发和传承、传播进行全新探索。

“非遗保护，不是将非遗放进博物馆，一成不变地保留下来。”佛山市文广新局（现佛山市文化广电体育旅游局）局长陈新文提出，非遗活化需要与现代生活、现代审美、现代技术、现代产品相结合：“非遗只有不断出现新的产品，有人去愿意消费，它才能走出一条更广阔的道路。”

佛山将非遗元素融入城市规划设计，以提升城市的识别度。在佛山地铁站入口的玻璃墙上，采用佛山剪纸元素作为装饰，镶嵌着一幅幅佛山民间风情画。而在石湾街头，建筑与陶塑艺术相结合，再现“千年陶都”的文化韵味。

越来越多非遗传人对产品与现代审美融合做出尝试。陈新文认为，港澳地区具备国际化、高水平的工业设计资源，湾区各市都有丰富的制造业业态与庞大的消费市场，这些资源都可与佛山非遗项目充分对接，走出一条“佛山非遗＋港澳设计＋湾区市场”的创新发展之路。

在澳门不少旅游点，游客都能免费得到一份手绘版《澳门文创地图》。多元文创空间的点缀，让澳门的人文之旅增添不少亮色。卢可茵告诉记者，澳门民间蓬勃发展的文创力量，有望为传统工艺提供活化的动力。

搭棚工艺是澳门非遗之一。近年，澳门出现不少的竹棚艺术品，让传统竹棚以具有观赏性的艺术品形态延续。2016年在澳门大学搭建的作品《三胞树》还获得了A’国际设计大奖银奖。

“随着港珠澳大桥的落成，澳门成熟的旅游业也可以为非遗保护提供新的支撑点。”卢可茵说。张春雷建言，下一步应建立以广、深、港、澳等城市为主要节点的多路径文化旅游体系，让非遗项目深度参与到旅游产业之中，实现粤港澳区域旅游资源的共享，将大湾区建成世界级观光旅游胜地。

“大湾区非遗保护既离不开对岭南民俗文化生态的保护，营造有利于非遗传承的文化环境，也需要加大创新的投入，让社会力量拥有更多文化创新的政策与空间。”宋俊华预期，三地若能优势互补，共同建立面向大湾区乃至全国的非遗创造性转化、创新性发展中心，未来成果可期。

（杨逸　陈琬莹　应如军　陈文辉　邱文清　董帅）

建“文学共同体”讲好大湾区故事

2018年11月，澳门文艺评论家协会主席、澳门大学中文系教授朱寿桐两次来到广州，参加大湾区文学交流活动。“粤港澳大湾区文学交流与融合已经走上了快车道。三地文学界应当贡献各自的心力和才智，深入探讨创作实践和理论，出一批理论探讨成果，在全国文学界展现大湾区生气勃勃的文学理论生态。”朱寿桐对粤港澳文学融合发展信心十足。

面对粤港澳大湾区建设这一重大机遇，粤港澳文学界如何深化融合交流，打造“文学共同体”，共享岭南文化资源，以文学的形式传播优秀文化，讲好中国故事？南方日报记者深入采访粤港澳三地文学界领军人物，为建设大湾区文学共同体出谋划策。

/ 传统 /
粤港澳文学交流无缝对接

“粤港澳有着非常丰富的历史和现实题材，如何写出这里蕴含的中国发展的当代经验，是粤港澳大湾区文学工作坊重要的使命，每位在此区域的作家都背负着这一使命。”2018年11月4日，首届粤港澳大湾区文学研讨会暨葛亮文学创作研讨会在暨南大学举行，在粤港澳大湾区文学工作坊启动时，中山大学中文系教授谢有顺的这番话说出了众多人的心声。

当天，30多位来自北京、上海、南京以及大湾区的作家和评论家齐聚一堂，就粤港澳大湾区的跨区域书写传统、大湾区文学空间的拓展等议题碰撞出了诸多火花。

“粤港澳原本属于一家，相互之间有着通畅紧密的文学交流。”说起粤港澳在文学史上的交往，朱寿桐如数家珍。从20世纪30年代到50年代，粤港澳文学交流“无缝对接”，大部分澳门作家文人发表文章的主要阵地是广州和香港的报刊。

改革开放之后，粤港澳之间的交流更为密切。在澳门文坛，广州花都人陶里参与创办了五月诗社，高扬现代主义大旗，领一时风气。在香港，1985年刘以鬯创办《香港文学》月刊，这一纯文学期刊一直延续到今天，港澳和内地的众多作家在上面发表过很多文学作品，它成为汇集全球华人作家的一个平台，为香港文学发展做出了重要贡献。与此同时，海外的华人文学作家看到中国形势大好，纷纷回到香港和澳门居住创业。

在2018年12月15日举行的广州国际文学周暨粤港澳大湾区文学盛典开幕式上，茅盾文学奖得主刘斯奋向文艺志愿者代表赠书（张迪　摄）

/ **展望** /

搭建大湾区文学交流平台

“要整合粤港澳大湾区文学资源，首先要有一个大湾区文学平台，建议筹备一份大湾区文学杂志，在大湾区的主流报刊开辟大湾区文学园地，活跃文学创作和交流。”2018年11月12日，在广东省作协策划举办的“21世纪海上丝绸之路”文学发展论坛之中的“粤港澳大湾区文学构建”分论坛上，潘耀明如此建议。

如何搭建大湾区的文学交流平台？深圳率先开始行动，寻找突破口。2017年12月，深圳举办了首届粤港澳大湾区文学发展峰会，邀请了北京、上海、广州、深圳和港澳的著名文化学者，从宏观角度探讨、展望湾区文学的发展前景，引起了全国文化界的关注和期待。

正是在这次峰会上，澳门基金会主席吴志良提出，大湾区文学可以作为新的纽带，拉近粤港澳的距离，讲好共同的故事，推进人心的相通，最后扩大整个精神家园的空间。

2018年9月，深圳举行了第二届粤港澳大湾区文学发展峰会，围绕“推进城际合作，共建文学湾区”主题继续探讨。

作为粤港澳大湾区文化中心地的广州，同样也在积极搭建大湾区文学交流平台。“粤港澳大湾区文学工作坊”启动后，大湾区首批青年作家代表葛亮、蒲荔子、阿菩正式入驻工作坊。

未来粤港澳文学如何共享传统文化资源，深度融合，协作创新，这是摆在三地文学界面前的迫切问题。

（宋金绪）

省港班名震一方
“南国红豆”发新枝

11月底的广州天朗气清。周末，广州最美老街恩宁路一改平日的古朴宁静，游人熙熙攘攘，分外热闹，坐落在恩宁路127号的粤剧艺术博物馆更是迎来不少市民游客参观。2018年10月24日，习近平总书记走进粤剧艺术博物馆，同粤剧票友亲切交谈，希望他们把粤剧传承好发扬好。

作为“岭南文化三瑰宝”之一的粤剧，有“南国红豆”之称，它不仅是广东一张生动鲜活的文化名片，也是联结粤港澳大湾区三地民众文化情感的纽带。

2019年是粤港澳三地联合推动粤剧成功申报世界非物质文化遗产的第十个年头。近年来，随着大湾区建设步伐的加快，三地粤剧界的互动也迎来了一个崭新时期。

/ 寻脉 /

追忆粤剧黄金年代

“粤剧源于清代的广州府。至今，香港、澳门的居民称到广州为‘返省城’，可见其中浓厚的文化渊源。”广州市文研院戏剧部副主任罗丽说，“从粤剧史上来看，20世纪30—40年代的‘薛马争雄’是粤剧的黄金年代，源自省港班的崛起。”

从1920年开始，粤剧艺人逐渐涌向广州、香港、澳门等大城市，粤剧大老倌们常常往返三地，因很难分得清是来自哪里的戏班，戏迷统称其为

●第七届羊城国际粤剧节吸引了共 20 万海内外观众共享文化盛宴（刘力勤　摄）

“省港班”。

当年，薛觉先、马师曾两位传奇人物高举粤剧创新与变革的大旗，唱颂生活，体察时代。在两人之外，粤剧史上另一位创新的典范非红线女莫属。1951年起，红线女开始在香港宝丰粤剧团演出，这期间老前辈黄超武点拨她要唱出自己的声线特点，由此红线女开始对行腔、拖腔、吐字归音等进行研究并创造了“女腔”（又称“红腔”）。

而在澳门，从清道光、同治年间始，就有粤剧演出。建于1875年的戏院——清平戏院，更是粤港澳地区最早开办的戏院。广东省戏曲研究专家张晋琼曾专门研究过三地粤剧团体的生存状况，她说，在澳门一直有每逢神佛诞日演出“神功戏”的传统。

/ 互通 /

粤剧成世界级非遗

2018年11月25日，适逢粤港澳三地的第16个“粤剧日”，广州文化公园中心舞台围满了观众，台上三地大佬倌同台比拼，台下观众大呼过瘾。

“以1979年广东粤剧院组织庞大的粤剧交流团去香港、澳门演出为标志，三地的粤剧交流开始恢复。”罗丽回忆道，当时，几乎全港艺人和名伶都到现场欢迎，交流团到澳门演出时，何厚铧之父何贤亲自接待。

其中，最能体现三地粤剧人联动的大型活动便是“羊城国际粤剧节”，以及自2003年起由当时的广东省文化厅牵头，联合澳门文化局、香港康文署共同设立的“粤剧日”活动。

2009年，粤港澳三地联合将粤剧申报为世界级非物质文化遗产。当时，包括红线女、罗品超在内的粤剧名家一起出力，香港文化博物馆还打开了不对公众开放的库房，拿出大量珍贵粤剧文物供摄制组拍摄，澳门文化局还组织了少年粤剧表演。大家齐心协力才得以申遗成功。

自2011年开始，三地每两年会举行一次“粤港澳粤剧群星会/新星汇”，轮流邀请其他两地演员同台演出并于三地巡回上演。

2018年初，一众来自广东粤剧院、香港八和会馆和澳门街坊会联合总会的粤剧新秀联袂出演了经典粤剧《白蛇传》，取得了圆满成功。

而2018年下半年，中山市也有大动作，筹备了大半年的香山粤剧研究院于当年10月底正式成立。

/ 传承 /

推动粤剧创新发展

一曲诙谐轻快的音乐响起，广州市南海中学小红豆粤剧社6名学生带来了一出粤剧折子戏《春草闯堂之上路》，扎实的功架、靓丽的声线获得了专家们的一致好评。从20世纪90年代开始，学校就为传扬粤剧传统文化做了一系列推广工作，例如开设粤剧普及课、编写粤剧校本教材、组织粤剧兴趣班等。从2005年起，学校与广州粤剧院合作，使得校园粤剧文化氛围愈加浓厚。

早在20世纪90年代以前，粤剧“万能泰斗”阮兆辉就在香港开始力推粤剧教育，如今他更是亲临香港中文大学教授通识教育课程“中国戏曲欣赏”。香港的粤剧传承在保存传统方面功不可没，特别是“神功戏”。香

2018年初，由粤港澳粤剧新秀共同演绎的大型古装神话粤剧《白蛇传》在粤港澳三地陆续上演（广东粤剧院供图）

港著名演艺明星、粤剧名家罗家英说："在香港不少粤剧演员是靠神功戏养活的，每年的演出都不会少于250场。"

一直以来，香港观众都特别喜欢看内地的武戏。以武戏闻名的广东粤剧院创作研究中心主任彭庆华对香港同行的刻苦、执着一直怀有敬意，"由于香港粤剧排练条件艰苦，很多香港同行不得不租用学校操场来排练，躺、跪、摔一轮，背上和膝盖总是伤痕累累"。

在罗家英看来，粤港两地粤剧各有长短，只有让更多年轻粤剧人互相交流、学习，才能扬长避短，让粤剧在保护、传承和创新中焕发出新的生机和活力。

2019年是粤港澳三地联合申遗十周年。过去十年时间，中国粤剧网、粤剧艺术博物馆、广州市戏剧创作孵化计划等一系列具体项目陆续启动，2014年广州市政府启动的"振兴粤剧十大工作项目"，2015年广东戏曲现状调研的铺开，2017年粤剧表演教科书《粤剧表演艺术大全》编纂工作的启动，2018年广州粤剧院新址奠基，从不同方面推进了粤剧的传承和发展。

在罗丽看来，粤港澳大湾区时代，粤剧获得了前所未有的发展机遇，"通过三地在粤剧教育和人才培养方面的交流和碰撞，可以一同推动对粤剧的创造性转化、创新性发展"。

（周豫　宋金绪）

用光影作纽带
打造大湾区影视产业高地

2018年11月10日晚，在佛山举行的第27届中国金鸡百花电影节颁奖晚会上，由内地和香港合拍的军旅片《红海行动》一举夺得五项大奖，成为当晚的最大赢家。凭借该片获得“最佳导演”称号的香港导演林超贤获奖后激动不已，“希望未来能来佛山拍一部功夫影片”。

近年来，越来越多香港、澳门影视工作者来内地寻求合作，粤港澳大湾区建设的推进，更坚定了三地影视人发展共赢的信心与决心。南方日报记者深入走访三地影视行业的领军人物，为打造粤港澳大湾区影视产业高地寻求良策。

/ 优势 /

互惠互鉴　优化三地影视产业结构

“粤港澳三地地缘相近、人缘相亲、文缘相通，联手推动新时代电影产业发展具有非常良好的基础。”在2018年11月2日举行的穗港影视产业合作主题座谈会上，谈起粤港澳三地影视合作的前景，来自香港电影界的代表们纷纷表示看好。

“粤港电影合作具有天然优势，香港与广州是近邻，文化和饮食习惯一致，语言相通。”香港电影工作者总会永远荣誉会长吴思远的发言引起了大家共鸣。曾连续多年出任香港电影金像奖主席的吴思远一直致力于推动内地与香港电影业的积极互动。

20世纪90年代毕业于北京电影学院的博纳影业总裁于冬，目睹了香港电影与内地电影业近30年相互扶持的发展历程。

中国电影在21世纪初迎来产业化改革。于冬说，2001年，国家出台了促进电影产业化改革的系列政策。随后几年，一大批香港电影的创作人才"北上"，给内地的电影创作提供了强有力的支持，生产出一大批票房优异、口碑不俗的国产商业电影，推动着中国电影的商业化转型。

近10年，中国电影产业呈现爆发式增长，内地电影票房实现了从不到9亿元猛增至2017年近559亿元，一跃成为世界第二大电影市场。而粤港澳大湾区的建设，让世界看到中国影视产业更大的发展潜能。

"粤港澳三地的优势非常明显：香港有完善的电影工业产业体系，澳门是连接海外市场资源和资金的桥梁，而广东则是国内最大的电影票仓，连续16年蝉联全国榜首。"珠江电影集团党委副书记、总经理钱永红说。作为改革开放先行地的广东，在影视创作上也有着深厚的底蕴和资源：从20世纪50年代起，广东就拍出了《南海风云》《七十二家房客》《雅马哈鱼档》等众多脍炙人口的影视作品，这些优秀的影片和优秀的电影人奠定了广东"影视重镇"的地位。

钱永红相信，粤港澳三地通过资源的优化整合，强强联手，将成为华南重要的影视产业集聚高地。

/ **破局** /

筑巢引凤　打造影视产业集聚高地

2018年11月11日，刚参加完佛山金鸡百花电影节系列活动，曾监制策划《阳光灿烂的日子》《风云》等多部影片的香港电影人文隽又马不停蹄地赶到广州，参加"首届粤港澳大湾区电影之夜"。

文隽坦言，此前，相比北京和上海，华南地区并未具备成为一个影视中心的条件：没有成规模的影视制作公司集聚，没有培养影视专业人才的院校，政策条件吸引力也不够。

然而，随着粤港澳大湾区建设在文化产业上的发力，文隽等港澳影视人看到了巨大的商机。“粤港澳大湾区‘9+2’城市群中如广州、深圳、佛山、惠州、中山等地都在大力发展影视业，建设了影视基地。相信南方影视中心的打造会产生更大的辐射作用，吸引优质资源集聚。”文隽说。

就在佛山举办第27届中国金鸡百花电影节期间，《佛山市南方影视中心影视产业发展规划（2018—2025年）》的出炉引发各界关注。佛山将以“电影活动+特色内容孵化+影视产业园区”为起点，鼓励和引导社会资本投资影视文化产业。以对接港澳、打造华南最大规模的影视中心为支撑，争取国家影视文化改革试点，推动影视版权、人才、投资、制作、文旅和商业消费的全产业链打造，推动粤港澳大湾区影视产业合作试验区落户佛山。

“这些硬件和政策支持，让我们都跃跃欲试，感觉我们应该设一个分公司在佛山。”于冬笑道。

然而，这些利好政策的出炉，如何真正转化为粤港澳影视产业融合的“助推器”？广东省电影行业协会会长陈长兵有自己的思考：“粤港澳三地电影领域融合发展在深度和广度上，还存在着很大的空间。过去双方的合作往往都在某一个项目上，今后应进一步考虑全产业链的融合发展。”陈长兵认为，这种融合发展不仅需要更开阔的视野和格局，更需要合作机制上的创新。“比如港澳团队来内地拍摄，建议在审批流程上开辟绿色通道。”

/ **展望** /

广纳英才　传承粤港澳文化根脉

影视专业院校的缺乏一直是掣肘广东影视产业发展的短板，而2018年11月11日宣布筹建的暨南大学珠江电影学院无疑备受瞩目。该学院建成后将成为华南地区第一所专业电影学院。

“要推动影视产业的发展，人才是首要的。”于冬看到，目前国内从创作到后期特效各个环节都急需大量的专业人才。“我相信，暨南大学珠

● 2019 年 9 月 21 日，上千名粤港澳青年齐聚佛山西樵山国艺影视城，感受浓郁的岭南文化
（戴嘉信　摄）

江电影学院一定能成为华南地区首屈一指、大家向往的电影学院，成为粤港澳大湾区电影人才培养的里程碑。”中国电影家协会分党组书记、驻会副主席张宏对此充满期待。

“影视产业发展不仅需要政策和人才，更需要有地方特色的好作品、好题材。”包括钱永红在内的多位专家均谈到，岭南文化一脉相承，粤港澳三地文化底蕴深厚，名人辈出。尤其是改革开放40多年鲜活的故事，具有大量可供开发的影视资源。“粤港澳三地可以充分利用这些可供开发的影视资源，编写出一些好的剧本，在影视产业发展中讲好湾区故事。”

看中佛山的功夫和美食文化，吴京已经跃跃欲试。他透露，《战狼2》团队这次借着金鸡百花电影节来佛山采风，“我一直很想拍一部属于自己的功夫片，希望以后有机会能来佛山取景拍电影”。文隽也透露，自己的案头上已经有好几个打算到佛山拍摄的题材。

“我们创作上、选择的题材上都应该立足于岭南文化，但是拍出来的影片要有普遍性，要全国观众都喜欢。”文隽有一个心愿：希望乘着粤港澳大湾区建设的春风，未来“南方影视中心”能成为“南方影视文化中心”，如一个窗口，将岭南文化的精髓传播到海内外。

（毕嘉琪）

深耕大湾区文化生态
推动粤港澳文化合作共赢

2018年12月15日晚，广州国际文学周暨粤港澳大湾区文学盛典拉开帷幕，伴随着悠扬的小提琴声，国家一级演员王虹深情地朗诵诗人舒婷的名篇《致橡树》。海内外文学大咖云集，掀起文学热潮。

团结粤港澳文学人士和文学机构、凝聚更多文学共识、推动粤港澳大湾区文学发展、为公众提供更多文学服务……以文学为纽带，粤港澳大湾区正在加快形成多层次的深度融合。

习近平总书记在广东视察期间，参观了广州永庆坊的“三雕一彩一绣”展览与粤剧艺术博物馆，并强调要推动物质文明和精神文明协调发展，不断提升人民文明素养和社会文明程度。

2018年12月15日晚，广州国际文学周暨粤港澳大湾区文学盛典开幕式上，舒婷上台发言（张迪　摄）

从全球范围内的湾区经济来看，文化是湾区经济中“软实力”的重要体现。只有达到文化上的认同与融通，才能形成大湾区11座城市全方位的深度融合。大湾区内，有源远流长的广府文化、客家文化和潮汕文化，在中外文化交流过程中形成创新性、国际性等特点，而内核是岭南文化的同根同源，这是构建“文化湾区”重要的文化基础。

随着粤港澳大湾区建设提速，“文化湾区”的建设也驶上了快车道。在粤港澳三地，影视、文学、非遗、文化产业等领域的交流机制和平台建设风生水起，文化界人士正深耕大湾区文化生态，共建“文化湾区共同体”，不断探索在文化传承和协同发展上的创新。

保护文化根脉　激活粤港澳的文化DNA

建设“文化湾区”，需要不断激活岭南文化的DNA，让大湾区以鲜明的岭南文化特色，生动讲述新时代的中国故事。

粤剧是岭南文化的瑰宝，也是连接粤港澳三地天然的文化纽带。在粤港澳三地联合申报下，2006年粤剧入选首批国家级非物质文化遗产名录，2009年被联合国教科文组织列入人类非物质文化遗产代表作名录。

2018年11月25日是第16个“穗港澳粤剧日”，虽然天降大雨，依然没有影响戏迷看戏的兴致。广州文化公园中心台周围围满了观众，台上粤港澳三地大佬倌同台比拼，“粤派”武功漂亮，“沣派”字正腔圆，台下观众不断喝彩，大呼看得过瘾。同一天，在香港文化中心和香港太空馆，粤剧电影、粤剧折子戏演出、两代粤剧艺人讲座等丰富多彩的活动吸引了众多香港市民。

“粤剧日”成为粤港澳三地粤剧人一年一度最为盛大的节日。自2003年起，由原广东省文化厅牵头，联合澳门文化局、香港康文署共同设立的“粤剧日”，至今已走过了16年。“粤剧日”的设立对粤剧的保护、传承和推广以及三地交流平台的搭建起到了重要作用。

2019年是粤剧入选世界级非遗10周年，广东积极联合港澳展开粤剧方面更大的合作项目，推动古老粤剧在新时代的创新性发展，进一步增强三地的文化凝聚力。

在香港，西九文化区戏曲中心经过多年的筹备和建设，于2019年1月正式启动。由粤剧泰斗白雪仙担任艺术总监的粤剧经典《再世红梅记》成为开幕大戏，连演9场，拉开戏曲中心开幕季演出序幕。

在中山，筹备了大半年的香山粤剧研究院于2018年10月底正式成立。"接下来，研究院将利用现有的'香山大戏台'和'粤剧声像博物馆'，打造一个常态化的三地创作演出和人才培训平台。"香山粤剧研究院院长邓志驹说。目前，研究院不仅和香港粤艺文化推广协会、中国戏剧曲艺家（澳门）联谊会、旧金山市中美粤乐交流会、澳门鸣凤曲艺会等签订了合作协议，还与广东舞蹈戏剧职业学院交换了培养粤剧专业人才合作意向书。

广东省社科院科技与社会发展研究中心副主任林志鹏认为，在构建文化湾区中，三地应联合推进中华优秀传统文化的创造性转化和创新性发展。通过实施粤港澳跨界重大文化遗产保护工程，弘扬以粤剧、龙舟、武术、醒狮为代表的岭南文化，不断提升粤港澳的文化凝聚力和认同感。

粤港澳通过携手对共同文化根脉进行保护、活化与利用，着力构建粤港澳文化共同体，孵化新型的湾区文化形态——一种既深深根植于中华优秀传统文化土壤，又展现创造性转化与创新性发展成果的国际型文化形态。

搭建平台　促进文化深度交流

建设"文化湾区"，搭建粤港澳三地文化交融平台是重要一环。广州、深圳率先搭建大湾区文化交流新平台，扮演大湾区文化传播中心的角色，促进三地从文化交流到文化交融的过程。

近年来，粤港澳三地的文化交流，已呈现良好态势，但是在层次、等级、深度上还有不足。自2017年12月起，广州陆续成立"粤港澳大湾区音乐教育与艺术发展联盟""粤港澳大湾区时尚联盟""粤港澳大湾区音乐艺术联盟”“粤港澳大湾区文学工作坊”“粤港澳大湾区动漫联委会”等，倡议筹备设立“粤港澳大湾区文学联盟”“粤港澳大湾区文化创意产业联盟”“粤港澳大湾区美术家联盟”等，以“大湾区”格局命名的平台和机构纷纷涌现，为粤港澳人才互动搭建众多深度融合的平台。

2018年11月4日，“粤港澳大湾区文学工作坊”在广州启动，以更大的视野促进三地文学的融合发展，重点关注广州十三行和西关故事等题材，首批大湾区青年作家代表葛亮、蒲荔子、阿菩入驻工作坊。作为香港浸会大学副教授，葛亮的作品鲜明地体现出粤港澳大湾区的特色，被评论家誉为大湾区的文化符号。

由广州市美术家协会牵头，联合香港、澳门美术团体以及大湾区其他城市的美协共同倡议发起“粤港澳大湾区美术家联盟”。在2018年12月4日举行的筹备会议上，各方代表深入探讨未来将以合作共进的方式开展各类美术创作、学术交流等活动。

在文学、艺术、文化产业等各领域，广州从机制上入手，通过各类交流平台的搭建，扮演“人文湾区”的文化交流和传播中心，发挥文化的纽带作用。

深圳与香港的合作更加密切。作为大湾区中最年轻的城市之一，深圳不断在文化产业的创新发展上发力。2018年5月，在深圳文博会期间，首届“内地与港澳文化产业合作论坛暨粤港澳大湾区文化合作论坛”举行，论坛以“数字时代内地与港澳文化产业融合发展新路径”为主题，深入探讨了内地与港澳文化合作发展的现状和前景。2018年10月，粤港澳大湾区文化创新研究联盟在深圳成立，该联盟旨在进一步促进粤港澳大湾区经济与文化创新领域的积极互动。

“大湾区的城市文化非常丰富，在世界上都比较少见。大湾区中的四个重要城市各有特色：广州充分体现了传统与现代相结合，香港是中西文化融合地，深圳是创新与快速发展的典范，澳门则是典型的休闲消费型城市。城市建设需要不断‘微更新’‘微创新’，在相互协调和竞争中发展。”中国社科院文学研究所研究员高建平说。

对于粤港澳文学未来的发展方向，广东省作家协会主席蒋述卓认为，三地可以建设文学共同体，在文学文化和人文精神方面进一步深度融合，“文学人才和艺术人才通过深度交流融合，共享岭南传统文化资源”。

暨南大学中国文艺评论基地副主任龙扬志建议，要大力推动粤港澳在文艺方面互动交流的制度化、常态化，吸引更多香港和澳门的青年作家来到广东参加学术交流，重新接续粤港澳文化互融互通的传统。

打破壁垒　多元协作促成文化产业共赢

2018年12月12日，广州气温降至8℃，羊城创意产业园内却人声鼎沸，一派热闹景象。当天，来自粤港澳三地文化创意产业界的100多名企业家、权威专家、商界翘楚齐聚在这里，共同见证了广东省粤港澳大湾区文化创意产业促进会的成立。

“文化创意产业是在经济全球化背景下产生的以创造力为核心的新兴产业。广东省粤港澳大湾区文化创意产业促进会将携手推进大湾区文化创意产业快速发展，推动文化创意产业成为大湾区建设的一支生力军，为广东改革开放‘二次创业’添砖加瓦，为内地与港澳交流架起一座金桥。”该促进会会长张宇航发表成立宣言，而这也是1万多名分会会员的共同心声。

文化创意作为美好生活的重要组成部分，正不断推动着新模式、新业态、新产业的崛起和发展，粤港澳三地文化创意产业界敢为人先，勇于担当，做行业与时代的探路人、突击队和共同体。

“粤港澳大湾区既深深扎根于中国土壤，又是一个对世界开放的门户，会给文化创意产业的发展带来特殊的优势和空间，而促进会汇合湾区内所有文化创意产业的力量，让大家互相支持、互相帮助。”经济学家梁桂全说。

在电影行业，粤港澳三地正积极行动，深度合作。一方面，广东电影票房连续16年蝉联全国榜首；另一方面，港澳有着国际化的电影人才和制作团队。从培养人才着手，打通三地传统影视产业的全链条合作，促进粤港澳大湾区电影产业复兴，这是广州正在进行的探索。“吸引香港电影的

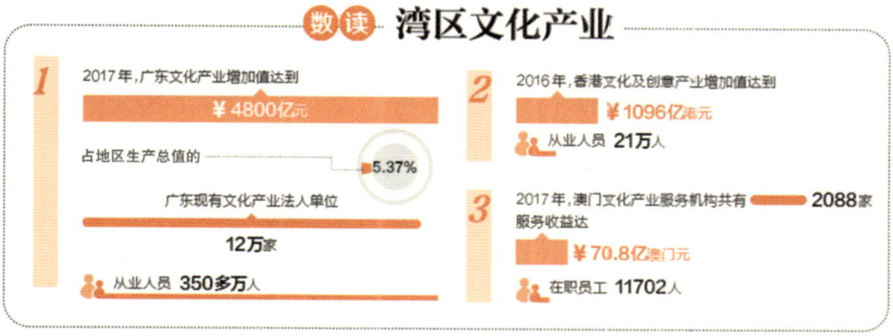

●数读湾区文化产业（马嘉雯　制图）

诸多专业化机构到广东来创业，在实打实的生意、项目中融通成一体。”广州市委宣传部副部长朱小燚说。

2018年11月，暨南大学与中国电影家协会、广州市政府新闻办公室、珠江电影集团有限公司、博纳影业股份有限公司共同签署《暨南大学珠江电影学院框架协议》，宣布筹备成立暨南大学珠江电影学院。作为华南第一所专业的电影学院，该学院将致力于培养造就一批电影产业各个方面的青年英才，进一步提升大湾区电影的国际传播辐射能力。

计划落地于惠州的“粤港澳大湾区影视中心”项目，由粤港澳相关机构共同策划建设。2018年11月27日，由广东省电影局、香港电影发展局、澳门特区政府文化局主办的“2018粤港澳大湾区电影考察交流活动”在惠州举行。在活动现场，粤港澳三个电影合作项目举行签约仪式。粤港澳三地将联合制作反映“两航起义”的电影，计划在2019年开机，2020年上映。

在南方科技大学党委副书记、深圳大学文化产业研究院院长李凤亮看来，文化创新发展将是粤港澳大湾区建设不可或缺的部分，促进大湾区文化产业的协同发展，需要加强顶层设计。他建议，尽快出台粤港澳大湾区文化产业发展规划，国家有关部门联合三地政府共同推动文化产业深度融合。同时，粤港澳应构建协同发展机制，推动大湾区文化产业主体多元协作，政府、高校、企业和相关行业协会等共同合作。另外，要打破区域壁垒，推动文化生产要素优化配置。

（宋金绪　周豫）

推动文化融合创新
共建一流人文湾区

《粤港澳大湾区发展规划纲要》明确提出“共建人文湾区”。2019年5月19日，粤港澳大湾区媒体峰会之平行分论坛“湾区建设与人文精神”在广州白云国际会议中心举行，13位学者嘉宾分别从大湾区的历史文化传统、人文精神内涵、交流合作基础、未来开拓方向等诸多方面作了精彩阐述，共同追溯血脉相通的文化记忆，纷纷提出以文化融合和创新助力人文湾区建设。

●粤港澳大湾区媒体峰会之平行分论坛“湾区建设与人文精神”现场（李细华　摄）

岭南文化是大湾区特色内核

谈到“湾区建设”，首先离不开对湾区人文精神的追本溯源。中华优秀传统文化是塑造湾区人文精神的根基与源泉，作为中华优秀传统文化的重要组成部分，岭南文化是粤港澳大湾区的特色内核。

广东省作协副主席、广东文学院院长熊育群说：“早在19世纪50年代或者更早，广东海上疍家人就完成了横渡太平洋的壮举。大湾区历史、文学是中西自然融合并产生了历史的演变与传承。”他认为，繁荣的海上贸易塑造了岭南包容开放、多元共生的文化性格和开放进取的人文精神，湾区保留了十分丰富的历史文化遗产。

香港商报社社长、香港经济导报社社长、深圳报业集团社长陈寅提到，近代以来，粤港澳大湾区涌现出一大批影响深远的人文与科技巨擘，如戊戌维新运动变法者康有为、梁启超，“中国铁路之父”詹天佑，“中国飞机制造之父”冯如，“中国电影之父”郑正秋，功夫巨星李小龙等。这样的历史影响了今天的湾区人文精神。

“大湾区人文精神应是传统和现代共同创造的未来精神。”凤凰卫视资讯台执行总编辑吕宁思认为，岭南文化保持旺盛活力的秘诀就在于开放包容的姿态，改革开放40年来，广东一直是思想解放的先行者，深圳又是人才汇聚的移民城市，先天具有年轻、开放、进取和包容的文化优势。

吕宁思同时强调，大湾区是与全球化对接的产物，既拥有香港、澳门两个经济体的发展模式和经验，又将融合不同历史和区域培养出来的精神文化与体制特点，应当成为东西方文明交汇交流的高地。

澳门特别行政区政府文化局局长穆欣欣表示，目前已有一个行之有效的交流合作机制，每年举办文化合作会议，切实推动了三地在演艺、文化信息、文博、公共图书馆、非物质文化遗产、文化创意产业等领域的合作，真正做到了精诚团结、彼此尊重，优势互补、资源共享，有力地促进了区域文化建设发展，为大湾区战略规划的实施奠定了坚实的基础。

澳门莲花卫视台长李自松建议，澳门应当借着中西文化长期交汇交流的历史优势、拥有丰厚多元文化遗产的文化优势，与建设世界旅游休闲中

●首届粤港澳大湾区媒体峰会“湾区建设与人文精神”分论坛上，学者嘉宾纷纷为人文湾区建设建言献策（李细华　摄）

心和中葡服务平台相结合，面向海外，尤其是向“一带一路”沿线国家和葡语系国家开展文化传播。

专家建议通过三地青少年研学之旅，让年轻一代感受大湾区丰厚的人文底蕴。香港广州社团总会常务副主席兼秘书长李凤琼透露，香港广州社团总会近期将以“人文湾区少年行”为主题，组织启动一系列青少年文化交流活动，主办“粤港澳大湾区小学生诗歌节”香港地区活动，与广东地区形成联动。

产业协同推动文化融合创新

如何借助中国文化产业高速发展的契机，发挥好大湾区文化多元、历史资源丰富、市场化机制完善的地域优势？

北京大学哲学系教授、北京大学文化产业研究院副院长陈少峰认为，粤港澳大湾区在金融、服务、供应链、技术支撑、制造基础、经济实力等方面，具有良好的产业配套，应以文化、科技、旅游、体育融合作为方法，带动文化企业整体价值的提升。“未来的旅游形态将从观光旅游转变为体验式旅游，大湾区要发挥投融资合作优势，带动文化与旅游的融合。我建议打造大湾区城市文化体验中心，以文化和科技的融合带动旅游的升级。”

影视文化无疑是粤港澳大湾区文化产业中一张亮眼的名片。香港一直以“东方好莱坞”享誉全世界。《孙中山》《乡音》《心香》《外来妹》《情满珠江》等具有里程碑意义的粤派优秀影视作品，也曾在中国大地掀起阵阵岭南之风。澳门科技大学电影学院院长、清华大学新闻与传播学院教授尹鸿建言，粤港澳大湾区应做好顶层设计，为影视发展提供必要的支持和扶持，影视企业和影视人也需要更多的整合、融合、集合来提升竞争力，努力做到重点突破，才能继续成为新时代影视发展的弄潮儿。

“文化产业不仅具有直接经济价值，还能通过文化产品的影响力，创造更为丰富的社会效益和间接的经济效益。”尹鸿认为，粤港澳大湾区应打造“大文化行业”的概念，让文化产业与其他文化行业以及经济社会发展相融合。比如影视产业，就与旅游会展、游戏动漫、广告品牌、城市形象、建筑、设计、服装等行业有着相当广泛的联系。他期望，粤港澳的文化与经济发展相互借力，开拓广阔的前景。

当前，以数字音乐产业为代表的新动能，正成为推动中国音乐产业整体快速增长的主动力。酷狗音乐副总裁赵海舟认为，音乐产业作为文化产业的“排头兵”最易形成品牌形象，20世纪80—90年代，香港与广东曾是流行音乐发源地，这也为大湾区音乐文化的同频共振、协同创新、融合发展提供了先天优势。他建议，应在政策上多维度给予扶持，一方面集聚人才，另一方面形成音乐产业化聚集和良性循环。

“要大力推动文化与科技对接。建设好广深港科技走廊，对标美国硅谷。”南方财经全媒体集团总编辑赵随意认为，粤港澳大湾区要做在全球有影响力的国际科技创新中心，壮大产业规模，提升科技创新的转化率。

陈寅认为：“粤港澳大湾区建设定位国际科技创新中心，为湾区媒体推进融合发展提供了重要支撑。湾区媒体之间，以及媒体与高新科技企业之间，应在传播手段建设和创新等方面深化合作，构建开放型融合发展的区域协同创新共同体，全面提升湾区媒体的融合发展水平。”

培育一流人才　共建一流湾区

“建设人文湾区，要让文化与生活对接。要打造宜居宜业宜游的优质生活示范圈，吸引全球人才，将大湾区打造成全球最佳创业地。”赵随意说。

广东省人民政府参事室特约研究员、中国世界华文文学学会传媒工作委员会主任詹秀敏认为，推动大湾区文化融合和创新的关键和前提，是要关注大湾区发展的新现实，用文学关注新时代传递给我们的强大音符。詹秀敏还提出，在“全程媒体、全息媒体、全员媒体、全效媒体”的全媒体新时代里，无处不在的信息，让粤港澳大湾区的媒体格局和传播方式发生深刻变化。媒体融合是平台的融合、技术的融合，更是资源的融合、人的融合。

暨南大学新闻与传播学院院长、教授范以锦认为：“媒体人文精神的一个重要方面，就是正视新媒体时代环境的变化，坚持以人为本，以自己应有的人文素养，传递人文情怀。”他建议，整个大湾区要培养更多具有人文精神的新闻传播人才，传媒教育界应该与粤港澳媒体有更多的合作。“我们期待培养更多的新闻传播人才，为推进大湾区的经济建设和人文精神的提升鼓与呼。”

“湾区青年间多种形式的交流活动，是最接地气且实用的融入方式。”梳打传媒联合创办人、粤港澳大湾区青年总会副主席李卉茵介绍，2017年她与志同道合之士成立坚定贯彻“一国两制”方针的非营利社团组织——粤港澳大湾区青年总会，广泛团结三地青年。2019年3月组织了“香港国际人才嘉年华2019”活动，为粤港澳大湾区青年创造国际化就业机会，同时2019年还计划邀请2000位青年到大湾区进行交流参观与实习。“人才是最坚实的发展基础，增加文化交流碰撞，开阔视野，青年未来将更好地建设粤港澳大湾区。”李卉茵说。

李卉茵以自己的成长和发展为例子，她在广州出生，在澳门长大，如今在澳门和香港两地工作和创业。她在现场向湾区青年人发出共建人文湾区的倡议：“面对共建人文湾区的历史机遇，三地青年应该积极行动起来，要打破条条框框，以湾区人自居，积极融入湾区，在湾区找机会。”

穆欣欣（澳门特别行政区政府文化局局长）：

澳门主动融入“人文湾区”建设

●澳门特别行政区政府文化局局长穆欣欣（李细华　摄）

粤港澳大湾区的文化交流合作正在不断深化。以澳门特区政府文化局和佛山粤剧院联手打造的粤剧《镜海魂》为例，这出原先由澳门作家创作，以澳门本土历史为题材的京剧作品，由广东剧作家进行改编并制作成粤剧，将于2019年“第三十届澳门艺术节”首演之后，参加广州艺术节。这个例子说明了粤港澳大湾区的文化合作正在向深度发展。

近日，澳门正式加入了海上丝绸之路保护和申遗城市联盟，和粤港澳大湾区城市广州同为26个联盟城市之一。澳门的加盟，是特区政府在中央政府支持下，助力国家“一带一路”建设，积极主动融入国家发展大局，发挥澳门独特优势作用的成果之举。澳门将发挥中西多元文化长期交融共存的优势，拓展湾区向外延伸的接触面，丰富湾区内的人文交流内涵，将文化合作做深做实。

范以锦（暨南大学新闻与传播学院院长、教授）：
要以“人文精神”做好湾区形象传播

●暨南大学新闻与传播学院院长、教授范以锦（李细华　摄）

推动湾区经济发展是紧迫而且重要的任务，经济发展可以为“人文湾区”的构建提供硬件保障。然而，湾区如果没有足够的文化含量的支撑，没有人文精神的滋润，根基肯定不牢。散发独特文化魅力，才能彰显湾区的活力和激发未来的发展后劲。

要将粤港澳原有的文化底蕴传承和提升，同时又要根据新的历史时期社会生态的变化、新技术的发展和人们观念的更新，赋予“人文湾区”新的内涵。底蕴的提升和内涵的丰富，需要包括新闻传播机构在内的方方面面的通力协作。新闻传播事业本身就是“人文湾区”的重要构成部分，在技术化的当下更应注重人文素养和情怀，用良好的话语表达连接读者和用户。

为了更好地给港澳地区乃至整个大湾区培养更多具有人文精神的新闻传播人才，建议高校与粤港澳媒体开展更多的合作，同时扩大对港澳招生规模，以暨南大学新闻与传播学院为例，（今年）又有一批港澳生将就读该院研究生。在面试时，他们大多表示会在粤港澳大湾区就业，期待更多的新闻传播人才为推进大湾区的经济建设和人文精神的提升鼓与呼。

陈寅（香港商报社社长、香港经济导报社社长、深圳报业集团社长）：

大湾区媒体要合力相通，塑造家国情怀

●香港商报社社长、香港经济导报社社长、深圳报业集团社长陈寅（李绍华　摄）

粤港澳大湾区是一个高度市场化、国际化的区域，在促进中外文化交流、文明互鉴、民心相通等方面发挥着特殊作用。湾区媒体在内容上要以民心所向、国家所定为方向，与国家重大发展规划结合起来，与构筑“一带一路”重要支撑区结合起来，为用户提供高价值资讯，塑造国家立场、家国情怀和各自特色，把媒体办得民众喜闻乐见，努力取得良好的传播效果。

建议在充分协商的基础上，以市场为纽带，三地若干家主流媒体共同参与，创办一家覆盖大湾区的媒体，涵括传统与新兴的各类媒体形式，提供一个标准化的接入平台，以全媒体的面貌出现，聚焦粤港澳大湾区发展，跨境发行，辐射全国。此外，还可由三地政府主导，公共机构主办更多人文特色活动，企业与民众共同参与，并设立大湾区级甚至国家级的重大奖项，吸引、鼓励湾区内外文化工作者潜心创作、积极参评，营造浓郁的湾区人文氛围。

赵随意（南方财经全媒体集团总编辑）：

媒体应做好粤港澳大湾区文化对接工作

●南方财经全媒体集团总编辑赵随意（李细华　摄）

从《粤港澳大湾区发展规划纲要》的要点说起，媒体应该推动多个方面的文化对接工作。首先是文化与经济对接，发挥香港金融中心的作用，带动深圳和广州金融业，辐射粤港澳大湾区、全国乃至世界。再来是文化与科技对接，建设好广深港澳科技创新走廊，对标美国硅谷，将更多原创科技转化为实用产品。同时，要将文化与生活对接，打造宜居宜业宜游优质生活圈示范区，让生活在大湾区的人们幸福指数提高，让大湾区外的人们把大湾区作为最佳旅游地。此外，让文化与艺术对接，充分发挥艺术交流的作用，尤其是文化艺术的演绎与交流、影视剧合拍和展映，打造文化产业园，发挥文化凝聚力量，推动内地与港澳深度合作的示范区建设。

陈少峰（北京大学哲学系教授、北京大学文化产业研究院副院长）：

以文化产业带动传统产业升级

●北京大学哲学系教授、北京大学文化产业研究院副院长陈少峰（李细华　摄）

传统产业和文化产业是不可分离的，要以文化产业带动传统产业升级，以文化、科技、旅游的融合带动传统文化产业转型升级，以文化、旅游、体育产业带动人文交流，以投融资合作带动文化产业合作与人力资源合作，以对传统文化的深度挖掘带动业态创新和爱国主义人文教育，以文化内容的提升作为产业发展与人文交流的具体着力点。

从产业布局的角度而言，粤港澳大湾区应当重视所有类型的文化产业，把互联网文化产业作为重点，重视故事IP等内容方面的薄弱环节，将网络文学跟科技、电商等紧密结合，向迪士尼等公司学习，以内容为驱动，做到“一鱼永吃”“一鱼多吃”，促进文化产业升级。

尹鸿（澳门科技大学电影学院院长、清华大学新闻与传播学院教授）：

粤港澳人文资源丰富，须大力发掘

●澳门科技大学电影学院院长、清华大学新闻与传播学院教授尹鸿（李细华　摄）

在文化方面，粤港澳地区有着得天独厚的地域优势、历史积淀和文化积累，在新时代需要继续引领文化发展。首先应着力发掘在中国近现代和当代历史上具有重大历史价值和体现中华民族自强不息精神的人物、事件和故事。在这方面，粤港澳地区有无比丰富的内容资源，但目前的发掘仍远远不够。第二，应该大力培育体制合理、机制灵活的现代文化企业。企业要发展，需要更宽松的土壤，企业兴则文化兴。第三，努力让粤港澳文化产业与经济社会发展相融合，使文化成为大文化行业，与经济发展相互借力，创造直接或间接经济价值和更丰富的社会效益。第四，全面培养文化人才。人才是文化行业发展的基础。规划上，避免铺摊子和蜻蜓点水，要大力发展文创和影视教育，开展学历教育和职业培训。更重要的是，探索产学研相结合、高校与社会资源相结合的新的人才培养模式，在文化人才培养模式上走出自己的道路。

熊育群（广东省作协副主席、广东文学院院长）：

大湾区的全面进步需要人文精神支撑

●广东省作协副主席、广东文学院院长熊育群（李细华 摄）

粤港澳大湾区的人文精神非常深厚，既有古代悠久的历史文化，也有近现代的文明转型与今天的改革开放，以其鲜明的海洋文化特征，形成了包容开放、多元共生的文化性格和开放进取的人文精神，为湾区留下了十分丰富的历史文化财产。

我们要追求一种诗意的栖居，应有海洋一样的胸襟，激发出人性的美和善，在审美、人格精神向度上不断提升，用精英文化引领大众文化，打造湾区文化精品，塑造和丰富湾区人文精神内涵。大湾区的全面进步，需要人文精神作为深层次动力支撑。国际一流大湾区的现代文明也应是世界一流的，我们要挖掘这片土地深厚的人文与历史，使之融合、新生，成为湾区的核心要素。

詹秀敏（广东省人民政府参事室特约研究员、中国世界华文文学学会传媒工作委员会主任）：

用文学讲好湾区故事

●广东省人民政府参事室特约研究员、中国世界华文文学学会传媒工作委员会主任詹秀敏（李细华　摄）

讲述湾区故事，塑造湾区精神，在此间起到不可或缺作用的是媒体。大湾区的文化人还须顺势而为，积极推动媒体融合的技术创新，构建线上线下的互动合作模式，形成区域性的立体传播体系。

2019年，在庆祝中华人民共和国成立七十周年、澳门回归二十周年之际，花城出版社联合广东省作家协会、香港作家联会、澳门笔会等机构面向大湾区各高校和中学，举办粤港澳大湾区校园诗歌征文活动，使文学与诗歌成为粤港澳大湾区青年沟通的桥梁，展现出粤港澳大湾区文学与青年新的活力，推动粤港澳大湾区文化发展。

李自松（澳门莲花卫视台长）：

大湾区青少年教育应更重视人文精神培养

●澳门莲花卫视台长李自松（李细华　摄）

共同的岭南文化基因让共建“人文湾区”具有坚实的文化和社会基础。由于粤港澳三地同属岭南文化的核心圈，同宗同源，同声同气，是天然的文化生态圈，也是有天然的文化认同感和亲切感的地区。三地文化艺术的交流合作很容易碰撞出火花。

这些年，澳门在经济快速发展的引擎下，加大了文化产业的投入，尤其在青少年教育上，更加重视人文精神的培养。2019年内，莲花卫视将配合粤港澳大湾区战略，聚焦大湾区青少年文化交流，举办“大湾区优等声——粤港澳校园歌手大赛”，以大湾区11座城市1800万学生为对象，以音乐为载体，凝聚粤港澳三地青少年的感情，引导青少年共同领会国家发展战略，认识大湾区概念，传递大湾区青年正能量，努力打造成大湾区一大校园文化品牌。

吕宁思（凤凰卫视资讯台执行总编辑）：

建立多元包容而拥有独特个性的人文生态

●凤凰卫视资讯台执行总编辑吕宁思（李细华　摄）

我认为，大湾区要厚植人文精神，激荡开放思维。历史和现代的经验都告诉我们：有了开放、进取、包容和现实的人文精神，就能激发卓越的创意创新和创造精神。而保持和发扬中华民族特有的人文精神，使之在人类命运共同体中发挥推动进步的功能，又将是大湾区建设的未来成就和历史亮点。

先进文明与文化的形成，需要思维和思考的开放与交流碰撞、差异互补。岭南人民素有敢为人先的传统和海纳百川的胸怀。大湾区不仅要有硬实力，还应打造软实力，在生活观、价值观达成共识的基础上，建立多元包容而拥有独特个性禀赋的人文生态。与湾区的经济示范作用一样，大湾区的人文精神也应该成为某种示范，目标是国际一流的人文区域。

李卉茵（澳门梳打传媒联合创办人、粤港澳大湾区青年总会副主席）：

三地青年携手建设人文湾区

●澳门梳打传媒联合创办人、粤港澳大湾区青年总会副主席李卉茵（李细华　摄）

《粤港澳大湾区发展规划纲要》对共建人文湾区，增强大湾区文化软实力做出明确部署。生于斯长于斯的粤港澳三地青年，面对这个重大的历史发展机遇，也开始积极行动起来，广泛团结粤港澳大湾区青年，促进三地友好互信、优势互补、互利共赢的关系，合力积极参与大湾区建设等。

具体操作方面，粤港澳大湾区青年总会定期举办一系列粤港澳大湾区流行文化活动，凝聚创新科技、金融、航运、贸易、法律、地产、旅游等领域的杰出青年，构建跨地区、跨专业交流机制，为大湾区建设提供建议及决策参考。以粤港澳三地青年为主体，共同推进大湾区流行文化建设和流行文化产业发展，增进港澳青年的文化认同和国家认同。通过各种交流活动，推广湾区文化为世界认知，这需要大湾区青年携手努力，打造大湾区文化品牌。

李凤琼（香港广州社团总会常务副主席兼秘书长）：
继续推动大湾区青少年文化交流

●香港广州社团总会常务副主席兼秘书长李凤琼（李细华　摄）

推动湾区青少年文化交流，是湾区人文建设的最重要环节之一，也是香港广州社团总会和我本人的工作重点之一。一直以来，香港广州社团总会一直深入践行立会宗旨，紧密团结爱国爱港爱穗力量，积极致力于打造穗港两地经济、文化、教育、科技等方面交流合作的重要平台。

我在香港出生，为教育事业和爱国爱港贡献了我一生中最美好的时光。在担任广州市政协委员、常委的15年里，我更加深刻地意识到，粤港澳三地同声同气、同根同源，推动青少年文化交流，对帮助香港的青少年全面客观认识祖国发展、加强对中华文化的认同有多么深远的影响。未来青少年文化交流应该继续在内容上提质、在形式上创新。

赵海舟（酷狗音乐副总裁）：

在粤港澳打造国际级音乐人线下聚集区

●酷狗音乐副总裁赵海舟（李细华　摄）

利用广东拥有全国最大互联网线上音乐平台的优势，打造粤港澳大湾区国际级音乐人线下聚集区。采取政企合作的方式，整合企业线上音乐宣发销售平台、直播平台、原创音乐平台，为音乐人提供音乐推广、音乐版税交易、音乐直播变现等方面的服务。

在音乐线下板块方面，打造原创音乐、音乐众创、音乐LIVE、音乐节四个线下子平台，为音乐人提供线下创作、录音、表演、活动等实体要素。通过线上、线下板块的有机结合，全面满足音乐人的三个核心需求：歌出名（线上推广）、人出名（增加曝光度）和赚到钱（直播与商演）。在此基础上，可推出支持促进创新创业的系列政策（音乐产业专项政策），面向粤港澳乃至全球音乐人发出邀请函，鼓励优秀音乐人来广东创新创业实现其音乐梦想，鼓励粤港澳乃至全球音乐产业企业在广东落户。

（杨逸　黄堃媛　徐子茗　周豫　李培　覃毅　刘奕伶）

第二章

直击：寻味文化亮点　提升文化自信

5000年前人骨竟能保存完好！“珠三角之父”有多帅？

说起中国人的祖先，大部分小伙伴很自然就会想起历史课本上的北京人、山顶洞人、半坡人……

他们大都来自北方，体格健硕。

作为南粤大地上的后代，你可知5000年前咱们珠三角地区的祖先长啥样？

那时面朝大海的祖辈们，过着怎样的原始生活？

我们有哪些生活习俗是从几千年前传到当代的呢？

位于东莞南城闹市区的一处考古大发现揭开了种种疑团。

/ 关键词 /

5000年前遗址现东莞

走进位于东莞市南城区胜和蚝岗村的蚝岗遗址博物馆，这个被周边房屋包围、绿树阴翳的古风小园，如同深藏在闹市中的桃花源。

这个建成于2007年的博物馆其实是直接在遗址原址上保护建设起来的，也是岭南建筑大师莫伯治生前最后一件作品，可以说内外都是宝。

20世纪80年代，一位考古爱好者经过此地，被散落在蚝壳中的陶片吸引，怀疑这或许就是数千年前人类生活的遗迹。考古队闻讯而来，通过仔细的勘察确认，这正是一处新石器时代贝丘遗址！

之后，遗址相继出土了大量陶器、石器、骨器和蚌器，发现灰坑、房

●东莞蚝岗遗址博物馆外观

屋柱洞、墙基槽等遗迹，还意外发掘出两具古人类遗骸。

在考古专家眼里，这些宝贝是研究珠三角彩陶文化和史前采集渔猎经济的极好标本。蚝岗作为目前珠三角地区发现的最早的人类定居点，更被岭南考古学泰斗、著名考古学家麦英豪誉为“珠三角第一村”。

/ 关键词 /
“珠三角之父”

蚝岗遗址中最重要的发现莫过于两具距今有5000年历史的人骨遗骸，其中一具竟还保存得非常完整，骨架完整清晰，牙齿都几乎没掉。

考古专家研究发现，这位在此沉睡5000年的蚝岗人是一位男性，去世时大概在40至45岁，身高约1.66米。这是目前珠三角地区考古发现中，年代最久远、保存最完好的人骨遗骸，因此被一些专家称为“珠三角之父”。

从头骨还原的雕塑中，我们大致可以看出东莞人祖先的相貌特征：短宽的脸、低矮的眶、低阔的鼻型，不仅浓眉大眼，更有着纯天然的大双眼皮。和北京猿人、山顶洞人比起来，是不是长得很“广东”？

那么问题来了：岭南地区潮湿闷热，又是酸性土壤，为啥这副遗骸能完整保存5000年？

这个蚝岗人出土时身上覆盖着层层蚝壳，因此专家猜测，是蚝壳本身的碱性中和了泥土的酸性，这相当于给骨头涂上了一层“防腐剂”，护其周全。

为了避免出土后的蚝岗人接触空气引发霉变，中山大学人类学系教授冯家骏第一时间赶来为蚝岗人做消毒和防腐加固，将其放入玻璃箱保管。据悉，未来还计划对蚝岗人做三维塑形研究，进一步深入研究其内部构造。

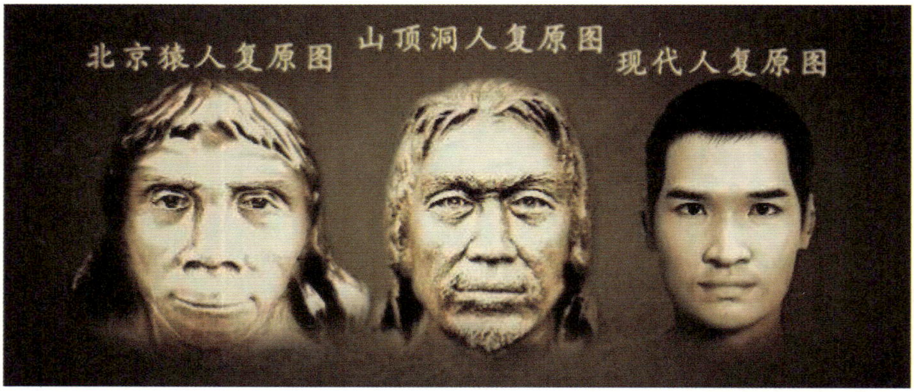

不同人种复原图

蚝岗遗址中距今有 5000 年历史的人骨遗骸

/ 关键词 /

"珠三角第一村"

除了珍贵的人骨，被专家誉为"珠三角第一村"的蚝岗遗址还为我们还原5000年前珠三角居民的生活提供了许多生动的线索。

新石器时代蚝岗"岛民们"的衣食住行或许滋润得超乎你想象！

衣

别以为5000年前的原始人都是赤身裸体、茹毛饮血，那时的蚝岗人已经很"会穿"。那时的蚝岗还是一个靠近大陆岸线的海岛，气温较高。作为名副其实的"岛民"，蚝岗人并不是裹着厚重的兽皮，而是自制"树皮衣"，清凉又洋气。

做这种衣服需要将树皮浸水、捶松，再用石拍拍去渣滓，变成天然的"不织布"再来裁剪缝衣。大概从这时起就显露出咱们广东人的时尚基因，穿树皮衣成为当时珠三角最风靡的"岛民style"。

●蚝岗人的衣物

食

俗话说“食在广东”，在新石器时代，珠三角居民究竟吃什么呢？对此专家也很好奇。他们对蚝岗人骨做过碳氮稳定同位素的含量分析，发现骨头里的氮15含量很高，得出蚝岗人的营养级很高，这说明当时的居民同样靠海吃海，应该是以蚝和鱼等海产品为主食。广东人爱吃海鲜无疑是祖先带的好头。

●蚝岗遗址广东博物馆展厅中对蚝岗人开蚝场景的复原

在蚝岗，因为咸淡水交融，最多的水产品就是——蚝。有趣的是，当年的蚝可比现在大得多，个个都有碗口粗。出土的蚝壳中还有一些被整齐地穿了圆孔，这些穿孔的蚝壳到底用来做什么？是占卜工具，是首饰，还是烧烤串串？这至今还是一个谜。

住

靠海而居，珠三角先民在居住上也很有讲究，但他们住的却并非吊脚楼。专家从遗址发掘的房柱洞研究发现，蚝岗人首先会以两米左右的等距挖墙脚，将两排树干交叉扎好，再用芦苇和着稀泥作面壁。这样，一间间呈等边三角形的海景“别墅”就矗立在海边了。

更有趣的是，当时的居民还会在屋外挖排水沟、垃圾堆集场，再火烧周边土地，使之变硬变滑，方便打扫。看来5000多年前的蚝岗先民就已经讲卫生讲文明了。

5000年前的蚝岗人房址地基

行

作为“岛民”，最痛苦的事莫过于出行不便。勤劳智慧、擅于创新的蚝岗人自有解决之道。

专家推断，蚝岗人的交通工具是独木舟，用中间挖空的粗树干制成。光从200平方米的挖掘坑里就出土了10多把造船用的石斧、石锛，可见当年蚝岗“造船业”的兴盛和珠三角居民的“壕”——“海景别墅”配“私家游艇”，惹人艳羡。

博物馆展厅对蚝岗人凿独木舟场景的复原

/ 关键词 /

蚝岗文化“走出去”

蚝岗遗址中这些重新被唤醒的珍贵文物，带领我们重新认识了东莞的历史，进一步了解了孕育我们成长的这片南粤大地。

广东省文物考古研究所副研究员冯孟钦曾评价道，蚝岗遗址为珠江三角洲史前文化发展序列的研究提供了重要的层位依据和比较基础，出土的人骨为研究珠江三角洲先民的种族特征和来源提供了体质人类学的资料。

考古学家麦英豪也曾说过，东莞文物众多，时至今日仍保留于地面的文物史迹为数不少，其中还不乏瑰宝。小至一块明代的“却金亭”石碑，大如“南社”整条古村落，现在又有蚝岗遗址这类极具历史文物价值的地下遗存。

这些遗迹都是东莞的文脉，更是研究和展示岭南、珠三角史前文明的重要基地。时至今日，进一步挖掘和传承岭南文脉，是新时代赋予我们的使命。

博物馆举办的科普活动吸引了小朋友热情参与

作为原址保护建造的博物馆，蚝岗遗址博物馆正探索打造中小学生“第二课堂”，让历史和文物“活”起来。博物馆专门设置了互动展厅和陶艺实验室，定期举办动手体验“考古”、修复“文物”等有趣味科普性的活动，把远古人类的废址变为传播知识的场所，不仅孩子们能在这里体验“看陶”“制陶”“画陶”活动，市民也可以定期享受免费文化讲座。

（毕嘉琪　黄堃媛）

新一届“文物戏精”要出道
它们来自东莞民间博物馆

2018年，“文物戏精大会”刷爆了朋友圈。9月开学季，新一届“文物戏精”摩拳擦掌、跃跃欲试，准备出道了。它们来自东莞民间博物馆。

东莞打造建设博物馆之城，从2004年的5座博物馆发展到2017年的54座，形成了多种所有制共生的博物馆矩阵。星罗棋布的民间博物馆，有些以产业为特色，形成陶瓷、莞香等主题；有些又与收藏家个人文化趣味相关，如钱币、古生物化石博物馆。

东莞的民间博物馆珍藏了哪些“文物戏精”？记者近日前往东莞探宝。

/ 第一站 /

东莞市钱币博物馆

5万元面额的人民币，你见过吗？

该馆坐落于东莞农商银行大厦内，是全省最大的钱币博物馆。3000平方米的展馆内，2万件中外历代钱币，夏商的贝币、东汉的摇钱树、宋代的“钱山”……展示了一幅钱币文化的绚丽图卷。

你听过“腰缠万贯”，但一贯钱有多少？展柜内的一贯金代铜钱给了我们答案。宋代前中国没有纸币，古人外出携带的金银、铜钱一般束于腰带里，于是就有了“腰缠万贯”之说。

博物馆馆员说，并非所有一贯钱都是1000枚。这金代的一贯铜钱因保

●东莞市钱币博物馆一角

存完好，再现了古人串钱的方法——以大钱在前、小钱在后的方式将铜钱排列，100枚铜钱为一节，一共10节，但因为一个大钱等于10个小钱，所以这一贯铜钱并没有1000枚那么多。

展柜内几块汉代造钱使用的“范”形制独特，分别是五铢陶范、四铢半两石范、大泉五十陶范和五铢青铜范，从易受损的陶范到坚硬的石范再到更耐用的青铜范，诉说着古代铸钱工艺的演变。

馆员介绍说，古人铸造金属铸币，在唐代以前都是范铸法，要先做“模”再做“范”，最后在“范”上浇筑成铜钱……这或许也是“模范”一词的来源。

另一件镇馆之宝是中国人民银行于1948年12月发行的第一套人民币，完整的一套包括12种面额、62种版别，最小面额1元，最高面额达5万元。

据保守估计，完整的第一套人民币在国内仅存不过300套。据介绍，面值5万元的人民币的发行是为了应对国民党政府超发货币而过渡使用的货币，在第二套人民币发行时以10 000比1进行了兑换，很快就退出了历史舞台。

平版竖式浇筑范

展厅里还有一张国民党政权统治下的新疆省银行所发行的面额为60亿元的纸币，据说当时仅能买77粒米，是当时通货膨胀活生生的例证。

/ 第二站 /

乐人谷茶文化博物馆

欧洲“淘”回清代通草画

该馆位于东莞高埗镇，2018年初装修一新。1300多平方米展厅内展出的近万件藏品诉说着茶文化的博大精深。

一套1837年完整记录制茶过程的清代通草画，是馆长叶志强从欧洲收藏家手中辗转购回的。

兴起于清中叶的通草画，有“古代照相机”之称，记录下清代中国社会的民情风俗，是外国人了解中国的途径之一。叶志坚介绍说，这套通草画的特别之处在于完整记录了清代中国人制茶的流程，包括了采摘、晒青、筛青、炒青、揉捻、包捻等步骤。它们由广州十三行画工精心制作，特别采用了防虫、不开裂的天然颜料，两百多年不褪色，精美如初。

馆内一份清代殿试文章原件保存完好，弥足珍贵。殿试是中国古代王

乐人谷茶文化博物馆一景

朝选拔人才最高规格的考试，由皇帝本人亲自主持，考试题目多为皇帝关心的头等大事。

叶志强说：“这篇殿试文以论茶政和边防为题，足见茶在当时中国社会、经济生活中的重要性。”文中关于边海制策的建议就提到了广东的虎门，可见东莞在清代已经是重要的海防要塞。

馆内一件清中期青花瓷杯造型别致，茶碗正中一具小瓷人，只要杯中倒入的茶水漫过瓷人脖子，整杯水就会从杯底流出，一滴不剩。

完整记录制茶过程的清代通草画

叶志强说，古人运用虹吸原理，发明了这一“公道杯”，借一个小小茶杯告诫世人过满则溢，讲求公道，切勿贪心。

/ 第三站 /

逸颐艺舍博物馆

在这里畅想海上丝绸之路

该馆位于东莞横沥镇，步入其中亭台水榭，静雅清幽，展示了陈焕伦与父亲两代人40多年的收藏。陈焕伦的父亲早年在香港打拼，致富后开始收藏，父子两代人有一种文化情怀，不断从海外回购拍卖行拍卖的中国瓷器。

馆长还远赴东南亚等地收回一批珍贵海捞瓷。据介绍，馆内有一批从印度尼西亚、马来西亚等附近海域打捞上来的中国古代沉船上的瓷器，它们诉说着海上丝绸之路昔日的壮美。

东莞横沥牛墟有500多年历史，是广东三大牛墟之一。该馆设有牛文化馆与此呼应，其“镇馆之宝”是清代龙眼木雕童子牛，由龙眼木雕刻而成，造型传神，寓意吉祥，牛毫毛都被雕刻出来。

逸颐艺舍博物馆的亭台水榭

●栩栩如生的茶山公仔

馆藏中的一件清代茶山公仔极其逼真，老者胡须使用真毛表现。茶山公仔是东莞茶山镇极有特色的民间泥塑，兴起于明末清初，一度濒临失传，这件公仔或是现存最古老的一件。

茶山公仔不是捏塑，而是用一个泥模印制而成，因此茶山公仔往往有前面形象没有背部形象，但这件茶山公仔有前有后，背部一幅字还描述了一个美妙的故事。

/ 第四站 /

森晖自然博物馆

一个东莞人的“石头记”

森晖自然博物馆毗邻东莞可园，门楼上悬挂着范曾题写的“瑰宝之宫”四个大字，格外气派。馆内藏有数千件文物珍品，凝聚了馆长祁荣驹30多年的收藏心血。

1982年出差桂林时，祁荣驹花20多元买回一块“三娘教子”图案的天

●奇石“布达拉宫”

然石头，从此一发不可收地开始了奇石收藏，成为“石痴”。

博物馆二楼陈列着他最得意的藏品——奇石“布达拉宫”。这块广西来宾石来自红水河水底，因形似布达拉宫而得名，曾入选由中华书局出版的《中国石谱》。2008年在奥运奇石邀请展上，曾代表东莞获得金奖，国家邮政局也出版过关于它的邮票。

与石结缘，祁荣驹还收藏了大量陨石和古生物化石标本。三楼的古生物化石馆展示了大量包括恐龙化石在内的古生物群落化石，其中一块长7米、高2.6米的化石上盘踞着三条鱼龙，十分罕见。

陨石馆内展示了80多种陨石标本，包括月球陨石、火星陨石等，这里每年都会吸引成千上万来自全省各地的中小学生参观，该馆在2010年被评为“广东省科普教育基地”。

（李培　毕嘉琪）

从网红写手到重大题材创作者
广东青年作家的N张面孔

“当代广东青年作家秉承广东文学兼收并蓄、敢为人先的进取精神，大胆突破常规，发挥艺术个性，着力塑造‘文学粤军’独树一帜的艺术品格，不断开创新时代文学创作的新境界。”时任广东省作协党组书记、专职副主席张知干表示。

他认为，“广东‘80后’‘90后’新锐作家群”这一大批文学新生代作家的迅速成长和整体崛起，堪称全国文坛一枝独秀，为广东文学创作繁荣发展打下了坚实的人才基础。

近年来，以王威廉、王哲珠、皮佳佳、马拉、李德南、张闻昕、陈再见、了了一生、彤子、蔡东、阿菩等为代表的一大批青年作家的成长成熟，代表着当代广东文学薪火相传、继往开来的文学力量，也昭示着新一代青年作家锦绣灿烂、欣欣向荣的文学愿景。

第八次全国青年作家创作会议于2018年9月20日至21日在北京召开，广东省作协组织了11位颇有建树的青年作家参会。本篇报道聚焦其中代表，借以了解广东青年作家的创作实力和新锐风貌。

王威廉：回归人文传统，为时代塑像

“在历史和现实的维度上进行个人化的思考，尽力发出自己灵魂的声音，哪怕微弱，哪怕渺小。目前，我在自己的叙事中又增加了对人类未来维度的人文省思。”

王威廉

人物简介："80后"作家，先后就读于中山大学物理学系、人类学系、中文系，中国现当代文学博士。出版有长篇小说《获救者》，小说集《内脸》《非法入住》等。获首届"紫金·人民文学之星"文学奖、广东省鲁迅文学艺术奖等。

2000年，王威廉从西北考入中山大学，至今在广东生活了18年。他一开始是从评论进入文学创作的。2004年，读大四的他在《读书》上发表了对匈牙利作家凯尔泰斯·伊姆莱的评论。"其中孕育着我后来的许多观念和思想，从此逐渐进入文学的腹地"。

从物理学到人类学的训练，开拓了王威廉的文化视野。王威廉在写作时，非常注重问题意识，"作家对生命的理解与探索，还有鲜明的问题意识，可以激励作家走得更远"。

多年前，王威廉发表中篇小说《非法入住》，《北大评刊》认为该小说是"现代主义小说在中国瓜熟蒂落的开端"。此后，从《内脸》《第二人》到《鲨在黑暗中》《听盐生长的声音》等作品，展示出一种非常开阔的生命态度。

王威廉认为，优秀作家要广博地吸收中国以及世界范围内优秀的人文知识和传统，通过阅读与感受，让它们在自己的生命中形成一个文明的场域。在继承文明传统的基础上，理解当下时代与历史的同与异，为时代塑像。"在今天经验同质化和信息高度发达的时代，作家必须依赖自己的思想能力，要回归人的内心，回归人文传统中，才可能会有新的洞见。"

2017年，王威廉的长篇小说选题《同福》入选广东省重大现实与历史题材创作工程，他准备以广州历史悠久的海珠区同福大街为地理背景，描摹百年来几代人的经历和命运，以中国独有的福文化为切入口，探究中国人的精神观念与心灵世界。“希望通过这篇小说的创作，重新激活传统文化。以立心与立人的艺术形式，来讲好中国故事。”王威廉说。

陈再见：对日常生活的观察已经成了职业病

“我希望我的每一部作品都是一台推土机，砸骨卖血地往前推，所到之处，无不见筋露骨。”

人物简介：“80后”作家，广东陆丰人。中国作协会员，广东文学院签约作家。出版有长篇小说《六歌》，小说集《一只鸟仔独支脚》《喜欢抹脸的人》等；荣获《小说选刊》年度新人奖、广东作协短篇小说奖、深圳青年文学奖等。

陈再见

2018年是陈再见步入文坛的第十个年头。十年前，陈再见只是深圳一家电子工厂的一个普通打工者。如今，他成了一名作家，在深圳一家图书馆工作。

“在电子工厂打工的时候，我想通过写作的方式离开工厂。”陈再见回忆说，那时候每天晚上10点下班后，他再挤出来一两个小时写作。刚开始没有电脑，他就手写，然后去网吧打出来，“网吧老板看我不玩游戏，总是打字，还以为我是黑客。”

就是通过这样的努力，陈再见的作品陆续发表在《宝安日报》《佛山文艺》上。两年后，陈再见实现了自己的愿望。从工厂辞职后，他有时间全心投入写作。

“我觉得一个作家就应该写他熟悉的东西。”陈再见很少去触碰自己不了解的东西，也不会为了获得戏剧性的效果去捏造一些脱离现实的情节。他不喜欢公众场合的社交，但他会为了观察生活细节去参与一些活动。

三四年前，陈再见在陆丰县城买了套房，周末就从深圳回到陆丰。他开始迈入“县城题材”的创作，“我对日常生活的观察已经成了一种职业病，走到哪儿就看到哪儿。”陈再见说，写小说的人，永远不缺故事，缺的是生活中的细节，纯文学的魅力就在于描摹复刻生活细节。

陈再见小说里的人物几乎都能在生活中找出原型，让人感觉这些人仿佛就在自己身边，触手可及。平和的语气、平凡的人物、平淡的叙述，却都透着一种人文关怀。

正如著名文学评论家王干对他的评价：“他能够恰如其分地运用他的生活积累和文学储备，不滥情，也不炫技，成为岭南小说作家中别具一格的存在。”

蔡东：讲述平凡女性身上的光辉

“写的时候，我凝视着身处困境的人，凝视着人的一个闪念，把它们细细剖开来看，我相信某个闪念里可能包裹着一个星汉灿烂的宇宙。”

人物简介：“80后”作家，2006年起在深圳职业技术学院任教。代表作品有《往生》《照夜白》等。获《人民文学》柔石文学奖、第十届广东省鲁迅文学艺术奖等。现为深圳市作协副主席。

从读书再到教书，蔡东的经历看上去并不复杂。她对平凡日常生活中的“贤妻良母”与“闲云孤鹤”般的人物更感兴趣。她在生活中观察寻找，慢慢发现日常生活之下，有着开阔的写作空间。

回首过往的这些年，蔡东觉得差不多用了七年的时间，从自发的写作进阶到自觉的写作状态，当跨过这个坎之后，她清楚地意识到，“写作不是困扰，不是牺牲，写作是裨益，是滋养，是给自己另一个辽阔的世界，蓬发赤足，走走看看”。

蔡东

在蔡东的笔下，平凡的女性人物散发出美与爱的光，她们有一种更敏捷的生存能力，凭借这种能力，她们成了如波德莱尔所言的“日常生活的英雄”。蔡东希望做一个态度谦卑而心思细密的体察者，去讲述女性的故事，“她们的生活是艰苦的，但同时她们身上也闪耀着动人的光辉”。

蔡东说，写小说这些年，她一直警惕，不要写得太滑熟了，“小说是一种肉身沉重的文体，它需要大量的细节和坚实的叙述，需要长久的积累和储备”。语言是蔡东的长项，《净尘山》中，她对于张倩女一波三折的减肥过程的生动描述，令人折服，语言如珠玉般掉落玉盏，玎玲作响。对人物心理的刻画分析也妥帖到位，入木三分。

在这几年的创作中，蔡东触及当下中国的养老、教育、婚恋、人际、住房以及精神信仰等现实问题。评论家饶翔认为，蔡东的小说题材并不“出奇”，出奇的是她对于每个题材的挖掘之深，她将短篇小说“精深”的优势发挥得淋漓尽致。

2016年，蔡东以《我想要的一天》获得华语文学传媒大奖“年度最具潜力新人”奖项。蔡东的小说对城市文明展开反思，显示出一个年轻作家的深度、情怀和艺术才华。评论家申霞艳说过，蔡东的写作有扎实的生活细节，也有巨大的外延空间，内心生活的出世倾向与世俗世界的喧哗躁动形成张力。

阿菩：以网络小说的方式“打开”历史

“我想用好看的小说形式，把《山海经》重写一遍，讲给人们听，我心里关于《山海经》的种种幻想，关于《山海经》里记述的山河湖海，以及《山海经》里可能存在的中国历史。”

●阿菩

人物简介：阿菩，原名林俊敏，“80后”知名网络文学作家。他本科学中文，硕士攻读历史，博士研究文艺学。获第九届广东省鲁迅文学艺术奖。现为中国作协全委会委员、广东省网络作家协会副主席。

硕士毕业后，阿菩去了广州一家媒体工作，担任记者、编辑，后转入品牌策划领域。“2005年，在一位老师的建议下，我开始关注网络文学，激发了我的创作热情。”

那段时间，阿菩白天写新闻稿，晚上抽空码字写网络小说，因为在大学时非常关注《山海经》，所以想围绕它创作一部网络小说。2005年，他发布了第一部作品《桐宫之囚》，在网络上连载一周的点击量就超过100万人次。

从那以后，阿菩一直在坚持创作，至今已独立创作并结集出版12部小说，字数达1200万。2011年，出版长篇神话小说《山海经密码》，销售量高达上百万册。中国电影股份有限公司高价购得《山海经密码》的影视版权。

作为当红网络作家，阿菩拥有不少“铁杆粉丝”，《唐骑》在起点中文网上雄踞月票榜大半年之久。但他认为，作品必须拥有正面影响力和美誉度，才会有更长久的生命力。在近年的创作中，他一直从《山海经》和历史两个维度拓展，不断寻找创作灵感。

阿菩认为，把浓缩的历史展开也是一件很有趣的事，在文献记载中打捞沉没在历史长河的往事，如同考古学家挖出一件件稀世古物。

2018年，阿菩的新书《大清首富》正式问世，新书以广州十三行为背景，以扎实的史学研究和动人的故事情节，刻画了和珅、乾隆、嘉庆、如妃与十三行错综复杂的关系，画卷式展现一场场波谲云诡的清朝商战。

历史对于阿菩来说具有别样的亲和力，“从历史中萃取养分，正在成为青年网络作家创作的主要方法，今后我会继续深入研究历史，推出更多优秀的网络文学作品”。

（宋金绪）

一生坚守“好心”的信念 她成了茂名人永恒的“女神”

走进茂名市区，大街小巷随处可见“好心茂名”的醒目标识：草书写成的“好”字图案如同城市中的一股暖流，传递着润物无声的正能量。要对这份“好心”寻根溯源，则要到滨海新区电城镇一个叫山兜的村庄里去。

山兜是一个宁静的小村落。逢年过节，这里会热闹起来，娘娘庙前香火不绝，来上香的市民一波接一波。

这里沉睡着一位被周恩来总理誉为“巾帼英雄第一人”的杰出女性，她在民间广受祠祀，全球以她为名的庙宇超过2000座；她曾历经梁、陈、隋三朝，却始终如一保境安民，维护国家统一——她就是著名少数民族政治家、军事家冼夫人。

娘娘庙前香火不绝

冼夫人一生功绩卓著，晚年曾对子孙如此总结自己一生：“我事三代主，唯用一好心。”“好心”既是冼夫人的写照，也逐渐成为茂名的城市名片。记者走进茂名冼夫人故里与好心湖，寻访冼夫人遗风，感受千年传承不断的“好心精神”的当代演绎。

圣母广场

冼夫人故里坐落在茂名市滨海新区电城镇山兜村。走近景区，最引人注目的当数入口处的大型门阙。门阙由六根柱子组成，每根柱子都是由千里迢迢从福建运来的整块石头堆砌而成的。门阙正面题有“岭南圣母”四个大字，背面的“护国佑民”则生动概括了冼夫人一生功绩，气度不凡。

穿过门阙，宏大的广场展现在游人眼前。广场一侧设有展馆，参观者可以通过馆内展览完整地了解冼夫人的一生。百越地区俚人首领冼夫人与丈夫北燕王室之后冯宝携手，鼓励生产，推行文教，并平定李迁仕、欧阳纥、王仲宣等人叛乱，她还向朝廷请命在朱崖（海南岛）置州，使海南与中原的直接联系得以恢复。

冼夫人生前曾揭发贪官污吏番州（今广州）总管赵讷的恶行，一缕廉政清风流传千载。茂名滨海新区反腐倡廉教育基地就设在广场另一侧，举行“廉政大讲堂”廉政专题教育活动。为纪念冼夫人为民族团结做出的贡献，“全国民族团结进步教育基地”也在冼夫人故里挂牌。冼夫人对国家、对民族、对百姓的“好心”，为风清气正的政治生态建设注入动力。

广场中轴线末端矗立着一座冼夫人铜像，与门阙遥相呼应。冼夫人端坐在台基上，身穿戎装，威严又不失慈祥。冼夫人身后是一座文化墙，墙面用青灰色砖石砌成，古色古香，上面刻有《隋书·谯国夫人传》全文，冼夫人“唯用一好心”的精神就出自这一章。

冼夫人铜像

冼夫人墓·娘娘庙

在冼夫人故里，也有“三冼”——冼墓、冼庙、冼府遗迹留存。

负碑赑屃——冼夫人的“身份证”

过去，景区只是一片茂草疏林的宽阔荒地，冼太夫人的墓城沉睡其中。书有“隋谯国夫人冼氏墓”的墓碑为嘉庆年间满族知县特克星阿所题。附近发现的隋代负碑赑屃，引起文物考古专家的重视。赑屃是中国古代的神兽，传说中龙的第七子，形似龟而好负重。根据《隋书·礼仪志》，赑屃是三品以上的达官贵人才能使用的墓葬形制。尽管赑屃石仅存其身，首及四足缺损，背部“龟纹”却成为确认它身份的“实锤”。

冼夫人墓是广东省考古发现的第一个隋唐墓园建筑实例，2013年被正式公布为全国重点文物保护单位，这也是茂名目前唯一一处全国重点文物保护单位。冼墓由墓城、墓碑、享殿构成，周围依然残存夯土墙遗迹。当

冼夫人故里门阙

时只有极高的身份才可能享受“墓城”的殊荣。著名考古学家麦英豪曾表示，以此地墓城之大、赑屃之巨、地面建筑遗迹之宏大，“在岭南，除了南越王赵佗，唯有冼夫人才能与之相配”。

负碑赑屃

全球唯一一座能被称为“娘娘庙”的冼庙

冼庙——墙存五代砖石

冼庙又称“娘娘庙”，始建于隋朝，外墙墙体保存着隋、唐、宋、明、清的砖石，有“一墙五代”的美誉；庙里保存有虎头足石香炉、石鼎和重建碑刻，具有较高的历史价值和文化价值。2002年，冼庙被公布为广东省文物保护单位。

据称，冼夫人庙遍及粤、桂、琼各省与南洋各地，但只有冼夫人故里这一家被称为“娘娘庙”。直到如今，娘娘庙依然香火旺盛，逢年过节有不少市民到这里祭拜。

俚人文化研究基地——寻踪千年生活印迹

广东省文物考古研究所多次对丁村遗址、冼夫人墓园进行调查勘探。2017年10月，考古研究所专家进驻山兜村。2018年1月，“广东省文物考古研究所俚人文化研究基地”与“茂名市俚人文化研究会”正式挂牌。

这次考古发掘出土了丰富的古代遗物，大部分为生活用品和建筑构

●百越文化长廊

件，包括罐、钵、网坠、瓦、碗、盏、砚台等等。陈列室里，瓦当、四系罐、六系罐等出土器物静静罗列，无声述说汉俚文化交融的一段传奇。

此外，“冼夫人信俗”已入选第四批国家级非物质文化遗产名录。作为冼太夫人信俗的传习和展示场所，冼太夫人故里景区也成为“全国重点文物保护单位”和“国家级非遗”兼具的双“国保”单位。冼太夫人故里文化旅游景区负责人杨伟仁期待，冼太夫人故里景区将以“百越特色文化产业创意园”为定位，为广东21世纪海上丝绸之路再添文化地标。

好心湖

“好心”是茂名人的精神坐标，也是这里山山水水的灵气源泉。“那边就像一块蓝宝石，这边就像一块绿翡翠。”茂名高新区河西工业区管理办公室主任林诚口中的“蓝宝石”和“绿翡翠”，并不是九寨沟、马尔代夫，而是就在茂名人家门口的露天矿生态公园“好心湖”。

好心湖湖水青蓝相间，碧波荡漾，游人络绎不绝。然而，六年前，这里仍是一个10.07平方公里的露天矿坑，污染面积达到20平方公里。

重建湖区生态不仅仅是一项环保工程，它更需要文脉的涵养。茂名市政府打出“引水、种树、建馆、修路”的“组合拳”，全面整治矿区环境，修复生态，露天矿迎来了新生。取名“好心湖”正是出于对冼夫人恩泽的感念。

“好心湖之命名兮，承千古之悃德。倡向化之清明兮，惟好心之是举……”这篇来自鲁迅文学奖得主、广东省作家协会秘书长熊育群的《好

俯瞰好心湖

心赋》，在2018年“好心茂名网络春晚”一夜走红。亲睹生态公园的湖光山色，他欣然提笔，饱蘸深情，将茂名人文底蕴化作诗篇。

“率天下之以仁兮，以湖泊为镜鉴。”好心湖如同一面镜子，从中既照见茂名深厚的文化根基，也倒映出现代城市的绿色发展理念。在这一汪清澈的湖水中，“好心文化”与惠民爱民的时代精神融为一体，生生不息。

（杨逸）

这个区级图书馆获评“最美粤读空间” 它颜值有多高？

走进深圳市盐田区图书馆，处处都能感受到智慧服务。图书馆的大厅，一面由45块液晶屏组成的巨幕智慧墙格外引人注目，上面不仅可以浏览各类信息和实时收看报告厅现场相关讲座，馆内温湿度、每层Wi-Fi信号覆盖强弱也一目了然。

厅内，不少小朋友围着机器人“贝贝”玩得不亦乐乎，孩子们不用手动输入，只须和“贝贝”对话，就可以查询服务、活动介绍，这种方式既

●图书馆大厅智慧墙

●市民在试听区享受听书服务

新奇有趣，也可有效地辅助图书馆导询人员的日常工作。“我要看《红楼梦》。”“今天有什么活动？”这些需求和问题，在“贝贝”这里都不算事，甚至连“厕所在哪里”，“贝贝”也可以做出精确指引。

成立15年来，盐田区图书馆立足海洋文化特色，借当地的山海优势，走出了一条与传统图书馆不同的发展之路。2018年，盐田区智慧图书馆服务平台建设更喜获第四批国家公共文化服务体系示范项目创建资格，深圳独此一家。南方日报记者带你走进盐田区图书馆。

智慧科技让图书馆资源全透明

在图书馆二楼，可以全方位地感受图书馆的“智慧”之处：“智慧坐席”不仅可以根据读者的喜好调节座位舒适度，系统后台还能针对每个读者的阅读喜好，实现对读者的个性化、专门化服务。最令人感到心动的是图书馆内的阅读交互体验。“24小时读海书吧”“耳机森林听涛区”等带有海洋特色的空间利用多媒体声光电互动技术，创新打造了数字体验式的海洋文化园。就拿“郑和下西洋”的海图来说，它能将郑和所到每个区域发生的小故事以图文并茂的方式展现传播，将每一幅海图背后的故事都挖掘出来。

15岁的李菲儿暑假几乎每天都“泡”在图书馆，“无线操控、感应智能灯、带记忆功能的自动升降座椅……这些智能化设施让阅读更舒适，各种高科技主题功能区和丰富的文化活动也丰富了我的课余生活。”步入借阅区，智能书架就会告诉读者喜欢的书在哪里；拿到书，坐下来，智慧座席即可根据读者入座后的习惯自动调节到舒适的位置；儿童读者在这里可以看动漫、玩玩具，还有工作人员、志愿者带他们做游戏；读书累了，可以到视听服务区听书，或者到爱读亭录制一段文艺清新的音频……

近年来，基于物联网、移动互联网、大数据等技术，图书馆建立智慧化服务系统，实现了读者全开放、资源全透明、服务全预知的全新目标，日均读者流量超过4000人次，日均外借服务量1100册（次）。盐田区图书馆高票入选2018年“书香岭南”全民阅读活动的十大“最美粤读空间”，还获得法国“双面神”国际设计大奖，此殊荣也是全国公共图书馆首例。

在2018年“4•23”世界读书日，盐田区图书馆又有两项创新服务亮相——“e还书”和“爱读亭”。“e还书”可为读者提供无障碍、一站式、全天候的图书馆还书服务。只要把要还的书投放入箱口内，“e还书”就会自动识别，几秒内完成还书的操作，让读者感受智慧服务带来的便利，尤其是方便老年读者还书。立于盐田区图书馆美丽的下沉广场的“爱读亭”更是盐田区图书馆送给居民的新礼物。市民可以在工作之余，停下匆忙的脚步，走进“爱读亭”稍作休息，朗读名篇名段，讲述盐田的美好故事，表达内心的情愫。

智慧图书馆并不鲜见，而图书馆的智慧化管理却并不简单。借助图书馆员移动管理App，管理员可以远程实时监控图书馆的运行状况并进行实时数据分析。“以前都是读者了解图书馆，现在我们要让图书馆也了解读者，只有这样，我们才知道市民需要怎样的阅读服务。”盐田区图书馆馆长尹丽棠如是说。

用智慧服务补公共文化服务短板

建馆15年来，盐田区图书馆让创新成了一种本能。据了解，2018年图书馆进行了“智慧新升级”，其中最令人激动的是“语音输入”在各个设备上的延伸，以及对现有11种方言的再扩建。此外，智慧传感网也增加了定位、热点区域等传感技术，图书馆的其他区域还将逐步实现指纹识别和人脸识别代替图书证，不管读者是否为“深圳人”，只须踏入图书馆就能最快享受到所有的智慧服务。

“我们争取将全国各地方言都纳入其中。深圳是个移民城市，外来人员众多，我们希望他们能感受到图书馆对他们的尊重。”尹丽棠说。

为了提升服务水平，盐田区图书馆研发出了一系列现代化、高科技的管理平台。图书馆移动门户网开设了读者参与图书馆资源建设的功能，实现了图书馆与读者的资源互动；智慧传感网则实时监测图书馆的温度、噪音、人流量等信息，智能调控馆内的相关设备。

盐田图书馆阅读区

谈及智慧图书馆的未来发展，盐田区委书记杜玲表示，盐田区图书馆致力于从“文化惠民”向“文化悦民”升级，希望通过智慧图书馆创建带动盐田区公共文化服务体系整体发展。

习近平总书记在全国宣传思想工作会议上强调：“要推动公共文化服务标准化、均等化，坚持政府主导、社会参与、重心下移、共建共享，完善公共文化服务体系，提高基本公共文化服务的覆盖面和适用性。”

为破解公共文化服务发展不平衡的局面，广东站在高起点谋划公共文化服务建设的崭新格局，通过大力创建基层综合性文化服务中心、推动县级图书馆和文化馆总分馆制、以智慧服务实现升级等手段，大力构建现代公共文化服务体系，打通公共文化服务“最后一公里”。

智慧服务正是补公共文化服务短板的有效举措之一，广东充分利用移动互联网媒体新技术，搭建多种平台，改变公共文化服务传统的单向输送格局，打造与美好生活相适应的新型文化服务模式。

（周豫）

非遗直播：岭南传统艺术在社交媒体上“突围”

如今，各大直播平台上唱的大多是各种网红歌曲，听腻了想换换口味咋办？

2018年7月，随着广东省（酷狗）传统音乐复兴计划的正式启动，粤剧大师倪惠英、岭南派古琴传承人谢东笑、粤曲名家陈玲玉、客家山歌皇后徐秋菊、潮乐女司鼓余少萤等非遗传承人先后亮相酷狗“非遗大师课”。

在这个技术+传统造就的“新文化场景”中，传统文化成功地从喧闹的娱乐文化中突围，找到了一个更具互动性与趣味性，辐射范围也更广大的场域，并由此聚集大量活跃在网络的年轻观众，打开了传统文化通向年轻人世界的大门。

广东省（酷狗）传统音乐复兴计划启动仪式

客家山歌“皇后”直播间飙歌

●徐秋菊

最近，民族风可是十分盛行，此前，不少说唱歌手凭借山歌圈粉。顶着国家级非遗的光环，梅州客家山歌是山歌“大家族”中最“好玩”的一个。

“唱山歌嘞——这边唱来那边和——”即使平时不听山歌，相信每个网友的脑海里还是自动保存着几段旋律。由于客家围屋的墙厚，隔音效果很好，所以一个围屋里通常是一大家族人住在一起，他们会用客家山歌即兴编唱、联络感情，而客家围屋自带环绕音效，唱起来就像吹响了大喇叭一样，简直是霸气外露！

说到客家山歌，就不得不提徐秋菊了。徐秋菊演唱的山歌，悠扬婉转、韵味十足，如涓涓流水滋润着人们的心田，让人过耳不忘。多年来，人们只要一提起“山歌皇后”，就会想起她，要知道她还曾经去人民大会堂演唱过。

是不是迫不及待想听歌了？随我来直播间学山歌，so easy！

直播一开始，徐秋菊亲切地与观众们打了个招呼后，立马就开始飙山歌了！一曲《桃花来梨花开》拉开了直播的序幕。

这首歌唱的是啥呢？原来，旧社会交通不像现在这么发达，飞机高铁当日直达，一对分隔两地的恋人很难见上一面，离别时两人难分难舍，互相嘱咐对方有人来往的时候要给自己捎上一封信，没人来往的时候便托梦给自己。《桃花来梨花开》唱的便是恋人之间的那种动人的情感。

高亢嘹亮的嗓音，极富变化的转折，徐秋菊完美诠释了歌曲所要表达的动人情感。尤其是原生态的唱法，质朴而美妙，让看惯了直播的网友纷纷献上玫瑰，礼物多到连屏幕都摆不下了。

一个半小时的直播，徐秋菊为观众们演唱了十几首山歌：松口山歌

《八月十五光华华》、陆丰山歌《送情郎》、河源山歌《嬲到日头转西山》以及韶关曲江山歌《落水天》，不一样的风味，不一样的情感，不一样的起承转合，让网友们大开眼界。

引导年轻人为粤剧专辑“线上”付费

在徐秋菊之前，粤剧大师倪惠英，岭南古琴传承人谢东笑，著名琵琶弹唱家、粤曲传承人陈玲玉等非遗传承人都应邀做客酷狗直播间，通过“非遗大师课”这种新兴的直播形式与网友面对面交流广东传统艺术文化，均取得了不凡的效果。尤其是第一场由倪惠英、林颖施师徒带来的直播首秀，惊艳了16万的年轻网友。

虽然非遗传承人通过触网的方式与网友深度互动，但许多大型舞台类非遗节目还是存在诸如语言障碍一类的问题。年轻观众即便有心关注，最终也只能是“图个热闹”，这种表层的喧嚣对非遗的活态传承并不能起到长久效果。

倪惠英师徒直播首秀

●酷狗音乐粤剧专区

因此，除了通过直播让年轻人“看”到非遗包括戏曲这些古老技艺的年轻姿态外，还要创造各种条件让他们“学”。

不少年轻人在看完粤剧直播后表示突然觉得粤语好好听、粤剧的曲调很耐听，想去找音乐学习，他们发现，直播上很多经典唱段居然都可以在酷狗找到伴奏。

2016年，酷狗开传统戏曲借由数字音乐专辑售卖，实现推广、传播的先河。当时，全国首张粤剧付费数字专辑《嘉韵•丽音》在酷狗线上卖出近万元销售额，可见，只要“技术+传统”结合得当，年轻人是会掏钱“买账”的！

不仅如此，酷狗音乐App还设立了粤剧专区，不定期会有专业乐评人发表评论、赏析，乐评人团队除专业人士，也不乏一些“80后”“90后”戏曲爱好者，他们以当下年轻人的视角写出的评论、赏析，让年轻受众更容易接受戏曲文化。

2017年，酷狗携手广东粤剧院推出的大型古装轻喜剧《狮吼记》上线酷狗直播后，吸引了24万名观众。《狮吼记》是明朝戏曲作家汪廷讷的作品，经现代粤剧剧作家唐涤生改编为粤剧，讲的是人们熟悉的“河东狮吼”的故事。酷狗直播还细心地添加了字幕，尽最大努力让观众“零门槛”接触传统文化。

此外，由游戏《剑侠情缘网络版叁》衍生的新编粤剧《决战天策府》也在酷狗音乐粤剧专区上线了6分钟首秀。一位“80后”观众留言：“《决战天策府》改变了我对戏剧、地域文化乃至传统文化的看法。”

3000多首粤剧曲目实现“数字化传播”

酷狗自2015年起启动“传统地方戏曲的数据库建设、数字化传播”工程，与广东粤剧院等地方剧院、唱片公司等机构进行版权合作，将10种地方戏曲进行了数字化建档。

酷狗运用网络数据库、云盘等数字化存储技术，为珍贵的地方戏曲资料的长久安全保存提供了新的保护手段，整理收录了近200位戏曲大师的经典作品，包括京剧大师梅兰芳、程砚秋、荀慧生、尚小云，秦腔大师李正敏、任哲中、肖若兰，粤剧大师马师曾、罗品超、白驹荣，豫剧大师常香玉、陈素真、阎立品等名家。

不仅如此，为了更好地让年轻人“听懂”这些地方戏曲，酷狗召集了戏曲界专业人士、平台戏曲爱好者、工作人员一起为这上万曲目录入歌词、歌曲信息、作者介绍等资料，并为每个剧种分门别类地“贴标签”。在信息海量的环境下，有了独有的搜索“标签”，才有可能被发现和使用。

2017年年中，涵盖了粤剧、昆曲、京剧、黄梅戏、豫剧、评书、河南越调、川剧、秦腔、采茶戏10种地方戏曲的“戏曲专区”正式上线酷狗音乐，且每个曲种都被建立了搜索“标签”。

除了分类，为歌曲录入歌词也是一个庞大的工程，而且这个过程必须

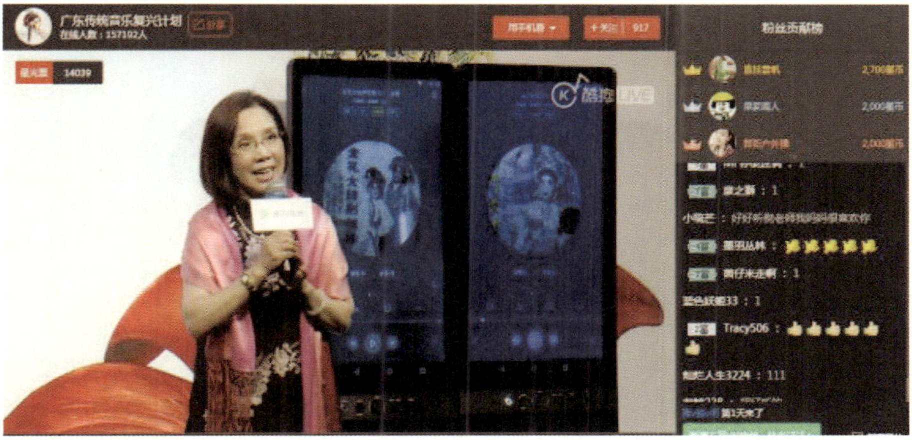

●倪惠英直播现场

靠人工完成。往往一首30分钟的曲目，要花70分钟的时间去反复听、反复核对。

随后，广东粤剧院也把院里收藏的几百张实体CD唱片碟，共3045首粤剧曲目授权给酷狗实现数字化曲库建设，并建立了“粤剧专区”“粤剧标签”。如今，用户可以从酷狗音乐App首页实现“一键登录”，粤剧粉丝们也能在互联网平台上轻松找到自己的“家”。

这些基础又琐碎的工作没有白做。2018年5月，酷狗发起“粤剧经典名曲K歌大赛”，短短时间就收到了全国各地的653首参赛作品，获得了超过7万人的投票，粤剧的影响力被大大拓展。

（周豫）

广州上千私伙局扎根繁华都市“00后”接续粤剧薪火

“数丈梨园逡八表，一声鼓乐越千年。”广州荔枝湾大戏台的这副对联浓缩了古老戏曲凝结于荔枝湾畔的时空魅力。粤韵悠扬，声声入耳，唱念做打，荡气回肠。每天下午2点至5点，荔枝湾大戏台都会准时上演街坊熟悉的粤剧粤曲片段，观众们听得津津有味，听到兴致处，有人会拍手伴奏、跟着哼唱。

2018年10月16日至18日，全国戏曲进乡村工作经验交流会在河南郑州召开。广州推进戏曲进社区，作为典型经验在会上被介绍推广。在广州这座瞬息万变的国际都市，粤剧粤曲始终是一张最为生动的面孔。10多年

市民和游客在荔枝湾大戏台前观看粤剧表演

前曾有一个说法，广州的粤剧观众仅有数千人。10余年时间，广州拥有民间戏曲社团（粤剧私伙局）千余个，长年活跃在剧场、公园、广场和文化站，粤剧粤曲的粉丝阵营不断壮大。南方日报记者带你关注古老粤剧粤曲蝶变和新生的故事。

上千私伙局“扎根”繁华都市

行走在广州荔湾区，你在街边就能常常听到悦耳动听的粤剧粤曲。在这里，不仅大人痴迷粤剧，就连小娃娃也大多能唱上几句。

荔枝湾艺术团扎根荔枝湾大戏台整整8年，每天下午表演粤剧粤曲，风雨无阻，真正把戏曲送到社区门口。荔枝湾大戏台有双面舞台，平时的表演是在面向公园广场的舞台，这样市民可以近距离观看。面向河涌的舞台，一般在有重要表演时启用。

杜铭杨和维维在表演粤剧

在台上表演的是荔枝湾艺术团团长杜铭杨和演员维维，两人身穿华丽的戏服，举手投足尽显风范，他们演唱的是粤剧折子戏《七月七日长生殿》选段，“今夜逢七夕，华筵盛设，贺良宵，试按新声，一奏霓裳曲调”。

杜铭扬说，每天下午都会表演两三个折子戏、五六个曲艺节目。平时每天会有五六十位观众，周末则100多人，节假日会多达几百人甚至上千人。

为了维持艺术团的运作，包括杜铭杨在内的每位团员每个月都要交会费，支撑水电费等各项开支。舞台的两侧是艺术团的化妆间兼办公室，小黑板上贴着一张演出表，10月每一天的演出都已排好了。在杜铭杨的管理下，这家业余艺术团逐步壮大，现在艺术团加上乐队一共有近80人。近年来，荔枝湾艺术团得到政府的扶持和各界关注，接受各级各类媒体的采访已有上百次。

扎根荔枝湾畔以来，荔枝湾艺术团不断吸引周边的年轻人来拜师学艺。9岁的麦继文已经连续5年来这里学戏，几乎每个周末都来荔枝湾大戏台观看或表演，他已经会唱好几出戏和十几首曲子，最近还参加了全球微粤曲大赛。

从事物流工作的“80后”钟建勋最近也在跟杜铭杨学演戏，还学书画，有空的时候他会天天来观摩，前不久他在老师的指导下学习化大妆。

年过七旬的杜铭扬已经当了20年团长，“每天为爱听粤剧的街坊表演，为爱唱粤剧的发烧友服务，尽管累一点也值得”。

在荔湾、番禺、增城等区，大大小小的私伙局就“藏”在街头巷尾，或者某人家中，粤剧爱好者三三两两聚在一起，凭着对粤剧的满腔热爱，自娱自乐、互相学习。这些私伙局犹如星星之火，让粤剧粤曲的生命力在广州这座繁华都市蔓延不熄。

5年前，广州制定了《进一步振兴粤剧事业总体工作方案》，明确将戏曲惠民工作列为重点项目，支持广州粤剧院等专业院团深入基层开展惠民演出，大力扶持民间私伙局蓬勃发展，不断拓宽戏曲艺术传播渠道。

广州民间戏曲社团（粤剧私伙局）如雨后春笋般发展起来，如今已有1300多个，活跃在广州大大小小的街道和社区。2017年开展各类戏曲表演活动8万多场。

●番禺区私伙局戏曲展演

为了让私伙局的发展更有保证，荔湾区每年都会通过给予私伙局演出场地、器材、经费等扶持，调动私伙局多学戏、多演出、多贡献。每两年举办一届的优秀私伙局评选也大大提高了私伙局的艺术水平。

在诞生过广东音乐“何氏三杰”的番禺沙湾镇，一群年轻人基于对广东音乐的热爱，4年前自发成立了青萝乐坊，他们都是“80后”“90后”，更多使用新媒体平台传播粤曲。番禺目前有上百个私伙局，番禺区曲艺家协会主席吴贵南说，每个镇街少则2个，多则10个，每个私伙局每周都会演出2到3场。

多样传承“涌出”新鲜血液

这些年，“退休”后的粤剧名家倪惠英淡出了舞台，却走向了更广阔的天地——粤剧传承。早在2015年，由她主持创意策划的“粤韵操”就出炉，在微信朋友圈流行了起来。

“粤韵操”是以广东文化、粤剧艺术为基础，以粤剧表演身段和广东音乐为素材而创作的一套艺术体操。“粤韵操”的创编，旨在推动戏曲进校园，使青少年在锻炼身体的同时接受传统文化的熏陶，体验岭南戏曲的神韵。“粤韵操”创编出来后，不少学校积极响应，广大师生踊跃参与，普及“粤韵操”的活动如雨后春笋，迅速在中小学校园中蓬勃开展起来。

2017年5月，广东省中小学“粤韵操”推广邀请赛在广州市执信中学举行，来自广州、佛山、江门、东莞等地的12支中小学队伍参赛。倪惠英希望能通过戏曲的音乐之美、动作之美，让文化传承的小苗从小就在孩子们的心中扎根。

越来越多的年轻人加入粤剧粤曲传播的生力军中。新生代的文艺社团不断涌现，为曲艺发展注入新鲜血液。

2015年，星海音乐学院成立了以在校大学生为主体的“星海粤曲研习社”，聚集了一大群青年粤剧粤曲爱好者。随后，通过和广东粤剧院合作，越来越多的专业粤剧演员进校园辅导，开设粤剧身段、锣鼓等课程，如今，这帮“90后”已经学得有模有样了。

广东省中小学“粤韵操”推广邀请赛现场

唱了48年粤剧的倪惠英，为了鼓励更多年轻人投身到粤剧艺术当中，特意带着徒弟林颖施登上了全新的表演舞台——网络直播平台，吸引了16万年轻网友观看。

年过八旬的粤语相声表演艺术家黄俊英累计收了30多个徒弟，年纪最小的拜师时只有7岁，其中还包括一些外国朋友。除了收徒立馆之外，黄俊英还身体力行，带领广州相声艺术团走四乡、进社区，甚至走进了幼儿园，“一门艺术要有年轻的观众才有未来。我们还曾经设置‘一块钱’的门票吸引大学生来看表演”。

（周豫　宋金绪）

“百代文宗”韩愈开化阳山 专家提议打造“韩愈之路”

阳山环城皆山也。连江穿城而过，静水滨流。“传承韩愈文化，建设善美阳山”的横幅在大街上随处可见，整座阳山县城迎来了一场韩愈文化盛会。

2018年12月22日至23日，由中共阳山县委、阳山县政府，华南师范大学文学院，中国唐代文学学会韩愈研究会共同主办的“2018中国·阳山韩愈文化研讨会”在清远阳山举行。

这是一场高水平的研讨会，来自中国社科院、中国人民大学、复旦大

“2018 中国·阳山韩愈文化研讨会”开幕式（李细华　摄）

学、武汉大学、华南师范大学等高校的50多位韩愈文学和文化研究的专家学者与会，深入探讨韩愈对阳山的巨大贡献和深远影响，为韩愈文化在当代的创新性发展建言献策。

这是一次学术界和地方政府共建共赢的深入交流。高校学者与来自阳山、广东潮州、河南孟州、江西宜春、安徽宣城等与韩愈有关的地方的文化专家共议如何联动发掘韩愈文化。

打造韩愈文化新名片

新修建的韩愈文化公园位于阳山县城连江和官陂河围合的江心岛上，举目四望，一峰耸立，众山来朝。韩愈雕像南向而立，每天都有众多市民前来瞻仰纪念。在韩愈身后，宋代大文豪苏东坡对韩愈的评价就刻在墙基上，“文起八代之衰，道济天下之溺；忠犯人主之怒，勇夺三军之帅。”

韩愈文化公园的韩愈像（李细华　摄）

本次研讨会的开幕式就在韩愈文化公园的纪念广场上举行，约500位来自全国各地的专家学者和嘉宾齐聚现场。伴着清幽的古乐，头戴儒冠的韩愈中学学子向参会来宾齐声诵读《师说》等诗文。学子们现场挥毫，一笔一划写下“崇贤求真”“善思笃行”，表达对先贤的敬意和奋发向学的决心。

唐代文学家韩愈在阳山担任县令一年两个月，他治理阳山的政绩和文化建树、道德教化，使阳山从“天下穷处”变为礼仪文明之地。多年来，阳山致力于保护韩愈在阳山的文化遗迹，不断发掘韩愈文化的内涵，为地方经济社会文化建设提供强大的精神支撑。

阳山县委书记余国平表示，韩愈在阳山崇文亶教，有爱在民，千秋贤令记韩公。今天阳山秀美的景致源于韩愈当年的文明开化，植根于勤劳淳朴的阳山人民的世代耕耘。新时期，阳山将深入落实乡村振兴战略，大力发展文化旅游和绿色生态产业，在高水平保护中实现高质量发展，重构“鸢飞鱼跃”的自然山水美景，绘就美好生活的人文画卷。

开幕现场，华南师范大学文学院院长、青年长江学者段吉方向阳山县授“华南师范大学文学院韩愈研究中心阳山基地”牌匾。段吉方表示，阳山基地将成为华师文学院和该院中国语言文学学科团队加强社会服务，强化文化价值引领，展现学科研究充分融入社会文化的一个重要载体。

“2018 中国·阳山韩愈文化研讨会”现场（李细华　摄）

●韩愈纪念新馆奠基仪式（李细华　摄）

总投资近5000万元的韩愈纪念新馆奠基仪式备受关注。据悉，韩愈纪念馆新馆占地1.16万平方米，新馆主体建筑是整个建设项目的重要组成部分，建筑面积3000平方米，馆外有韩愈纪念雕像、纪念长廊、纪念广场等配套设施。记者从现场的规划图中看到，韩愈纪念新馆分为思贤广场、仰贤广场、瞻贤园、敬贤园四个主题园区。

阳山县县长廖敬华说，阳山把韩愈纪念新馆建设列为重点建设项目，着力打造传承和弘扬韩愈文化的重要阵地。韩愈纪念新馆建成后，将成为阳山历史文化教育基地和韩愈文化的新名片，对进一步打造韩愈文化品牌、推动全域旅游创建以及促进经济社会发展具有重要意义。

阳山是中原文化向岭南传播的重要驿站

在研讨交流环节，与会的专家学者围绕“韩愈与阳山”“韩愈与当下”等话题展开深入探讨，在会场上不断碰撞出富有启发性的思想火花。

中国唐代文学学会副会长、广州大学人文学院教授戴伟华认为，在韩愈来到阳山的10多年后，唐代大文学家刘禹锡被贬到连州担任刺史。唐代的阳山县属于连州管辖，今天阳山和连州均属清远。因为韩愈、刘禹锡的到来，连州形成尚科举、重师道的文脉，可以说独树一帜。

戴伟华表示，岭南文脉的构成比较复杂。在广州，赵佗所建立的南越国，传授秦汉中原先进的生产方式和文化，这是重要的一脉。在粤北的韶关，张九龄对当地的深远影响也是一脉。连州所形成的文脉与广州和韶关的都有所不同。

中国唐代文学学会韩愈研究会会长、河南大学社科处处长杨国安说，韩愈是中国唐代文学和文化发展的一座高峰，而阳山正是通往这座高峰的重要节点。阳山因韩愈而走向文明开化，同时，韩愈在阳山奇特的山水和宁静的环境中，体味思考，积蓄能力，学术思想更加系统深入，诗文写作呈现新的风貌。

广西师范大学文学院教授莫道才认为，阳山是中原文化向岭南传播的重要驿站，从韩愈在阳山留下的文化遗迹和创作的诗文，可以看到唐王朝的背影，包括唐代文学和文化的积淀，以及当时文人之间交往的印记。“从中国文学史的角度来说，中唐以后，由于韩愈、刘禹锡、柳宗元等人来到岭南，岭南地区的文学写作在全国文坛上凸显。后人景仰这些文学大家，产生了很多衍生文本，实际上反映了中原文化在岭南开枝散叶的脉络。”

武汉大学文学院教授熊礼汇认为，韩愈的古文非常强调文学性和艺术美，韩愈文化的精髓也就是韩愈所追求的艺术精神，概括起来可以归结为“仁义”二字。

建议五地联动打造“韩愈之路”

中国人民大学教授谷曙光认为，韩愈是整个中国文化转折点中的关键人物，韩愈研究绵延了1000余年，每个时代都有各自的特色和成绩。新时期的韩愈研究，应该探索新视角，寻求新突破。“地方在挖掘历史文化名人内涵时，应注重品位，避免低俗，讲究精品意识，精心打造出一些可以

专家学者观摩韩愈遗迹（李细华　摄）

传诸后世的作品。对于韩愈这样的先贤要有敬畏之心，可以通过举办一些祭韩的活动，强化仪式感。”

这次研讨会中，除了广东阳山和潮州的专家学者外，还有河南孟州、江西宜春、安徽宣城的文化界人士与会，共同交流如何进一步发掘韩愈文化。谷曙光建议，今后对韩愈的研究，五个地方要协同创新，发展各自的特色。

近年来，在对宋代理学家朱熹的研究中，有一种“朱子之路研习营”的模式，鼓励高校学者和学生在行程中感悟先贤的心路历程，西北大学文学院教授郝润华认为，阳山可以借鉴这一模式，与其他几个地方共同开展“韩愈之路”的活动。

2018年初，新加坡国立大学中文系教授萧驰推出《诗与它的山河：中古山水美感的生长》一书，他花费7年，历经10次实地考察，对谢灵运、孟浩然、王维、李白、杜甫、韩愈等15位书写自然山水的诗人的诗歌文本重新进行深度考察，探寻古典文学吟咏之地，发掘深植于中华大地的审美话语与观念。

中国社科院文学所研究员陈才智认为，强调诗歌遗迹的研究是学术界的热点，对于韩愈研究的创新性发展，可以借鉴这一思路。比如，近年来“浙东唐诗之路”很有影响，把韩愈的文化研究和发掘，从点连成线，再连成面，这样会更加丰富。

（宋金绪　徐佩雯　唐志荣）

第三章

深访：挖掘典型案例　探索文化方位

追忆饶宗颐：回内地游学行万里开启又一段黄金时代

2018年2月6日凌晨，一代国学大师饶宗颐先生与世长辞。他幼承家学，博闻强记，志存高远，自学而成一代大家，学艺双携，中西贯通，在众多学科开风气之先，被誉为百科全书式的学者，治学领域之广，世所罕见。南方日报记者专访多位与饶宗颐交往多年的友人和后学，追忆其学术和艺术的风采。

饶宗颐曾自述："一向观世如史，保持着'超乎象外'的心态，从高处向下看，不局促于一草一木，四维空间，还有上下。"他写过一首广为人知的诗《偶作示诸生·其二》，其中名句"万古不磨意，中流自在心。天风吹海雨，欲鼓伯牙琴"表明了他的人生态度和追求。

游学行万里

考察旅行历时三个月，经过十几个省市，参观了33个博物馆，见到了大量新出土的文物资料，行程万余里。饶宗颐非常兴奋，回到香港后就请名家冯康侯刻了一方印章——"九州历其七，五岳登其四"。

中山大学中文系教授曾宪通与饶宗颐交往30多年。饶宗颐先生去世后的几日，有很多媒体记者采访他。南方日报记者来到83岁的曾宪通家中，

展于饶宗颐文化馆的国学大师饶宗颐的照片（新华社　发）

一进客厅，饶宗颐题写的两幅字分外显眼，一幅在客厅正面——“贞石万载”悬挂在天花板之下，落款是“宪通兄雅属，九十叟选堂”，其下面的书架上是一排20册《饶宗颐二十世纪学术文集》。左侧墙上则是饶宗颐用行草写的一首唐诗，曾宪通笑着说：“这首诗是1980年陪同饶先生考察结束后他送给我的，其中有一个字写错了，就在旁边加上点，把正确的写在下面。”这幅字的落款则是“宪通贤棣正”。

事先，曾宪通已经找出了五六本相关的著作，与记者共同回忆陪同饶宗颐的日子。1979年冬天，中国古文字研究会在中山大学召开，刚退休的饶宗颐应邀出席，这是他离开内地30年后第一次回来参加会议。在欢迎宴上，时任广东省委书记吴南生说，希望先生以后多回来走走，饶宗颐非常激动，“我从小研究《楚辞》地理，对各地的地名非常熟悉，真想到处去看看”。于是，当场就确定了以后由曾宪通来陪同。

1980年9月下旬，在成都参加完会议之后，曾宪通就陪同饶宗颐踏上了行程。“饶先生带的行李很简单，几件换洗的衣服，还有两本书——《徐霞客游记》和《杜诗镜诠》，每到一地饶先生都要看看徐霞客有没有到过，是如何记载的。”

《选堂访古留影与饶学管窥》这本书详细记录了那段岁月，看着书中发黄的彩色照片，曾宪通不时陷入沉思。

在湖北省博物馆，他们在库房中看到一对随县曾侯乙墓出土的漆衣箱，箱子上写有漆书铭文，其中一件写有二十八宿名，左下角还有六行20个古文奇字。博物馆的馆长也看不懂这些字，就请饶宗颐解读。

晚上回到旅馆后，饶宗颐开始了推演。曾宪通回忆当时的场景，“饶先生说要根据整体环境来推测，一边有二十八星宿，那么这些文字应当与天象、乐律有关。再联系古文字的形体、意义和音读，经过反复推敲，终于写出：‘民祀隹坊（房），日辰于维，兴岁之四（驷），所尚若陈，经天尝（常）和’”。

这次考察旅行历时三个月，经过十几个省市，参观了33个博物馆，见到了大量新出土的文物资料，行程万余里。饶宗颐非常兴奋，回到香港后就请名家冯康侯刻了一方印章——“九州历其七，五岳登其四”，这是顾炎武的名句。同时，饶宗颐专门画了一幅长卷《夔府揽胜图》送给曾宪通。

多年以后，饶宗颐回忆起这段经历无限感慨：“那一年是我一生中最宝贵的一年，获得很多的知识，至今不忘。”曾宪通同样深有感触：“这次游历是他人生中在学术和艺术领域内一次很有意义的实践和升华，开启了他另外一段学术黄金时代。”

治学求是求真求正

2009年，应洪楚平所求，饶宗颐送给他三幅书画套扇，正面用不同的字体题写了“求是”“求真”求正”。

回顾饶宗颐的学术历程，天时地利人和各方面具备，家学渊源和个人天资与努力，再加上名师益友，终成一代名家。

中山大学中文系教授、中大饶宗颐研究院执行院长陈伟武师从曾宪通，在办公室，他冲好茶，找出几本《华学》，讲述他印象中的饶宗颐。

银眉鹤发、清瘦矍铄，这是晚年饶宗颐给人的印象，饶在童年也很瘦。

陈伟武指着《华学》上的一幅饶氏家族1926年的合影，“你有没有注意到，9岁的饶宗颐宽宽的额头，让人想起年轻时的梁启超”。

1917年8月9日，饶宗颐出生于广东潮安，家族富甲一方。其家学渊源深厚，其父亲饶锷是儒商，工于诗文，长于考据，在家乡建起了潮州最大的藏书楼“天啸楼”，藏书据说十万卷。饶宗颐的伯父是画家，又收藏有很多拓本、古钱。有了这样良好的家庭条件，饶宗颐幼承庭训，博览群书，在父亲的指导下读书习画，写诗填词。

饶宗颐曾经自述：“我有五个基础来自家学，一是家里训练我写诗、填词，还有写骈文、散文；二是写字画画；三是目录学；四是儒、释、道；五是乾嘉学派的治学方法。”

陈伟武曾经用了一周的时间，在广东省档案馆中找到了饶宗颐当年在中大广东通志馆的名册记录，上面记载着21岁的饶宗颐是馆中艺文纂修，广东省立四中（金山中学）肄业，“后来，中山大学校长罗俊把这份档案的复印件送给了饶先生”。

陈伟武认为，“饶先生学术上最大的贡献还是历史学，他对甲骨文、简帛等方面的研究，实际上是当作史料和工具，目的在于通过史料透视中国古代历史和文化”。

“饶先生是以系统论来看待中国历史，注重从中华文化的源流上来研究，从古文字，到汉字的演变，到出土文献，再到诗歌和书法，从中探讨历史的发展和演变。”

正是因为有了远超常人的知识储备，“看到一则材料或文献，能够迅速调动知识储备，互相勾连，触处生花，产生很多学术思路和观点”。

陈伟武颇有感慨，“饶先生的学术路上有很多名师益友，有很多贵人”。比如，地方文献专家温丹铭推荐他进入广东通志馆；文史学家詹安泰推荐他进中大当研究员；在香港期间，著名出版家王云五邀请饶宗颐协助编《中山大辞典》，饶由此接触到了甲骨文；著名书画家叶恭绰邀请饶宗颐参与编定《全清词钞》。

另外，饶宗颐还有一位贵人就是祖籍潮安常住香港的儒商方继仁。

●在饶宗颐老人生前书房的显眼位置，摆放着他和季羡林的合影，可见饶老对两人情谊的重视程度（严亮　摄）

1949年，方继仁建议饶宗颐留在香港，从此饶宗颐定居香港，开启了从香港走向世界的学术之旅。到了20世纪50年代中期，方继仁斥巨资购买英国斯坦因从敦煌带走的卷子的缩微胶卷，送给饶宗颐进行研究。

几十年后，饶宗颐重提往事，非常感激："方继仁先生是我生命中很关键的一个人。"

饶宗颐曾多次说过，做学问要"求是、求真、求正"。时任广东省文联专职副主席洪楚平认为，"这也是他治学和为人的写照"。2009年，应洪楚平所求，饶宗颐送给他三幅书画套扇，正面用不同的字体题写了"求是""求真""求正"。

"外师造化，中得心源"

"饶老谈到学脉，随即用圆珠笔在餐巾纸上写下学脉传承的重要人物，在北大之下，写有唐兰、杨联陞；在唐文治之下写有钱基博、王蘧常、程千帆。纸巾上还写下了海外汉学家沙畹、伯希和等人的名字。"

1987年4月22日上午，饶宗颐来到暨南大学文学院，和该院的教师做学术座谈，在广东省政协工作的洪楚平骑自行车，从六榕路赶到暨大。这是洪楚平第一次见到饶宗颐，“回想起来至今历历在目。饶先生说‘敦煌在中国，敦煌学在外国’这个说法是不对的”。

当时洪楚平把饶宗颐所讲要点记在一个红色封皮的笔记本上，至今他还珍藏着这个笔记本，上面的字迹清清楚楚。从那以后，洪楚平就留心搜集饶宗颐的学术和艺术著作，至今已经积累了300余册。“饶先生自己就送给我十几册签名的书。”

在学术上，饶宗颐在众多领域开风气之先；在艺术上，他精通琴诗书画，是绘画和书法大家，人称学艺双携，中西贯通。饶宗颐的书法，清超醇雅，自成一体；他的人物画，另辟蹊径，张大千称之为“饶氏白描，天下独步”。

“饶老在艺术上达到了脱俗的境界，他创作不为功利。观赏他的作品，令人心静。”洪楚平曾多次为饶宗颐策划展览。2004年，“造化心源——饶宗颐书画展”在广州艺术博物院举行。“这个题目就是饶老定的，来源于唐代画家张璪所提出的‘外师造化，中得心源’。老人家看了两次展览，并现场给我们讲他的艺术精髓。”

第二年，在“岭海风韵——岭南四君子与饶宗颐教授合作画展”上，洪楚平把饶宗颐的全部手卷整卷打开展出，“老人家非常高兴，说这才是真正的展览。在香港因为场地的关系，有些手卷写完就放置一边，没有机会完全展出”。

在这次展览期间，饶宗颐写下了：“神而明之，存乎其人。”这句话出自《易经·系辞上》，此后洪楚平反复思考这几个字，并以此来理解饶宗颐的诗文书画。

2010年，洪楚平准备为赖少其策划一个花卉写生展览，初定的题目是“梦笔生花”，“饶老建议改为‘笔底生花’，他说‘梦笔生花’就虚了，‘笔底生花’才是真正的艺术功力”。

因为多年的交往，洪楚平与饶宗颐越发亲近，饶宗颐多次给他题词写字、赠送书籍，“在称呼上从原来的洪楚平先生，到楚平兄，后来就写楚平老弟”。饶宗颐曾经送洪楚平一副对联：“精神到处文章老，学问深时意气平”，意思是：思想成熟，文章自然深沉老到；学问深厚，气质自然优雅平和。洪楚平将之当作座右铭。

2007年7月27日，洪楚平携女儿赴港拜访饶宗颐，并与饶老的家人一起吃饭，其乐融融，边吃边聊两个小时。“当时饶老谈到学脉，随即用圆珠笔在餐巾纸上写下学脉传承的重要人物，在北大之下，写有唐兰、杨联陞；在唐文治之下写有钱基博、王蘧常、程千帆。纸巾上还写下了海外汉学家沙畹、伯希和等人的名字”。为了核实当时的细节，洪楚平还打电话给女儿。

洪楚平至今保留着这张纸巾，“在很软的餐巾纸上写的，可见用笔劲力之强”。

陈伟武说，饶宗颐平时喜欢用圆珠笔，经常随手记下他的想法，“因为方便快捷”。1999年在香港做访问研究期间，陈伟武曾为饶宗颐誊写稿件，原稿上密密麻麻，一篇稿件往往要抄写很久，“饶先生说，你们觉得哪里错了可以直接改”。陈伟武想：“我们哪里敢改啊。”

1965年，饶宗颐法国之行写下了诗集《白山集》，其中《咏雪》写道：“凝愁翠欲拾，扶梦烟如芘。园林粲皓然，贞白明吾志。”饶宗颐平时倾慕南朝齐梁时期隐士陶弘景（谥号贞白），陶氏博学多才，患未能精，而苦恨无书。

（宋金绪）

南粤先贤馆开馆受好评 生动讲述岭南文化史

2018年5月18日，《孙中山》《南越王赵佗》《冼夫人》大型文学台本书法长卷捐赠仪式在南粤先贤馆举行。捐赠者中山市政协主席丘树宏等人，以笔墨表达对南粤先贤的敬仰之情。自2018年2月全面开放以来，南粤先贤馆以其古朴大气的建筑、注重文化的细节，赢得了专家和市民的赞誉。南粤先贤馆建筑设计，站在文化史的高度，尊重广州古城的格局，再现古代“坡山古渡”场景，生动地讲述了广州的历史。南粤先贤馆的展览陈列设计，贴近观众，强调体验，注重趣味，用多媒体技术融合手段营造了岭南先贤造福人民的场景。

南方日报记者专访南粤先贤馆的建筑设计和展览陈列设计负责人，解析讲述岭南故事的新方法。

/ **建筑** /

尊重古城格局，低姿态呼应五仙观

南粤先贤馆坐落在“广州祖庙”五仙观西侧，这是一座岭南仿古祠堂式建筑，山坡形的青绿瓦屋顶错落有致，米白色的山墙环绕其间，看上去古朴大气。南粤先贤馆分为地上一层和负一层，主展厅首层面积634.2平方米，负一层面积1584平方米。负一层深入到地下7米深处，展厅视野开阔，完全没有压抑之感。

从空中俯瞰，南粤先贤馆与东侧的五仙观和岭南第一楼的文物风貌气韵相合，相互辉映。站在一楼和负一楼夹层的接待室门前，面对极有特色的下沉式园林——石馨园，一大段红砂岩岩层上青竹葱葱，仰望东方，岭南第一楼坐落其上，一股岭南文化自豪感油然而生。

实际上，南粤先贤馆的建筑设计有着非常丰富的文化内涵。在华南理工大学历史环境保护与更新研究所所长郭谦教授的带领下，整个设计团队从构思规划到设计完成，再到开馆，历经了10年的打磨。

紧邻最具岭南传统建筑特色的五仙观建筑群，南粤先贤馆该怎么建？郭谦首先考虑的是尊重环境，尊重国家文物古迹，“五仙观是完美的岭南山地建筑精华，起承转合、错落有致，岭南第一楼统率整体，是全局的高潮，此格局延续千年。我们的规划正是在敬畏、尊重此格局的基础上以岭南传统园林布局方式来实现的，用了大小9个庭院园林组合空间”。

郭谦把新建筑的最高点严格限制在“五仙观大殿正脊上皮以下2米”，地上一层，73%的建筑面积在地下，以谦逊的姿态来呼应五仙观整

俯瞰南粤先贤馆（主办方供图）

体环境。

郭谦的第二个重要构思是再现“坡山古渡”的历史场景，让人追思过往，同时又为地下展厅带来了自然阳光，丰富了景观。根据历史记载，五仙观建筑群修建于“坡山”之上，岭南第一楼曾是广州古城的制高点之一，附近在晋朝时有古渡口。后来由于城市地面上升数米，五仙观原有坡山地形特点已不明显。

据透露，在建筑方案的反复推敲中，争论的焦点之一在于新建南粤先贤馆应当采用“玻璃”屋顶还是传统“绿瓦”顶。郭谦说，出于对城市整体视野的考虑，最终实施方案采用了绿瓦屋顶。

/ **展览** /

消除距离感，让先贤走近观众

这是一个高难度的展览。南粤先贤馆原有的实物藏品几乎空白，56位先贤时间跨度长达2000年，从秦朝的赵佗，到近代的孙中山，人物类型多样，史料详略不一，而且很多历史人物都只有枯燥的文献记载，没有展品，缺乏鲜活的人物形象和故事。

在时任越秀区委常委、宣传部长陈晓丹的统筹协调下，展览实物征集、展陈大纲撰写、展陈设计等各个小组发起了攻坚战，历经反复研讨，逐一破题。

广州众多文博单位工作者与专家一起，经过数十次的讨论，对南粤先贤的陈列大纲反复推敲修改，对展览文字逐一审定，把错综复杂的历史人物变得条理清晰，让先贤枯燥的纸面形象，变得更加鲜活。

“56位先贤是可亲可敬的人。消除先贤高高在上的距离，展现他们身上可贵的品德和正气，是我们一直恪守的展览策划和设计理念。”广东省集美设计工程有限公司总设计师邵战赢说。作为南粤先贤馆的展陈设计负责人，他用文物、雕塑、视频、声光电互动装置等，打造了一个有温度、有亲和力的展览。

●南粤先贤馆内部布局打破传统方式，同时在陈列技术上更多使用视频、雕塑、声光电互动装置（梁文祥　摄）

用多媒介技术营造了众多场景，这是南粤先贤馆展览设计的一大特色。在惠能展区的冥想空间，钟声萦绕，万籁俱寂，地面上是一只光影投射的蒲团，眼前的银幕上“非风动，非幡动，仁者心动”的字样缓缓浮出，参观者可借此体会1000多年前的豁然顿悟。近代展区的大屏幕上，一场大雨刷刷而下，不断跳出屈辱的不平等条约中的文字，带观众重回民族救亡图存的艰辛历程。

注重文化体验，则是展览更为吸引观众的特点。在科技展区，一台老式西洋镜唤起了众多观众的书本记忆。最吸引人的要算立在三脚架上的老式照相机，坐在太师椅上，来一张穿越感十足的自拍，扫描二维码就可取走照片。

“南粤星空”点星互动装置是展览最后的高潮点，用力按下手印，一颗星星迅速飞起，点亮星空。

广州艺术博物院原副院长陈滢认为，整个展览打破了单调的“写实雕像+图片文字”的传统模式，用丰富多姿、动静结合的现代展陈手段来呈现，融知识性、趣味性、互动性于一体，令人耳目一新。

/ 模式 /

探索文化场馆社会化运营

如何把一个新馆管理运营好，这是摆在管理部门面前的课题。“在南粤先贤的精神感召之下，政府和社会各界不断合作，探索新模式”，陈晓丹2008年到越秀区工作，参与和见证了南粤先贤馆的立项、设计、建设、布展、开放的过程。

在南粤先贤馆筹备之初，面对展品缺乏的窘境，在政府部门推动下，广东省收藏家协会与越秀区博物馆建立起长期合作关系，发动热心藏家捐赠文物和实物史料527件（套），大大丰富了南粤先贤馆的展览内容。比如张之洞的四言楷书对联，笔力遒劲，俊迈豪放，书体雍容厚重，是张之洞书法作品中的佳作，这是广东省收藏家协会主席陈少湘从拍卖会上拍得后捐赠的。同时，这一合作也为私人收藏的文物开辟了一条资源共享传承的新路径。

在南粤先贤馆的运营管理上，越秀区按照“全民参与、共建共享”的文化发展理念，面向社会公开征集南粤先贤馆合作管理者，最终确定与广东拙见文化发展有限公司合作管理，政府与社会机构合作为公众提供更好的公共文化服务。

陈晓丹说：“越秀区从2009年起，就开始探索部分国有文化场馆社会化运营的管理模式，引进社会力量参与国有文化场馆管理，高剑父纪念馆、陈树人纪念馆、万木草堂陈列馆等均采用了这一模式进行社会化合作管理，今后我们会继续进行创新探索。”

（宋金绪）

《广州大典》：留存城市文脉的“根”和“魂”

一座城市的历史、文化、精神，往往浓缩在其所在地域的文献典籍中，而散落在世界各地的广州文献典籍，正是广州寻找历史渊源、厘清发展脉络、更好地走向未来的“根”和“魂”。在广州粤剧艺术博物馆，就陈列着一部洋洋大观的《广州大典》。

2018年10月，由国家图书馆、广东省文化厅指导，广州市委宣传部、原广州市文广新局（现广州市文化广电旅游局）和广州市社科联联合主办的“地方文献保护与整理出版研讨会”在广州举行。此次研讨会选址广州，《广州大典》是关键原因，现场200多名专家、学者切磋交流的热门话题也是《广州大典》。

得益于长远的眼光，得益于持之以恒地做，得益于一众默默耕耘的志同道合者数十年如一日的付出和坚持，从2005年召开筹委会正式启动，到2015年完成出版，《广州大典》历经整整十载淬炼而成。《广州大典》第一期520册已经整理完成，总字数3亿多，纸质本定价逾40万元，被专家评价为“经得起历史检验的传世精品巨作”。2018年，《广州大典》第二期《民国篇》的编纂工作已经正式展开。

据中山大学党委书记、教授，《广州大典》学术委员会主任陈春声介绍，目前大典正在进一步完善数字化，届时，市民可通过《广州大典》数据库实现全文在线浏览。

“《广州大典》作为一部地方政府主导编纂的百科全书，汇总了有史以来的全部文化典籍，分类齐全，反映了历史研究的学术脉络，对全国地方文献保护与整理出版工作起到积极示范作用。”在研讨会上，国家图书馆兼国家古籍保护中心负责人张志清如是感叹。

/ 修典是“续脉”的活儿 /

清朝文献印证“粤港澳大湾区”地理概念？

《广州大典》第一期共5部520册，依经、史、子、集、丛五部分类，系统地收录了1911年以前近2000位著者有关广州的著作和广州版丛书共4064种文献，核对扫描件能堆30层楼那么高，总重量达1吨多，是名副其实的文献“巨无霸”。

可能有人会问，在如今这样一个信息爆炸的时代，花这么大的功夫整理地方文献，有必要吗？“有。”担任广州大典编纂委员会主任、主编的广州市人大常委会主任陈建华回答。

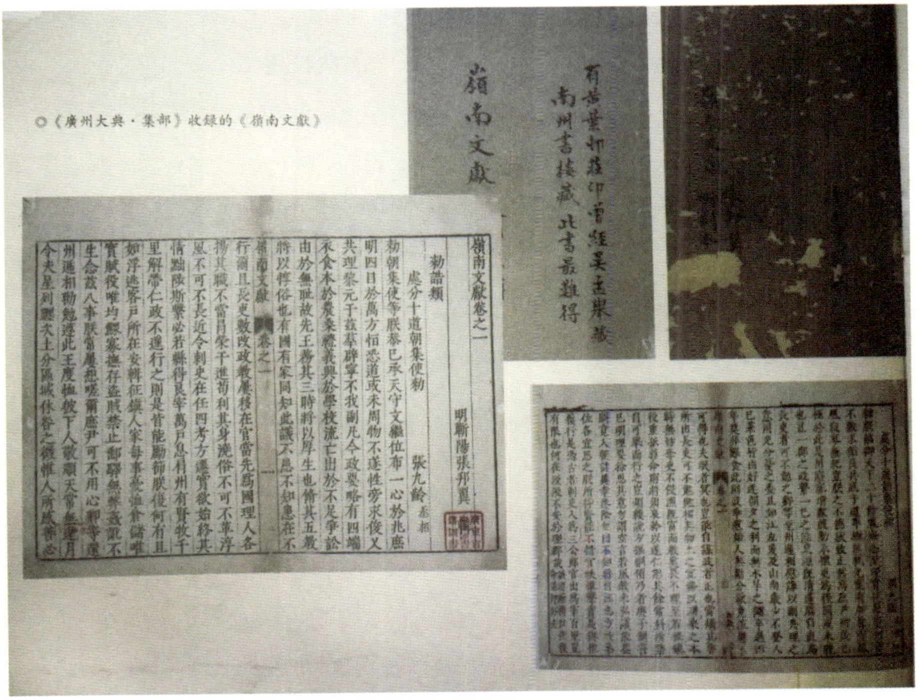

●《广州大典·集部》收录的《岭南文献》

“或许是种巧合，《广州大典》中收录的地域范围包括清代中期‘广州府’所辖南海、番禺、顺德、东莞、从化、龙门、增城、新会、香山、三水、新宁、新安、清远、花县，以及香港、澳门、佛冈、赤溪，这个区域和当前划定的‘粤港澳大湾区’有90%的重合度。”在陈建华看来，《广州大典》亦可被称为“粤港澳大湾区大典”，湾区具有深厚的岭南和广府文化底蕴。

广州拥有2200多年建城史，虽有大量地方文献翔实地反映、印记了广州历史的变迁和发展，但保存得很不完整。“广东气候潮湿，加上历朝历代变迁、战乱，尤其是近代以来的军阀混战、日本侵略等历史原因，许多典籍老化破损严重，还有大量地方文献流散到省外乃至海外，这些文献一日不收集、整理，就一日在消失、毁损、散佚。”陈建华解释说。

资料显示，历史上广东文献首次大规模收集整理始于明万历四十一年（1613年），广东提学副使张翼邦编纂《岭南文献》，此为第一部粤人诗文总集，至今有400多年历史。此后，还有大量珍贵的地方历史文献成为记录广州发展脉络、见证广州发展历程的载体。而这些地方历史文献成为《广州大典》编辑部研究广州历史乃至岭南文化的基础。

2004年，在广东人民出版社岑桑和陈海烈两位老社长的建议下，同时征求了广东省立中山图书馆王贵忱、李昭淳以及中山大学图书馆程焕文三位馆长和广州地区几所大学的老师以及部分专家的意见之后，一批专家学者成立编纂委员会、学术委员会和编辑部，于2005年4月30日正式启动编纂工作。

“过去，学界有人说岭南是‘文化沙漠’，我们偏不信这个邪！”编纂委员会的专家们说，修典是“续脉”的活儿，它最重要的目的是为学界、为社会延续岭南和广府文脉，为抢救文献史料奠定基础。

最终，确定能收录入《广州大典》的内容范围为：广州人士（含寓贤）著述、有关广州历史文化的著述及广州版丛书，所收文献下限为1911年，个别门类延至民国。

《广州大典》最大的成果就是使大批文献从海内外回归岭南。粗略统计，编纂委员会收集到的文献比原来学界认定的数量多了一倍以上。比如，在《广州大典》第一期出版后，经、史、子、集、丛各部又陆续有新的图书出现，特别是集部中的粤方言曲艺类，新发现的文献正不断涌现。

中山大学原副校长、著名历史学家张荣芳说：“有了《广州大典》，文化界从此无人小觑岭南。”

/ 开创典籍整理“四不”原则 /
从广州首创变学界惯例

《广州大典》确定用“大典”二字，意味着编纂者们必须要走一条“最难的路”。

《广州大典》十年编一典。在整个编纂过程中，目录编纂最具技术性，其完善过程也最为煎熬，最能体现大典主编对编纂底本征集要“全”的决心和方针。

此前，为到底用不用“大典”二字，陈建华和广东省立中山图书馆前任馆长李昭淳曾纠结了很久：“不用‘大典’就还好，有缺漏的地方可以留给后人去做，一旦用了，就意味着一定要‘全’，否则就对不起这两个字。”最终，他们还是选了一条最难的路走，只要是被认定了属于广州典籍的内容，不论多难都要找到底本，纳之进来。

秉持着“入我典者，虽难必克，虽远必求”的宗旨，在完善目录的过程中，编辑人员几乎穷尽了所有古籍文献：先摸清全省古籍收藏情况，把涉及大典范围的图书目录列入；接着又将国内所有藏书机构的古籍文献目录梳理一遍；再接着梳理了国外收藏有中文古籍的目录……几轮梳理下来，如果发现有存疑的图书，编辑人员还要把书再通读一遍，以便定夺。同时，大典编辑部还要邀请大量专家参与目录讨论，在这个过程中又会补充一部分还没有发现的图书。

《广州大典》十年编纂期间，广东的古籍文献整理出现“井喷”。《广州大典》海内外广州文献搜罗之广泛，汇集之丰富，为以往历史所罕见，堪称广东文献学史上的鸿篇巨制。

在经、史、子、集、丛五部中，大典最先编纂并出版的是丛部。为何先从丛部入手？据全程参与《广州大典》编纂的广东省立中山图书馆副馆长倪俊明介绍，中山图书馆藏有大量丛部古籍文献，而该馆在2002年馆庆之时就曾编纂新广雅丛书，所以《广州大典》编纂时，丛部率先上马。

在这个过程中，省立中山图书馆和中山大学图书馆为大典一期的底本提供和编纂做出了重大贡献。没有他们的无私奉献，大典不可能完成编纂。2007年以来，广东省立中山图书馆的20项重点古籍整理出版项目，其中最受瞩目的是《广州大典》。相关人士表示，以往谈到广州地方文献，多少都有点底气不足；自从有了《广州大典》，就理直气壮了很多。

倪俊明直言：“古籍地方文献整理、研究、出版工作应由图书馆、档案馆、高校、科研机构等多方共同参与、合作，不能闭门造车、单打独斗。省立中山图书馆和中山大学图书馆在多个重点项目上合作，不仅实现了两家图书馆文献资源的共享，还让双方人才资源高效整合、共同进步，培养了一批古籍地方文献整理研究的专业队伍。”

在编排的过程中，另一个难题又出现了：在收集古籍文献时，遇到了同一种图书出现多个版本的情况，最多的时候甚至出现过同一个古籍有

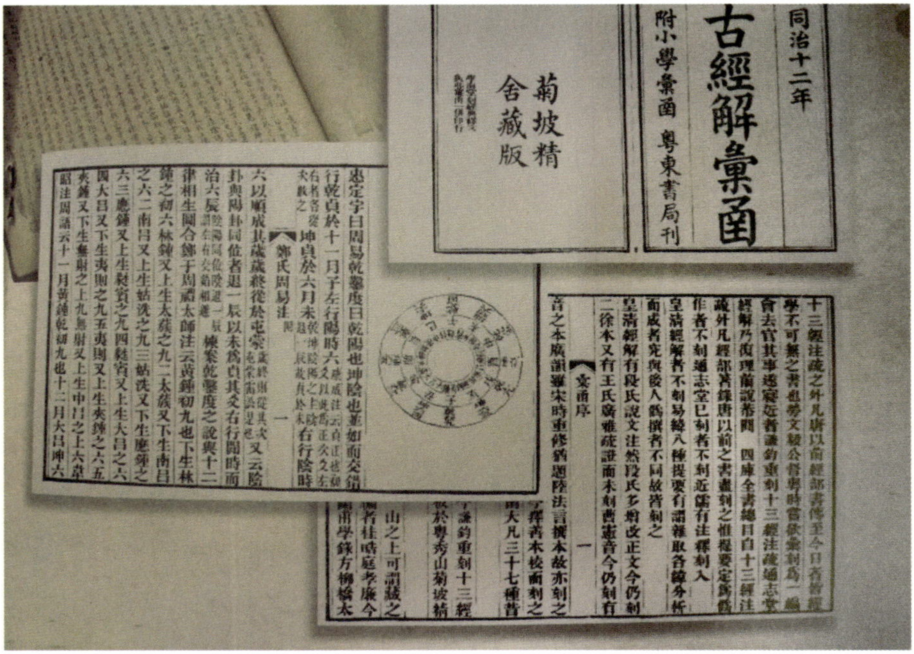

《广州大典》收录的菊坡精舍相关文献

八九个版本的情况。很多古籍界的老先生认为，当时的学术水平和学术队伍还不足以全面地进行编、点、校的工作。

于是，最终《广州大典》确定了“四不”即“不编、不选、不点、不校”的编辑思路，即不争文献的价值，不作人为的裁选。“四不”原则具体来说，即不同版本全部入典，将最原始的典籍呈现给学术界，保证原汁原味，如果内容上确实是错了，可以注明但不校对，它出版出来是怎样，就呈现成怎样，保证全面、客观、原生态。

这种编辑方法，在当时已有的丛书中绝无仅有，也最大程度地确保了典籍的完整性、真实性和科学性。正如陈春声所言：“新一代地方文献研究者的工作，若要引起国内外同行的重视，更重要的是要有深厚学术史背景的思想建构，‘出思想’与否，可能会成为新的学术时代衡量学术研究成果优劣高低更重要的尺度。如果我们的学术目标真的是中国底蕴的学术体系和话语体系建设，那么研究地方文献时，‘出思想’就更应该是题中应有之义。”

“四不”原则从2005年提出至今，已经成为全国典籍整理界的基本原则，得到了学界普遍认同。这是《广州大典》的首创，也是它对学界的一大贡献。

/ 1吨重的书怎么看？ /

“数字化”创新转化岭南文化

文献是岭南的，而知识应该是全世界的。让岭南文献传至久远，才是最重要的事情。

当前，已经成为“广州文化名片”的《广州大典》第二期《民国篇》的编纂出版工作已经进入实质性运作阶段。第二期《民国篇》的编纂难度远远大于大典第一期，这是编纂研究者的共识，也是横亘在他们心中的一道关卡。

《民国篇》覆盖了很多领域，出版物形式也更丰富，印刷手段更加

●纸张酸化是古籍修复工作中的难点，如何应用创新技术，对古籍纸张进行脱酸，也是摆在《广州大典》二期编纂工作者面前的一大课题

多样，有大量的手抄本，以及译文、影像、族谱、信件、内刊等，技术含量、处理内容都比一期阶段要求高得多。

在二期的编纂过程中，陈春声也发现，部分材料保存条件不好，出现纸张酸化等问题，是民国文献破损的重要原因，也是古籍修复工作中的难点。因此，他们一方面在收集资料，另一方面也在抢救和修补文献资料。据统计，在中山大学图书馆馆藏的2000多种广东文献中，近60%不适合直接扫描，否则将会对纸张产生不可逆的破坏。因而，除了编纂之外，文献修复和数字化也迫在眉睫。

从2016年起，广州大典研究中心投入2000多万元开始与国家图书馆、复旦大学、中山大学和华南理工大学合作，着手研发有自主知识产权的脱酸工艺、药剂和设备，摆脱对国外进口的依赖，大幅度降低脱酸成本，为抢救酸化文献做出了重大贡献。

《广州大典》第一期全套丛书定价为40.8万元，仅核对扫描件便能堆到30层楼高，一字排开超过22米，重约1吨。如何让这套大典被更多人使用、传播？文献数字化是不可回避的问题。如今，《广州大典》数据库已经实现全文可览、可下载，而在接下来的工作中，大典还将进一步完善网络服务平台。陈春声说，中国学术界正在经历“世代交替”的历史性变化，这不仅仅是指因个人生命周期之类的缘故所引致的学术从业者年龄结构的变化，更值得关注的是，新的学术世代正在数据可视化、数字仓储、文本发掘、多媒体出版、虚拟现实等所谓“数字人文”的背景下成长起来。

除了“数字人文”建设，还有一项更为持久的工程是陈建华特别关注的：“从2013年起，我们每年用300万元资助学者和博士论文的课题，现在已经有100多个项目。《广州大典研究》今年也出版了第一期，今后我们每年都想出一本书，从政治、科技、学术、文化等方面，组织开展目录学、版本学、文献学、民俗学、城市史的专题研究。”说着，他拿出一本书来，郑重地递给记者。

在《广州大典研究》的发刊词中，广州大典研究中心常务副主任刘平清写下了这样一句话——“编纂与研究，如同广州大典研究中心工作的两翼。”他希望，未来能有更多人推动《广州大典》的创造性转化和发展。

“《广州大典》与岭南家书家训家风”学术研讨会、《广州大典》与广州学研究、“近代广州医药与《广州大典》”学术交流会……除了内部的编纂工作会议，广州大典研究中心近来也在大力推动大典和名人历史、民俗文化、中医养生等大众感兴趣的领域之间的交流。

当前，一大批专家学者正通过对《广州大典》开展深入的诠释和解读，使得大典深奥晦涩的文字活起来，让新、老广州人都能通过大典了解广州这座城市的文化血脉，增进对广州的文化认同、情感认同和城市认同。

/ “大典”面面观 /

从大典看史上“海上丝路”

《广州大典》完整而系统地反映了广州这一海上丝绸之路重要发源地的变迁和发展，其中有大量篇幅翔实记载海上丝绸之路的历史原貌，比如：

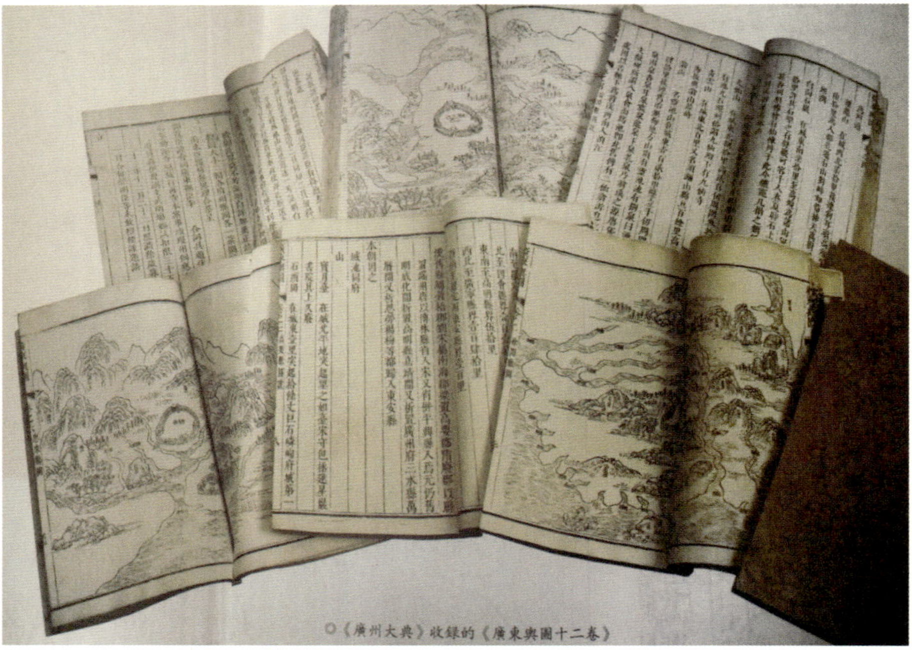

●《广州大典》收录的《广东舆图十二卷》（即广东地图，大多指疆域图）

史部收录的《广东通志》《粤海关志》《南海县志》等方志和游记，详细记载了我国在海上丝绸之路上对外经贸往来和民间交流的历史。

子部收录晋代至清朝百余名广州府学者著述，内容包罗万象，可谓古代广州的百科全书，更记载了伊斯兰教从海上传入的重要过程。

丛部里的《海山仙馆丛书》收集了很多明清传教士如利玛窦、汤若望写的几何学、天文地理和火器制造类的书籍，是清代人了解西方科学的重要平台，也是海上丝绸之路文化交流的见证。

集部里收纳的明清两代学者诗人的文集中，大量诗文谈及外商到广州经商及海上丝绸之路上中外贸易的情况。

曾经“消失”的书籍“入典”

十多年来，通过坚持不懈的广泛征集，不时会有此前“未见”或“佚”的书籍，从四面八方征集回来，例如：

经部的明代王渐逵撰《读易记》三卷（明刻本），来自南京图书馆；史部的元代陈大震撰《大德南海志》（元刻本），来自中国国家图书馆；集部的明代陈第撰《两粤游草》一卷（明刻本），来自厦门大学图书馆；等等。

值得一提的是，清乾隆年间编修的《四库全书》中曾被列为抽毁、全毁的典籍，如释函昰《瞎堂詩集》、释今释《偏行堂集》、屈大均《翁山诗外》、王邦畿《耳鸣集》、陈恭尹《独漉堂集》等近30种文献，历经浩劫，传本稀罕，都已经被编入《广州大典》，弥足珍贵。

（周豫　蒋方）

"风度书房"点亮"文化灯塔"

文化是一个城市的灵魂。文化也离不开书香的滋养。在文化底蕴深厚的粤北古城韶关，图书馆在市民生活中正扮演着日益重要的角色。2017年，为进一步推动全民品质阅读，韶关市委、市政府投入超过1800万元，启动了城区智慧图书馆"风度书房"建设。

"风度书房"启动前，韶关市图书馆到访量每年仅40万人次。首批10家"风度书房"落成后，接待读者数量将近100万人次，2019年初新增了10家"风度书房"。

记者了解到，该项目已被广东省文化和旅游厅评为"2018广东公共文化建设优秀案例"。日前，记者前往韶关走访"风度书房"，探寻该项目为文化供给侧改革提质增效带来的启示。

创新图书馆高效管理模式

走在韶关市区的大街小巷，总能找到"风度书房"的身影，橙黄色的标识分外引人注目。"风度书房"得名于韶关出生的唐代名相张九龄。其洒脱豁达、刚直不阿、淡泊谦让的"九龄风度"，成为韶关最亮眼的人文标识。

年届古稀的戴奶奶和年仅5岁的孙女黎颖，是武江区"风度书房"惠民分馆的常客。每天下午从幼儿园放学后，黎颖总要拉着奶奶跑到"风度书房"抢位。分馆"麻雀虽小，五脏俱全"，人文、社科、少儿等各类图书应有尽有。黎颖尤爱书房里的透明朗读亭，这里配备了完整的录音设

一名学生在“风度书房”借阅图书（吴伟洪　摄）

备，可以跟着软件朗读古诗词。

“风度书房”大部分坐落于韶关繁华路段。“一馆多用”的模式提升了书房使用率。位于五里亭良村的凤凰分馆，是一家舞蹈培训中心的租用场地。尽管“风度书房”的运营为这里带来每月约1万元租金、水电的额外支出，但校长张妤仍决定将150平方米的空间供书房使用。

凤凰分馆的落成，让接送孩子上舞蹈课的家长有了歇脚、充电的去处。该分馆还专设了儿童区。“好多孩子下了课就来这看书，到了饭点都不肯走。”张妤告诉记者。

过去，高昂的管理成本往往掣肘了欠发达地区的公共文化建设。而在“风度书房”，“无人值守”正在摸索中渐趋实现：读者只要凭身份证就可免费进入书房读书；每家分馆都设有全自助借书还书机，与市图书馆系统联网还可实现市区内通借通还。

韶关市图书馆馆长陈伟清介绍，“风度书房”打造“总监控”和“图书馆联盟建设”的“双平台”管理体系，由市图书馆统筹管理，统一标识、统一配送、统一管理标准。“我们还会根据各分馆读者阅读爱好的大数据记录，调配符合当地居民口味的书籍。”

“风度书房”还向社会广泛招募志愿者，建立“志愿者组织—志愿者组长—志愿者”三级管理模式。目前，“风度书房”志愿者服务团队已达780人，累计志愿服务时长1.8万小时。

多部门为书房建设“开绿灯”

韶关“风度书房”的打造，源于对“十分钟文化圈”的探索尝试。《广东省公共文化服务体系建设规划（2011—2020年）》要求，广东将在2020年建成全国性的公共文化建设示范区：要求全省城市建成“十分钟文化圈”，农村建成“十里文化圈”。

过去韶关市区只有市图书馆等3家公共图书馆。受限于交通、停车、闭馆时间等，市民借阅非常不便。为让市民从家里出发，步行10分钟内就能找到图书馆，韶关启动了“风度书房”建设项目。

“选址是‘风度书房’建设中最关键，也是最困难的一步。”时任韶关市文化广电旅游体育局副局长温军燕解释，“风度书房”所有场地都要求免租金使用5年以上。根据《公共文化服务保障法》《公共图书馆法》的要求，“风度书房”的布局要临近街道、人口集中地区，面积必须在100平方米以上，保证便民性。

●大多位于韶关繁华路段的“风度书房”（吴伟洪　摄）

在韶关市人民政府办公室的统筹下，市国资委、提升办、规划局、商务局、教育局、住建局都被列入书房项目的配合单位，齐心协力打通书房建设的“绿色通道”。

位于南郊中心地带的韶关市第八中学，周边有10多个居民区，住户超过1万户。第一批“风度书房”投入使用后，不断有市民在网上留言，要求在八中一带增设分馆。面对群众日益高涨的呼声，工作组走访了周边200多个场所。可由于店面普遍窄小，还是找不到符合条件的书房用地，最后只能把目光投向八中操场边上一堵临街围墙。

操场外围空间正好可以建120平方米的书房，但前提是要推倒这堵围墙。最终，经市教育局与八中校方协商，拆墙难题迎刃而解。八中分馆开馆以来，已迎来2万多名读者，八中学子也成为书房最大的受惠人群。

韶关市委书记李红军表示，由政府提供资金，机关企事业单位、社区或个人提供场地，市图书馆提供图书资源、设施设备及技术支撑，运营维护团队和志愿者共同负责日常管理，“风度书房”四位一体的独特运作模式，使之成为韶关文化建设一张亮丽名片。

从书房“读”懂韶城文脉

“小书房、大风度”，恰如“风度书房”口号所言，来到书房的读者不但可感受到韶关的城市文明新风，更能触摸到千年韶城的历史根脉。从“风度书房”设计的点滴细节里，不难窥见这座千年古邑对文化的尊重。

书房本身也是一本可“读”的书。在“风度书房”中山公园分馆里，半空悬挂着一架“复兴号”飞机模型，引来市民围观打卡。分馆还融入韶关作为孙中山北伐誓师地等历史元素。秉承“一馆一特色”的理念，“风度书房”其他分馆也各有千秋：执信路分馆融入丹霞地貌元素，利民分馆充满着“工业风”……非遗、名人、老照片等文化元素都成为“风度书房”的“主角”，充分展现韶关丰厚的文化底蕴。

作为城市公共空间的一部分，“风度书房”并不满足于阅读场所的功

"一馆多用"的模式提升了"风度书房"的使用率（吴伟洪　摄）

能。在陈伟清看来，"风度书房"更应成为韶关市民高雅的社交场所。在"文化+"跨界理念的构思下，"风度沙龙"阅读品牌应运而生。过去一年来，"风度沙龙"举办将近百场，内容涵盖名家讲座、精读好书、楹联创作、文学分享等。书房还与韶关学院等机构合作，针对青少年群体、文学爱好者等不同对象举办活动，让阅读和交流成为时尚。

截至目前，20间"风度书房"陆续在韶关市区"上线"。"风度书房"的触角也渐渐伸出韶关市区，向县区延伸。在张九龄故居所在的始兴县，首家县级"风度书房"开馆仅3个多月，读者已达4万人次之多。这对仅有20多万人口的始兴县来说，是个不小的数字。

韶关市委常委、宣传部部长刘启宇表示，韶关在2019年内将陆续再增10家"风度书房"，逐步实现24小时全天候开放，书房也将延伸至边远的大型住宅区或公共文化设施相对匮乏的区域。

一盏盏不灭的阅读之灯即将照亮韶城，照亮"善美韶关"的优雅气质。

（黄堃媛　杨逸　毕式明　潘俊宇）

前所未有的考古项目是怎样炼成的？

南海来的风温润潮湿，坐落在阳江海陵岛十里银滩的广东海上丝绸之路博物馆，外观如一艘外太空飞船，引人遐想。

沉睡了800多年的南宋古船，在2007年用全世界独创的整体打捞方案出水后，一直安卧于博物馆“水晶宫”内。自2013年全面考古发掘工作展开以来，这艘古船的传奇身世一点点被揭开。这归功于一个强大的守护团队——由国家水下考古中心、广东省文物考古研究所、中国文化遗产研究院、广东海上丝绸之路博物馆等单位专家组成的考古及文保团队。

十多年过去了，南宋古船是否安然无恙？为揭开古船身上的诸多谜团，考古、文保团队又经历了哪些艰辛、攻克了哪些难题？南方日报记者探营“南海Ⅰ号”考古现场，记录下了他们与古船厮守、攻克难题的分秒时刻。

首创整体打捞载入史册

“水晶宫”巨大的玻璃幕墙，被映照成湛蓝色，融于海天一色间。

“水晶宫”内，800多年前的南宋古船“南海Ⅰ号”在考古队员的发掘中，缓缓苏醒。棕褐色木质船身从淤泥中裸露出来，800多年前古船的真身跃然眼底。

上午9时，“南海Ⅰ号”考古队领队崔勇穿过栏杆，小心翼翼地来到考古作业平台上，周密地检查着考古队员的工作，在现场记录、调度着。从2013年全面考古发掘至今的6年多时间，考古队员们在这里奋战了上千个日夜。

如今，出水文物数量已超过16万件，精美和丰富程度超乎预期，所有船舱的文物清理工作已近尾声。古船隔板内，800多年前船上远洋生活的蛛丝马迹依稀残存，传递无声的震撼。

“直到今天我们才可以说，当初我们采用的‘整体打捞’方案是成功的。”崔勇指着古船底部裸露出来的完好舷板说，船底完整没有残缺，这印证了十多年前的打捞方案是完美无缺的。

2007年，“南海Ⅰ号”采用了全世界独一无二的“整体打捞”方案——连货带船打捞出水，这套“整体打捞”方案在全世界史无前例，以至于“水下考古之父”乔治·巴斯在观看了模拟实验后也称赞其精妙。方案整体耗资过亿元，用一个重达500多吨的钢沉箱，将古船从海底兜住，再用“华天龙”号海上起重船将其打捞出水，这被当时国际水下考古界认为是难以完成的方案。

如今，“南海Ⅰ号”出水文物数量已超过16万件，整船的文物清理工作已近尾声。图为文物清理工作现场（李细华　摄）

直至2005年整体打捞方案确定前，考古界一直争论不休，国际考古界传来不少质疑声，许多专家仍然坚持“传统打捞”的想法。

传统水下考古的模式，考古队员们需要不断潜至水深24米“南海I号”所处的位置，在能见度极低的环境下将文物一件件提取上岸，大量历史信息极易流失。

“只有‘整体打捞’方案才能最大限度提取古船的历史信息。”崔勇回忆说，这是专家们坚持选择这一最冒险方案的原因。但是，其实施难度之大，仍让许多专家忧心忡忡。“当时有专家做了一个形象的比喻，将载满易碎瓷器的古船完好打捞出水，就好比用铁篮子从水底捞出生鸡蛋那样难，简直是天方夜谭。”

整体打捞过程中，难度最大的是要在20多米深的海底淤泥中为沉箱穿底梁。在能见度几乎为零的海底，从古船底部穿底梁，好比是“海底穿针”，稍有不慎就会伤及古船。

果然，在穿第一根底梁时就遇到了阻力，由于海底淤泥极其坚硬，仅穿过一半便发生变形。为此，现场负责人和工人几天几夜没有睡着。最终专家们在钢梁上安装了高压喷口，利用高压水泵对淤泥进行即时冲刷，花费13天时间才将第一根梁安装到位。

之后，35根底托梁在一个多月时间内顺利穿过沉箱底部，最终由号称“亚洲第一吊”的“华天龙”号起重机吊船将载满货物的古船连同凝结物、沉箱共5500多吨重的物体，整体打捞出水。

正是因为广东文博考古界“敢为天下先”的勇气和打捞团队的科学严谨，最终造就了这一在外界看来“不可能完成”的项目，被载入世界水下考古史册。

数字化发掘可逆向复原

崔勇黝黑的脸庞，带着海风的气息。

作为中国第一批正式的水下考古队员，崔勇最初学水下考古就是因为

“南海Ⅰ号”。为了跟进“南海Ⅰ号”，国家文物局和国家博物馆举办了第一期水下考古培训班，接收了来自全国各地的11位学员，崔勇就是其中一员。2001年，他第一个潜入深海，在海底摸到了“南海Ⅰ号”。

“与纯粹水下考古模式不同，‘南海Ⅰ号’的整体打捞方案决定了它的发掘方式也必将是前所未有。”崔勇说，“南海Ⅰ号”被打捞上岸后，在“水晶宫”里又“沉睡”了6年。在这艘沧桑的古船面前，再有经验的考古专家也都成了“新手”。如何完好无损地发掘文物、保护古船，专家们都拿不定主意。

“‘南海Ⅰ号’考古发掘每天都会遇到新问题，要走前人未走之路。”崔勇说，古船进驻“水晶宫”后，专家原本设计了三种考古发掘方案——“全水”“全干”“半干”，顾名思义，选择古船在海水中浸泡的不同程度和体积。

“最终我们做出了一个可逆的方案。”经过三次全国专家论证会，反复推敲，三个方案最终磨合成为一个——在类似陆地考古的保水模式下开展文物发掘，让船体在露出水面1米高的状态下进行发掘，即使出现问题还可以重新灌入海水恢复到先前的状态。

这一方案，最大限度地结合了陆地考古和水下考古的优点，便于最大程度地提取古船的历史信息。

考古平台上，一架巨型天车罩住古船，天车中央搭载了一台三维激光扫描仪，对着船舱内进行“无死角”拍摄。考古队员每发掘一层，天车就来回“扫描”一次。这些详尽的数据信息最终汇总成一个庞大的数据库，让“南海Ⅰ号”的所有考古工作可“逆向复原”，弥补了考古可能带来的“缺憾”。

为了最大限度地提取古代信息，考古队创新性地引入“浮选法”，把遍布船舱的淤泥通通进行浸泡、筛选，不错过任何蛛丝马迹。不仅筛出了直径仅有0.3—0.5毫米的小金珠，更发现了猪、羊、狗、鸡、橄榄、荔枝等动植物残骸。

这些细小且琐碎的文物遗存，如同线索一般勾连着古人的生活画卷。考古队借鉴“聚落考古学”的研究方法来综合破解关于这艘古船的众多谜题，比如船舱中发现的一片盖在瓷器上的平整木板意味着当时的船员、商人或许就是睡在货物之上，“蜗居”在几平米的小隔间内。

在崔勇看来，考古工作者面对的最大悖论是“最大限度地提取，也意味着较大程度的破坏”。“我们希望，今天怎样从古船上取出文物，未来还要能原样装回去。”崔勇说，“南海I号”从最初发现到全面考古发掘，中间相隔了几乎20年，但等来了更先进的考古理念。“我们发掘的最终目的不是文物，而是最大限度地还原古代生活。”

抽丝剥茧还原历史信息

在“南海I号”考古队，活跃着一群“80后”考古队员，他们毕业于国内各大高校的考古专业，几年前来到阳江扎根。

一个狭小的船舱内，考古队员叶道阳用手铲拨开厚厚的海泥，一摞摞宋代瓷器呈现在他面前。他仔细跟数字图像比对、记录，之后再小心翼翼展开发掘工作。

“放弃大城市的工作机会，来到阳江，就是为了‘南海I号’。”2009年，叶道阳从中山大学考古系毕业只身来到阳江，守护“南海I号”已有10年。在别人看起来充满神秘的工作，对于叶道阳来说，更多的时候是一种孤独坚守。

日复一日的发掘工作极大地考验考古队员的耐心。初期没有空调，“水晶宫”内夏天温度很高，队员们的工作服几乎被汗水浸透，没有人请假和离场，依然全力投入工作。

“窗外的海景很美，但我们都没有时间和心情去欣赏这片海。”叶道阳说，每个来到“南海I号”工作的人，都带着一种“使命感”。

出水的16万件文物，或许是对考古队员们最大的回馈。这些文物中除了大量瓷器、金器，还有精美的漆木器，甚至还发现了古人在船上生活使用的木梳子、铜镜和咸鸭蛋。“每发现一件文物都让我们欣喜不已，但随之而来的保护问题，又让我们殚精竭虑。”

●在“南海Ⅰ号”考古现场，日复一日的发掘工作极大地考验作业人员的耐心（李细华　摄）

在考古作业平台上方的办公室内，队员们工作台上堆满了一叠叠厚厚的原始发掘资料，以及用密密麻麻字迹写满的“南海Ⅰ号”考古工作日记。

对于这些年轻的考古队员来说，“南海Ⅰ号”就像一座迷宫，等待他们去破解。“穿越”到800多年前，抽丝剥茧还原历史信息，对这些考古队员而言，充满了吸引力。

在他们眼里，这艘800多年前的古船如同一个“时光胶囊”，浓缩了几十甚至上百个宋代人远洋贸易生活的现场，为解码南宋人的生活提供了一把钥匙、一个切面。

考古队员陈士松本科就读于历史系，研究生专攻商周考古方向。“‘南海Ⅰ号’里能够提取的历史信息是超乎想象的。”由于是学历史出身，陈士松对于出水文物总有多一层历史文化思考，他将古船出水的文物与历史文献进行“互证”，破解出许多有趣的历史信息。

2014—2015年，“南海Ⅰ号”出水了5件木秤杆，这引发了陈士松的极大兴趣，他查阅《隋书·律历志·衡权》《天工开物》等古代文献，梳理现有的研究成果，写成研究文章，考究古代权衡器的发展演变。

但摆在“南海Ⅰ号”考古队员面前最大的挑战是，如何保住古船船体，这是一个世界性难题。经过800多年的海水浸泡，船体木质结构已变形、收缩，极为脆弱。

如今古船仍处于巨大钢沉箱的保护之下，广州打捞局的工程师为古船定制加固装置，用数十根钢支架为年迈的古船打上“石膏”。每天，中国文化遗产研究院和广东海上丝绸之路博物馆文护专业人员会对古船进行不少于两次的防腐液体喷洒，像为古船“敷面膜”。

“未来，还要经过一个相当漫长和复杂的置换和保护过程，古船船身才有可能不垮塌变形，完整地出现在‘水晶宫’内。”崔勇说，这可能还要等上数十年，需要几代考古人的坚守和奉献。

/ 蹲点手记 /

探索广东文旅融合新路径

从全世界唯一的“整体打捞”方案，到陆地考古与水下考古相结合的唯一考古发掘方案，再到破解出水文物的保护难题……“南海I号”从1987年被发现到如今，一直牵动着全世界水下考古界的关注。它依靠跨学科、多领域的顶尖团队合力，将许多“不可能”变为“可能”。

回顾“南海I号”的考古过程，已然超越了单一考古项目的复杂度。它不仅聚集了国内最顶尖的水下考古和文物保护团队，还调动了国内顶尖的水下打捞作业、工程力学、测绘专业团队，堪称“跨界”合力的典范。

“南海I号”与它一同出水的16万件文物，见证了中国水下考古的从无到有，也见证了广东水下考古事业的腾飞。正是借助“南海I号”与“南澳I号”等水下考古项目的成功，广东一直稳坐国内水下考古的头把交椅。

“南海I号”所在的海陵岛闸坡上有一个国家文物局设立的水下考古培训基地，每两年培养1期学员。崔勇欣慰地说，如今他已经成功培养了共6期超过100名水下考古队员。“他们现在分布在全国各大水下考古项目，都是主力队员。”

“‘南海I号’折射出的正是广东的敢为人先。”回看与“南海I号”相识的漫长时间，技术、资本、概念的储备花费了大量的时间成本和精力。

“但是现在看来一切都是值得的。”崔勇庆幸，一路走来，经过理想和现实的不断调整，所有看似天马行空的开创性想法最终都在广东落地开花。

伴随着“南海I号”入驻阳江海陵岛的海上丝绸之路博物馆，它引发的未来想象空间也在不断变大。

10年前，海陵岛还是个交通不便、尚未完全开发的海岛，沿海沙滩人烟稀少。10年来，海陵岛试验区开始重点改造海滨路、旅游大道等岛上的主要道路，打造了一夜埕旅游文化街，旅游地产项目遍地开花，岛上面貌焕然一新。

据统计，仅海陵岛2018年全年接待的游客人数就从2009年的222.5万猛增至913万，旅游收入从10.8亿元增长至60.5亿元。

海上丝绸之路博物馆是全国两处采用“公众考古”参观模式的博物馆之一，“南海I号”考古工作全程接受观众参观。除此之外，陶瓷课堂，文物修复演示，AR（增强现实）、VR（虚拟现实）现场互动……广东海上丝绸之路博物馆推出的研学之旅项目也同样火爆。2019年6月，“南海I号”还迎来了南昌外国语学校的数百名学生，考古人员为他们上了一节别有风味的“海丝”文化课。

如今，伴随着800多年前古船的重生，“南海I号”正不断爆发出文旅融合的巨大能量。未来，随着800多年前南宋古船故事的精彩演绎，与“南海I号”IP相关的大型主题文艺展演、海上丝绸之路旅游线路的策划出炉，将全面带动阳江海陵岛周边的经济发展，成为探索广东文旅融合新路径的样本。

（孙国英　黄堃媛　李培　张俊　杨世华　陈瑞锋　龙志坤）

茂名茂南区公馆镇文化站：为乡亲们撑起一片文化绿荫

“做一个有文化的文化人”——在茂名市茂南区公馆镇文化站的楼梯间，挂着这样一句醒目的标语。

这是一座置身居民区、紧贴镇一中的三层小楼，占地不到300平方米，外观就像20世纪80年代的房子，普通甚至有点简陋。但在“陋室”门口，却悬挂着“广东省一级文化站”“广东省基层宣传文化先进单位”的牌匾。

这里就是文化站站长曹华区工作了28年的地方。28年如一日，他以站为家，先后被评为广东省基层宣传文化先进个人、广东省最美文化站长、广东省基层宣传文化能人。

地处经济欠发达的粤西基层乡镇，缺乏充足的地方财政支持，公馆镇文化站何以成为全省1602个文化站中的典范？带着这样的疑惑，记者走进了这个小小的乡间文化站。

为“公馆人”守住精神家园

上午9时，初夏的阳光已经洒满公馆镇敬老院的庭院。老人们吃完早餐，闲适地坐在树下石凳上聊天。今天他们异常开心，因为敬老院的老朋友——公馆镇文化站站长曹华区及文化义工团队又来“送文化”了。

曹华区今天特意带了高胡，他要和他的启蒙老师——85岁的梁信可合

●曹华区与文化义工团在敬老院为老人演出（李细华　董天健　摄）

奏一曲。《花好月圆》那悠扬的旋律从默契配合的指尖流出，柔美的乐声充满整个庭院，老人们情不自禁跟着旋律打起拍子，晃着脑袋沉醉其中。

文化站每月都会组织文化公益活动。因为站里工作人员不多，文化义工团帮了很大的忙。团长郑永华告诉记者，义工团目前有300多名团员，上至五六十岁的老年人，下至十来岁的初中生，大家都乐于利用业余时间“送文化”“种文化”。在茂名西站工作的团员陈辉，当天特意坐了1个多小时车来到敬老院，这已经是他5月份参加的第三场义工活动了。

“文化站组织的公益活动，大家都很喜欢，有时候60多个名额一天就报满了，我自己也喜欢唱歌，干起来很有成就感。”郑永华说。

11时，在老人们依依不舍的目光中，曹华区、郑永华和团员们离开了敬老院。

下午4时，曹华区准时出现在公馆镇中心小学的音乐教室，他是学校5个外聘老师之一，每逢周一、周三、周四下午第三课，他都会来这里教孩子们音乐和书法。

“大家都吃过年例，那年例上的粤剧表演你们看过吗？”这堂课，曹华区以大家熟悉的春节年例为引子，希望由此激发孩子们对传统戏曲的兴趣。他一边介绍自己在粤剧团的学习经历，一边示范“腿功”，在曹华区的鼓励下，五年级的陈莹和易全跃跃欲试。

这是他们第一次尝试练习粤剧功架。压腿、勾腿、踢腿、转腰……“好难啊，老师好厉害！”易全擦了擦汗说。一堂课很快就过去了，但是他意犹未尽，决定抽个时间去对面的文化站找曹站长“开小灶”，继续学习粤剧。

傍晚7时，茂南区春苑公园又热闹了起来，曹华区带着文化站曲艺团的曲艺精英们为市民献上了一台高水准的曲艺晚会，现场曲艺传情，其乐融融。同一个时间，旧村村委会山车村文化腰鼓健身团的团员们也来到村文化广场，伴随着令人陶醉的旋律，抬头、踢腿、转身……身姿绰约，柔美中不乏健朗。

这便是曹华区平凡又充实的一天。

在公馆镇，已经自发形成了一个个“文化据点”，而这仅是以文化站为中心、辐射全镇基层公共文化建设取得的成效的一个缩影。

●公馆镇中心小学的音乐教室，孩子们在听曹华区的粤剧课（李细华　董天健　摄）

曹华区出生长大的茂名市茂南区公馆镇，面积114平方公里，常住人口8万多人，镇上的居民以老人、孩子为主，如何激发和引导他们的文化需求，让文化在这个古老的村镇扎根，是曹华区面临的考验。

在跟着曹华区回老家荔枝塘村的路上，记者看到了一棵10多米高的大榕树，盘根错节，枝叶如老人胡须在风中飘拂。曹华区说，这棵老榕树饱经风霜，100多年来无怨无悔地守护着公馆一隅。“当初榕树因生虫严重几近死亡，为此我专门找来了镇上的农业专家问诊，还动用了飞机打药才救活它。无论如何，我们都要为公馆镇的后辈们留下它。”曹华区指着大榕树说。

正如榕树为乡亲们撑起了一片绿荫，文化站便是公馆人精神世界里的绿洲，播撒着文化的火种。

欠发达乡镇里的“明星”文化站

公馆是茂名的文化大镇，在曹华区之前的两位文化站长周辉文、梁祚维都称得上是满腹经纶的老文化人。在前辈们的精心打造下，公馆文化站曾红极一时，20世纪80年代就被评为省先进单位。

特别干净，是记者对文化站的第一印象。

清晨7时，文化站站长曹华区已经开始一天的工作。阅览室还没有人来，他习惯性整理图书，摆放好管理员工作证。市区的家离文化站往返要两个多小时，为了节省时间，他每周都有一大半的时间睡在三楼的办公室。

2006年曹华区当上站长，在广东省对欠发达地区文化工作的扶持下，文化站申请了资金，从里到外修缮一新。阅览室、排练室、乒乓球室、展览室、曲艺室等文化基础设施日益完善，并相继免费对外开放。

一楼的阅览室上万册的藏书摆放整齐、有序，从借书登记簿上来看，借阅图书的人很多，文学、历史、经济、常见病防治等是最为受欢迎的类型。时不时有居民过来还书，顺便和曹华区聊聊读书感想。

文化站对面就是茂名五中老校区，学生们常常跑到这里借阅图书。

阅览室里，书桌椅子摆放整齐，读初二的晓敏喜欢放学来这里看书，看完书，有时就在这里写作业，再借一两本书回去。

三楼的曲艺排练室和阅览室仅一步之遥。记者来到时，正碰上曲艺团的团员组“私伙局”，下午3时，排练室已热闹非凡，主唱及高胡、二弦、扬琴、喉管、锣钹鼓板等演奏者各就其位，配乐响起，立马进入状态。“红酥手，黄縢酒，满城春色宫墙柳……”一曲《沈园题壁两断肠》，团员叶桂华悠扬的歌声也吸引了不少周边的曲艺爱好者前来观看，小小的房间立刻挤满了人。

和粤西很多村镇一样，从粤剧、曲艺到书法、木偶戏，公馆镇都有很深的群众基础。在曹华区的组织下，文化站已成为曲艺团的“家”。曲艺团长期活跃于城乡舞台，阵容庞大，设施配置齐全，人员上集吹、拉、弹、唱、演、创作于一身，不但经常在文化站开锣，而且深入农村，为群众献上形式多样、内容健康的精神粮食。同时，曹华区还时常张罗曲艺团与外地团体进行艺术交流。广州、珠海、湛江、电白等地的曲艺团体，国家一级演员、《七十二家房客》“金医生”的扮演者冯刚毅等都曾前来表演交流。2012年7月，文化站曲艺团还参加首届广东省私伙局大赛，荣获社区组银奖。

团员叶桂华今年62岁，是一名粤曲“发烧友”，每周都会抽空在文化站排练。从20世纪80年代开始自学粤曲，如今已成为当地小有名气的“明星”，还有了自己的粉丝团。他的粤曲学习之路得到了曹华区和文化站极大的帮助。“多亏遇到了曹站长，当初是他手把手教我，坚持了几十年，还凝聚了一群曲艺爱好者，带着我们下乡演出，为村民送去艺术，大家都乐在其中。”叶桂华说。

这边说着，一上午都在办公的曹华区忙完手头工作，也忍不住加入排练的行列。高胡、扬琴、葫芦丝……会多种乐器的曹华区，先是演奏高胡，接着又顶上扬琴手的位置，演奏完毕还上台一展歌喉。在公馆镇委副书记李宁眼里，似乎没有什么才艺是曹华区不会的。虽然基层工作繁忙，但他苦练吹、拉、弹、唱、演，会写会编会导还会演，简直全能。

文化站每年组织开展文化活动超25场次，是当地居民阅读和欣赏艺术的一个基站。公馆镇人都知道，在文化站里有一幅“做一个有文化的文化人”的标语，它被曹华区挂在了楼梯间最为醒目的位置：“根植于内心的修养；无需提醒的自觉；以约束为前提的自由；为别人着想的善良；视事业为人生的灵魂。”改编自作家梁晓声名言的这句话，因为天天看、天天读而被公馆镇人牢记在心。

28年，基层文化的“茶”变得芳醇

记者见到曹华区时，他穿着笔直的黑西裤，鹅黄色的衬衣上一个褶子也没有，脸上虽有些沧桑，但更多的是坚毅。

曹华区永远记得“1991年9月17日”这个日子，那天他正式来文化站工作。此后28年，他全部精力都放在了这里：“人的一生如果兴趣与事业能一致，就完美了。在这里，我实现了。”从当初的空架子到如今备受赞誉的广东省一级文化站，在这“一亩三分地”上，他倾注了自己全部的心血。

一床一桌一凳，一壶茶，两本书，几件乐器，便是曹华区办公室的全部了。说着，他像捧着个宝贝一样从办公桌旁拿出一大桶腌制的咸橄榄，他最爱用这个配稀饭，嚼上几口，又精神了不少。

事实上，眼前这个穿着得体、说话淡定的中年人，也曾一度苦苦为生存而挣扎。“他太不容易了。”公馆镇居委会主任易金连是看着曹华区长大的，“如果说他身上什么东西最能感染人，那一定是坚持。”

49年前，曹华区出生在公馆镇一个普通农民家庭。7岁那年，父亲因为脑膜炎逐渐丧失劳动力，母亲抛下三个年幼的孩子另嫁他人。从一路骑自行车到40公里外劝说母亲失败的那个下午起，曹华区便开始了吃“百家饭”的生活，童年过得苦涩而又漫长。或许是家境的贫困加深了曹华区敏锐的感受力，高一那年，从未接触过乐器的他无意听到《平湖秋月》，便立刻喜欢上了高胡这一传统拉弦乐器，从此，艺术的种子在他心中悄然种下。

虽然少年困苦，但曹华区通过自学、拜农村艺人为师、投身粤剧团学艺等方式，最终学有所成。从事文化工作后，他的善意、热情、执着，引导了一批又一批孩子走进艺术领域，传播艺术的芬芳。

曹华区热心教学，每年都会举办4—6期艺术培训课，内容包括书法、美术、曲艺、舞蹈等，参与的学生已经数不清了，还有不少家长带着孩子慕名前来。除了自己教，他还会请来当地的美术老师、书画名家给学生上课。并且，所有培训都是免费的，有时甚至还会掏钱给学生买书、买音乐器材。

一些学生从乡村走进了广州美术学院、星海音乐学院等艺术殿堂，易金连的儿子王晓宁便是其中之一。2005年，广州大学城还没建成，曹华区难得遇上像王晓宁这样喜欢音乐的年轻人，除了鼓励他“走出去”，还骑着那辆1996年起就没离开过自己的飞鹰牌摩托车，载着他去演出、化妆、考试，带他去广州星海音乐厅，硬是一步步把王晓宁“送”进了这所华南最高音乐学府。

梁振杰是曹华区另一个得意门生。10多年前，曹华区发现学体育的梁振杰颇有绘画天赋，可惜对学习不怎么上心。为了激励他，曹华区特意带他前往广州美术学院，指着那片红墙说：“你看好了，这就是广美！想来这里，就要拼命努力！”最终，梁振杰考进了广州美术学院国画系，五年前已研究生毕业。“有名师不如有严师啊！”说着，曹华区拿起桌上的画册翻了翻，脸上很是自豪，那是梁振杰特意给他寄来的个人作品集。

2005年，学生柏小波连考两年广州美术学院失利，内心无比沮丧。看到学生想要放弃，那段时间，曹华区几乎每晚都找他侃天地、聊人生，第三年柏小波终于成功进入雕塑系。床边的羊形雕塑正是柏小波的作品，曹华区看着一脸欣慰。

“室有琴音书有味，艺无止境乐无穷。”这是曹华区为自己书写的座右铭，也是他努力传达给公馆镇的信念。

28年，从省一级文化站到省基层宣传文化先进单位，公馆镇文化这杯“茶”慢慢变得芳醇，曹华区也先后获得了全省基层宣传文化先进个人、广东省最美文化站长、茂名市宣传思想文化领军人才、广东省基层宣传文化能人等诸多荣誉。

用曹华区的话来说：“文化是一种传承，也是一份守望；是一种浪漫，也是一份担当。人这一生如果找到了一份与自己兴趣相投的职业，便是最大的幸事。”而如今，他已经找到了自己一生的挚爱。

/ 蹲点手记 /

从此深情

采访中，曹华区说的一句话让记者印象深刻。春节前夕，文化站申请了一笔3万多元的经费，可用于举办文艺汇演等活动，这让曹华区欢呼雀跃，“3万多元对我们来说已经是一笔巨款了”。

基层文化站大多是“清水衙门”，既无多少钱粮可使，也无多少人力可用。尤其粤西等欠发达地区，在经费支撑、人员配备等方面，相对更加薄弱。

公馆镇文化站是一个突出的个例，同时也反映了不少共性的问题。在先天条件不甚优厚的情况下，文化站站长发挥了极大的主观能动性。过去28年，曹华区任劳任怨，与农村文化事业结下不解之缘，在公馆镇开创了农村文化的一片新天地。

由于文化站人手紧缺，大部分工作都由他独自完成，公馆人评价：“这些年公馆文化的成绩都是曹华区一手一脚打拼来的。”他一个人，就是一支队伍，常常队长、老师、导演、编剧、策划、文案一肩挑。工作之余，仍勤学苦练吹、拉、弹、唱、演，扬琴、书法、高胡等均有涉足。

目前，基层文化站的工作人员工资普遍偏低，没有相应的职称，极易导致人才流失。记者在采访中了解到，由于历史原因等，曹华区目前还属于20世纪90年代的事业单位工人编制，每个月的收入比刚刚毕业进入公务员队伍的大学生还要低不少。

即便如此，他依然选择坚守在自己的岗位上，甚至放弃了别人高薪聘请的机会。一方面，他担心公馆文化站找不到接班人；另一方面，则是他本人发自内心对文化、教育事业充满热爱。

生于斯长于斯，曹华区对这片土地有着深厚的感情。“我在公馆镇出生、长大，这里的乡土文化印记，早已刻在我身上。”这份爱，让他坚持，“从此深情，永不相负”。

他对文化事业的坚守，也得到了民众、社会及政府的认可与鼓励。他被公馆人视为骄傲，总能用自己的善意、热情和才气，吸引一群人走进艺术、投身文化。而外界的这份认可，也让他找到自身的价值、文化事业的价值，激励他在这一亩三分地上，不断酝酿佳果。“大家对我的信任，难能可贵，我很珍视。”曹华区说。

党的十九大提出实施乡村振兴战略，乡村振兴离不开乡村文化振兴。事实上，大部分农村仍保留了相当的文化底蕴，粤剧、民族音乐、书法等都有着深厚的群众基础。乡土文化的“根”急须守护。

助力乡村振兴，打通公共文化服务的“最后一公里”，需要全面激活、提振和发挥乡镇文化站的各项功能。乡镇文化站是基础，文化站站长更是顶梁柱，需要涌现更多曹华区这样优秀的文化站站长。同时，他们的热情需要呵护，他们的境遇需要改善，在职称、待遇等方面，需要给予适当倾斜。各级部门也应创造条件，为文化站提供更大的事业平台。

（陈志　周豫　徐子茗　刘栋铭）

第四章

问脉：探访文化遗产 追寻文化根脉

文物看湾区①

破译外销文物“湾区基因”回溯大湾区“前世今生”

广州，是岭南文化的中心，也是对外文化交流的门户之一。岭南文化从这里辐射到整个粤港澳大湾区。大湾区千丝万缕的历史渊源，都要从这座千年不衰的海上丝绸之路古港说起。

如果说明清广州城也是停泊在湾区的“一艘大船”，花塔、光塔是两支桅杆，镇海楼就是船上的风帆。远渡而来的外国商船越过狮子洋，经虎门北上，望塔而行，莲花塔、琶洲塔、赤岗塔次第映入眼帘，看到越秀山上的镇海楼，就知道来到行程的终点——广州。

本次报道南方日报记者带读者来到广州博物馆，从“岭南第一胜概”镇海楼“扬帆出海”。多位湾区专家学者从政治、经济、文化等角度，破译广州博物馆所藏外销文物背后的“湾区基因”，回溯粤港澳大湾区的“前世今生”。

一楼镇海“联网”珠三角　守护百年南国海疆安宁

暑假期间，位于越秀山顶的广州博物馆人潮涌动。在四楼的“海丝遗珍”展览中，明清时期外销品琳琅满目，其中有不少绘有粤港澳三地港口风貌的外销画。

“这不是五层楼吗？就是这里啊！”一名学生指着一幅外销画兴奋

19世纪初的广州十三行商馆区（受访者供图）

地说道，随即引来了几名游客驻足欣赏。只见画中，风光旖旎，商馆林立，万国旗帜飘扬，江上商船如织，远处山上的一座五层的塔状红楼若隐若现。

“这是一幅清代时期的外销画，描绘了广州十三行港口风光，也就是如今的广州文化公园一带。而远处这座红楼，正是我们现在所在的地方——镇海楼。”广州博物馆副研究馆员陈鸿均介绍，镇海楼建于明洪武十三年（1380年），原名“望海楼”，1929年成为广州市立博物院（广州博物馆前身），守护着众多见证广州城发展变迁的重要珍宝。

如今的镇海楼依然坐落在广州传统中轴线上，不过从镇海楼顶层极目远眺，高楼商厦层层叠叠，却看不见一丝“海”的踪迹。看不见“海”的镇海楼，何以“镇海”？

陈鸿均为记者“解码”：“明清时期珠江的江面很宽阔，从江面上确实可以直接看到越秀山上五层高的镇海楼，它在一定程度上起到‘航标’的作用。”事实上，在广州出口的外销画中出现镇海楼并非孤例：无论是在荷兰画家纽荷芙的《广州城远眺》还是在珠江版的“清明上河图”——《广州港全景图》中，都能找到它的身影。

广州是海上丝绸之路的起点之一，地处粤港澳大湾区的腹部，而位于广州传统中轴线的越秀山，数百年来都是珠三角地区的城防与海防重地，镇海楼在军事上的战略意义不言而喻。

沧海桑田，随着珠江北岸岸线的推移，珠水流波已从镇海楼的视线里消失。然而，广州博物馆外排列整齐的多座明清古炮台，依然铁骨铮铮。镇海楼据山川之险，历来是兵家必争之地。从旧照片可见，镇海楼旁还设有面向城外的大炮。

据陈鸿均考究，早在明代，位于珠三角东边出海口的香港和深圳南头等陆地及附近海域均属于屯门区，深圳东部大亚湾畔的大鹏城则是明清两代广东东部的海防重镇，管辖着深圳、香港以及惠阳部分地区的海防。而位于珠三角西边出海口的澳门，明朝末年常有“吕宋”兵船侵扰，于是清朝初年，在东莞和澳门设立了海防同知，后来又在广州设立了广州府海防，管理澳门内地居民与外国寄寓人员。

“这套连接湾区各重要港口的海防系统，对维护岭南地区的安定繁荣曾经发挥着重要的作用。”陈鸿均说。

外销画中的镇海楼（受访者供图）

前后航道汇通粤港澳贸易　通草画绘就“湾区名片”

600年历史的镇海楼，将粤港澳大湾区休戚与共的命运联系在一起。而博物馆里的珍贵文物，将三地同根同源的文化纽带展示在世人面前。

在广州博物馆的展柜里，珍藏着一种清代广州人发明的神奇画种——通草画。通草画以“通草”的植物茎制成“通草片”，并以鲜艳丰富的水彩颜料绘制而成，画上众生百态鲜活逼真，将观众带回市井中的晚清岁月。通草画曾一度在人们视野中消失，直到近年随着作品回流才重新引起社会关注。

“粤港澳港口风光是清代外商们最热衷的定制图样之一。”广州通草画研究学者、广州博物馆二级研究馆员程存洁告诉记者，这与清朝年间一个特殊的规定有关。

清政府1757年规定，广州一口通商，禁止其他任何口岸的一切贸易，于是各国商船只能沿途经过澳门等地；同时规定，洋商不得携妇女到广州商馆，在规定季节之后，洋人不得逗留广州，必须在他们的货物卖尽和船装好之后，回国或前往澳门。因此，贸易季一到，洋商们便纷纷告别家属，换乘小船到达黄埔港，直奔广州十三行商馆区，一边“招呼”行商收购自家货物并为自家船只作担保，一边采购回航的中国商品。因此也有专家评价说澳门就是当时广州的公务外港。

“当时洋商们的活动范围非常有限，他们只能在广州城外西南角一带活动，不能在江中划船取乐，每个月只有3天可以结伴由通事护送到花地（对江的花园）游散。他们对港口风光最熟悉，自然也想带回去给家人看，因此就产生了这些通草画。”程存洁说。

程存洁还透露，当时从广州到港澳有两条不同的水路，俗称“前航道”和“后航道”：前航道经过琶洲一带通往香港，而位于广州城西南、白鹅潭以南的后航道，则是连通广州和澳门的一段内河水道。后来，侨居广州的洋商除了取道“后航道”南下澳门外，还会在这条水道上举行划船比赛，一定程度上丰富了珠江的娱乐业。

粤港澳三地文化与经济的密切往来，也能在一批“洋装”银器里找到

19 世纪初的广州港口风光（受访者供图）

实证。不久前，“19—20世纪中国‘洋装’银器展”在广州博物馆展出一批出自香港银匠之手的银摆件。摆件人物形象栩栩如生，将人拉黄包车、独轮车的情景，在西餐器具中再现。它们身上不仅散发着中西艺术融合创新之美，还可以窥探出香港开埠之初的繁华景象。

专家介绍，这些外销画、外销扇和银器作坊，早期都集中在广州十三行商馆区。随着生意日渐兴隆，许多广东商人纷纷到香港、澳门开起了分店。比如香港上环的荷李活道、士丹顿街一带，就是早期香港银匠制作工场的聚集地，他们的店铺则多开设于皇后大道。在广州创业的“宏兴”最负盛名，他们还为美国知名的珠宝公司蒂芙尼制作银器，名扬海外。

西画东来催化三地艺术交融　“中国趣味”带动世界时尚

精美的外销艺术曾经作为“湾区明信片”漂洋过海，向遥远的西方展示东方的人文风情。英国画家乔治·钱纳利可谓名副其实的“大湾区人”。他是19世纪在华南居留时间最长的画家，频繁来往于广州、澳门、香港三地。如今，三地博物馆里都珍藏着不少钱纳利的手稿真迹。

“在那个没有摄影技术的年代，钱纳利最大的贡献，是用画笔留下了珠三角的社会发展图景，也将西方写实绘画传入中国民间。”澳门文化局副局长陈继春介绍，钱纳利是一位非常勤奋的画家，每天上午5点起床出门画速写，用自己的画笔留下了华人的平民生活、粤港澳的名胜风景，还有中外商人、旅行家和濠江渔女的精神风貌。

陈继春研究发现，早在18世纪下半叶，广州等地已出现了许多以西方风格创作的外销画家。钱纳利到来后，凭借精湛的技巧与崭新的画风名噪一时。钱氏与当时“世界首富”伍秉鉴、卢茂官等行商关系密切，两人最为人所知的传世肖像正是出自钱纳利之手。

“钱纳利能够用轻松、流畅的笔触勾画出人物的神韵，因此吸引许多广东画家前来学习他的绘画技艺，其中最出名的当属林呱。”陈继春说，林呱的《老人头像》曾入选英国皇家美术学院展，成为最早在欧洲画展上亮相的中国画家。

迫于当时激烈的外销画市场竞争，林呱打起了“流水作业”的主意，雇佣近10名画工在自家画室中批量生产外销画，肖像价格远低于钱纳利，

19世纪中叶的香港港口（受访者供图）

19世纪初的澳门港口（受访者供图）

这让钱纳利一度十分不满。二人暗暗较劲，也无意中推动了外销画产业的“升级”。据考证，不少画家效仿林呱的做法，在19世纪初的十三行同文街和靖远街，就有近30家外销画店铺，从业人员达3000人。

“粤港澳三地的外销艺术既一脉相承，又各具特色，外销扇就是一个很好的例子。”2019年上半年，广东省博物馆陈列展示中心主任白芳策划了美轮美奂的“‘风·尚——18至20世纪中国外销扇’展”，这些外销扇工匠多来自广州、香港、澳门三地。

“广州工匠制作的官扇通常用象牙片贴饰和油彩勾勒身着华服的官员及家眷的生活场景，凸显立体感；澳门工匠则更习惯一面画官邸庭院人物，另一面在铺满银粉的扇面上彩绘花鸟图案；而香港工匠制作的官扇多采用扇面无法折叠的团扇造型，外观别致。”白芳介绍道。

“三地匠人在技艺上的交融和求同存异，三地港口内外联动，成功地把‘中国制造’推向海外。”白芳说。这些华风欧韵、造型奇巧的外销品，不但让“中国趣味”成为当时国际时尚的代名词，也为粤港澳大湾区“人文湾区”建设留下余韵悠长的注脚。

（毕嘉琪　黄堃媛　杨逸）

文物看湾区②

名画现身勾勒湾区史迹 岭南大宅孕育传世巨著

“咫尺沙冈市，鱼虾不少钱。蟹黄随月满，沙白入春鲜。百货通洋船，诸夷接海天。渺茫濠镜澳，同去恨无船。”著名诗人屈大均曾在《香山过郑文学草堂赋赠》中这样描绘澳门的城市风情。

在前不久的“浮光掠影——博尔杰南中国沿海绘画特展”和“藏珍荟萃——澳门博物馆成立二十周年馆藏展”中，澳门博物馆、澳门艺术博物馆联袂展出众多经典画作。100多年前澳门渔港风光在一幅幅珍贵的油画中重现于世人眼前，湾区观众驻足于前，惊叹于画家们如摄影般的精细画工。

“当年的妈阁庙竟然也如此热闹！”澳门艺术博物馆内，一名观众细细端详法国画家安德烈•奥古斯特•博尔杰的油画，若有所思。这幅画上勾勒的正是妈阁庙门前熙来攘往的景象，不难看出画家所站的位置正是今天的海事博物馆侧门处。

作为连接中西的桥头堡，澳门不仅拥有繁华的港口，还曾是一批又一批文人志士的寓居之地，为湾区的文脉交融提供了肥沃的土壤。本期“文物看湾区”带读者来到澳门博物馆，从一幅油画、一个画派、一座岭南大屋说起，解读澳门如何成为西学东渐的窗口，岭南画派如何引领中国画变革，先进的“富强救国”思想为何在此孕育而生。

油画复刻珠三角风情

沿着石板阶梯拾级而上，伴随着标志性的大三巴牌坊映入眼帘的是澳门博物馆的真身，被大炮台和郁郁葱葱的密林环绕。站在炮台边上眺望，依稀可见澳门南湾风貌和妈阁庙的掠影。

早在百年前，一群寓居澳门的西方油画家便将别致的南湾风情诉于纸上，流传海内外。“西方油画最早正是通过澳门传入中国，这是中国近代美术史巨变之肇端。”广州美院近现代美术史研究所所长梁江介绍，油画传入中国发生在明代万历年间，意大利耶稣会传教士罗明坚奉命来华设立教堂，当他经澳门转入广东肇庆时，当地总督检查罗明坚携带的物品，发现了一些笔致精细的彩绘圣像画，这就是最早进入中国的西方油画。

然而真正让油画在中国产生影响的关键性人物是利玛窦。梁江指出，同为意大利传教士的利玛窦倚仗自己精深的天文学、地理学、数学知识，在传播西方科学技术的同时巧妙地把西方油画及其铜版画复制品呈给中国上层官儒和皇帝。“中国皇帝对细节精美的西方油画非常感兴趣，诏令宫廷画师在利玛窦的指导下用色彩放大复制了油画，引发了一连串西方油画转承影响效应。”

随着清政府将对外贸易口岸限制为广州一地以后，澳门成了各国与广州间贸易的纽带，这一独特的环境吸引众多欧洲人前来，其中就包括乔治•钱纳利、安德烈•奥古斯特•博尔杰等欧洲画家。他们客居于此，以油画为媒，与澳门结下不解之缘。

“钱纳利是当时在中国东南沿海居住时间最长、影响最广的西方画家。”澳门文化局副局长陈继春日前接受南方日报采访时介绍，钱纳利曾流转于澳门、广州、香港，画了不少珠三角地区居民生活、社会风俗的作品，最终逝世和安葬于澳门。美术界有专家评价：“他最出色的作品几乎全都创作于东方。”

同时期的佼佼者——法国画家安德烈•奥古斯特•博尔杰则留恋当时的澳门地标妈阁庙，他评价“从未见过如此美好的建筑”，兴奋地在《澳门妈阁庙》中用相当大的画幅来展现这一画面。“这件作品是此系列油画中最受注目的一幅，曾由法国国王刘易斯•菲利普一世收藏。”陈继春说。

从澳门回国后，眷恋澳门渔村风光的博尔杰在巴黎出版了《中国与中国人》一书，收录了他在中国采风问俗期间绘制的景物图像及其文字描述，让当时的欧洲人对世界另一端的中国有了更加感性和真切的认识。“作为一个画家、一个旅行家，博尔杰在环球旅程中大量的图像记录与文字叙述，既是文化交流贡献的写照，亦是那个没有照相机的年代的重要文献。”

岭南画派折衷中西

在2019年初的“藏珍荟萃——澳门博物馆成立二十周年馆藏展”中，澳门博物馆展出了岭南画派创始人之一的高剑父及其夫人翁芝所藏画稿，引起轰动。澳门不仅成为西方纪实油画进入中国的窗口，也为中西绘画融合和革新提供了土壤。

陈继春认为，澳门中西文化融合的环境正是岭南画派形成的重要原因。据考证，高剑父、陈树人、邓芬等岭南画派名家都曾在抗战期间流寓澳门，其中最早来到澳门读书的是高剑父。“他在70岁时所写的自述中提到，他17岁时入读澳门格致书院（今岭南大学前身），开始系统学习西方素描，而后回到广州任图画教师，从日本画家山本梅崖那里接触到日本绘画，这些都开阔了他的眼界，初步奠定了他改革传统中国画的志向和决心。”

1938年10月，广州沦陷，华南地区大量的文人墨客涌向澳门，岭南画派的大批画家也接踵而至，一时间澳门成为重要的文化艺术重镇。据专家考证，高剑父是第二批到澳门避难的画家，他在广州创办的春睡画院被日本飞机炸毁，大批学生跟随他来到澳门。

“当时高剑父和家人就居住在今天的澳门文化局大楼后50米处，也是从这时起他开始真正影响澳门的艺术走向。”陈继春说。高剑父的学生们大部分都在澳门教书，住在澳门，所以以他为首的岭南画派艺术风格、美学观点从这个时候开始更广泛地影响澳门，强调中西合璧，根植中国传统文化的同时敞开胸怀吸纳西方文化。

在澳门期间高剑父与同样流寓澳门的陈树人、张纯初、郑哲园等重组了“澳门清游会”，还和澳门文化名流冯印雪成为挚友。高剑父曾提出：“艺术的真价值是贵有时代性、个性、创造性的。我们艺人应该抱定艺术救国的宗旨，在艺术革命的旗帜下努力迈进，为我国艺术争一口气。”抗战期间，他创作了《三山半落青天外》《白骨犹深国难悲》等一大批抗日救国题材的作品，渗透着对国家危亡、民众困苦的哀痛，陈树人、关山月等岭南画派画家也纷纷投身该题材创作。

资料显示，抗战时期的澳门美术活动蓬勃发展，各种画展频频举行，其中“新国画”占多数。“正是因为有这些画家和团体聚集澳门，才使得当时的画风出现创新性，从而成就岭南画派。在1987年的《辞海》中唯一提到的画派就是岭南画派，足见其影响力之大。”陈继春说。

《盛世危言》影响伟人思想

澳门妈阁街亚婆井前地对面，一座曾经依山面水的岭南派院落式大宅日渐成为游客的“打卡”胜地，房宇错落有致，庭院内曲径通幽，如同闹市中的一方净土，令人流连。

澳门博物馆研究员陈丽莲介绍，这是清末杰出的维新改良思想家郑观应的家族故居，故名“郑家大屋”，是澳门仅存的清代岭南民宅院落的代表。

“澳门中西文化融合的环境，激发着各界以开放包容的心态吸收各方所长，融会创新。郑家大屋的建筑风格也是如此。”陈丽莲从事郑观应研究多年，加上负责郑家大屋内的展览馆策划，对每个角落都了熟于心，她介绍，这座大屋的屋顶、梁架结构都运用了中式建筑手法，墙体上随处可见彩绘及泥塑浅浮雕。穿行在内院和走廊中，可以看到多种多样的窗户，而天花、门楣等细节则在岭南建筑风格里糅合了西方的装饰元素。

●郑家大屋内景（姚志豪　摄）

屋如其人。在郑观应的改革主张中也能看到西方先进思想的影响。郑家大屋一侧的展厅内摆放着一部名为《盛世危言》的文集，纸面已经略微泛黄。陈丽莲透露，这部凝结了郑观应改革思想的著作正是在郑家大屋内编撰的。“他在《盛世危言》中提出‘商战为本’的思想，首指兵战不如商战，应该学习西方先进技术，以自强之道战胜列强。”

19世纪70年代以来，郑观应曾被李鸿章委派担任上海机器织布局总办、上海电报分局总办和轮船招商局帮办。彼时他在上海的事业如日中天，突遭一场世界性经济危机，经济和名誉严重受损。沉痛万分的他选择回到澳门的郑家大屋，把自己的理论辑录成影响后世的名作——《盛世危言》，提出“富强救国”的思想。

穿过郑家大屋偌大的庭院，走到尽头便是郑观应出资兴建的房屋，稍显窄小局促。陈丽莲介绍，郑家大屋由郑观应的父亲、弟弟等人于不同时期兴建而成，澳门文化局接管时仅存郑家的部分家具遗物，无从考究郑观应的确切居所。

值得一提的是，大屋内悬挂着不少对联。二楼宽敞气派的会客厅中，一副写有“何须建参赞事功但安所遇　若果明修齐道理无忝尔生”的对联吸引了诸多到访者的驻足品读。“从这些对联中可以窥见郑家家风对郑观应的影响，比如不求很大的功劳，但求安心所遇不愧对一生。”

陈丽莲介绍，《盛世危言》的问世，恰逢甲午中日战争一触即发、民族危机深重之时，因而很快轰动了社会，好评如潮。一时间，京城内外掀起了一股《盛世危言》热，就连光绪皇帝也“不时披览”，并命总理衙门刷印2000部散发给大臣们阅看。此后除了郑观应自己排印外，还有各地书商的大量翻印，因此《盛世危言》的出版数量难以估量。

“作为一位维新思想家，郑观应主张改良反对革命，但他的著作对后来的革命派的影响却是巨大的。”陈丽莲研究发现，康有为、梁启超议会思想的形成皆受益于这部著作，中国民主革命的先行者孙中山也曾与郑观应议论时政，相讨救国救民的路径。郑观应更特意致函向盛宣怀和李鸿章推荐年轻的孙中山。毛泽东在回忆录中忆述，年轻时“读了一本我很喜欢的书，叫《盛世危言》，而且《盛世危言》继续励引我求学的欲望”。

历经百年风雨，如今的郑家大屋经过8年修缮，已经连同澳门21座具有价值的历史建筑及8个广场前地所组成的“澳门历史城区”，在2005年列入联合国教科文组织《世界遗产名录》。而郑观应的诸多思想仍延续至今，为今天的粤港澳大湾区建设提供借鉴和思考。

（毕嘉琪　黄堃媛）

文物看湾区③

“狮子山下”寻踪湾区先民 “四大民系”书写香江传奇

香港开埠历史虽然只有不到200年，先民们在香港的奋斗历程却可以追溯到史前3万年。“广州东南海行，二百里至屯门山。”《新唐书》的记载印证了香港自古就是珠三角东部的出海良港。传说此地附近有溪水甘香可口，往来水手经常到这里取水饮用，因溪水甘香而有了“香江”的美誉；也有一说称此地曾是转运岭南香料的集散港，于是称之为“香港”。

从偏安一隅的小渔村，成长为备受世界瞩目的国际化大都市，离不开来自五湖四海的移民的共同努力。横亘在九龙塘及新界沙田之间的狮子山，更成为他们心目中的精神高地。这头1.4亿年前大自然亲自操刀雕琢的“雄狮”，以拼搏进取、同舟共济的香港精神激励着山下一代代生民。他们共同创造了“东方之珠”的奇迹，也留下了丰富多元的文化遗产。

“同舟人，誓相随，无畏更无惧。”日前，南方日报记者来到狮子山下，深入走访香港历史博物馆，回顾香港近半个世纪的一系列重大考古发现，通过对“四大民系”文脉的深度梳理，重现香江传奇鲜为人知的另一面，为粤港澳大湾区“人文湾区”建设寻找自强不息的动能。

两地专家联手复原香港先民"真容"

海边的沙丘上，几位身披树皮的原始先民钻木取火，捕鱼打猎；不远处的峭壁上，可见大浪湾摩崖石刻……走进"香港故事"的"史前时期香港"展区，栩栩如生的场景还原，立体环绕的海浪声和丛林鸟叫，让人仿佛穿越回千万年前的远古时代。

展区拐角处，装有一具完整"人骨"的玻璃柜吸引了众多游客驻足观看。"这是香港马湾东湾仔北遗址挖掘出来的史前墓葬复制品。"香港历史博物馆馆长邹兴华告诉记者，这件珍贵文物的发现与香港回归同龄。1997年，东湾仔北遗址所在的马湾岛东北角计划进行大型开发工程，香港古物古迹办事处为此启动大规模抢救性考古发掘。这是香港回归祖国后第一个考古发掘项目，也是香港古物古迹处与中国社会科学院考古研究所的首次合作。

邹兴华还记得，当年众多考古学权威专家齐聚香港的盛景，包括时任中国社会科学院考古学研究所研究员、著名人类学家韩康信也亲临现场。"当时我们在很浅的地方发现了人骨，刚开始以为是近代的渔民过世后葬在沙滩上，没想到在人骨旁边竟发现了史前的陶器和石器。"

经专家确认，东湾仔北遗址是一个新石器时代晚期的墓葬区，呈现中国南方百越族的墓葬特点。考古队随后在这片遗址上发掘出20座古墓葬，其中的15座墓葬都保存了古代人体遗骸。在湿热多雨的酸性土壤中，这些距今约4000年前的人骨何以保存至今，仍是一个未解之谜。

韩康信教授根据解剖学的原理，对照人骨比例，将一男一女的头骨进行复原，让外界首次看到4000年前香港先民的"真容"。根据韩康信研究，这些人骨属亚洲蒙古人种，同时呈现热带人种特征。香港和内地文化交流的悠久渊源，也在这次考古得到证实。

据不完全统计，香港目前发现的200多个遗址中，约一半都是史前遗址。比东湾仔北遗址"资历更老"的，还有香港大埔黄地峒遗址。根据香港考古学会和中山大学共同完成的考古调查报告，黄地峒遗址有3万多年的历史，证明香港在旧石器时代晚期已经有人类活动。当地发现的片状石器制作水平高，成为香港最早期的人类活动的见证，也改写了华南地区的文明史。

“大吉番禺”铭文解码香港身世之谜

在“香港故事”展区内，一个用砖石还原的古墓道激起了许多观众“探宝”的好奇心。“这里还原的是李郑屋汉墓的墓室。”邹兴华介绍道。

说到“李郑屋汉墓”，可能很多对香港史有所耳闻的读者都不会感到陌生。它的发现，在当年可是一件轰动一时的大事。1955年，建筑工人在香港深水埗兴建李郑屋徙置大厦时，无意间发现了一座古墓。与百越族墓葬截然不同，这座古墓用砖砌成，墓道呈十字形，由羡道、三间耳室和位于墓中心方底穹窿顶的前室组成。

“这是东汉时期常见的墓室形制。”香港历史博物馆原总馆长、香港中文大学名誉高级研究员丁新豹告诉记者，为了最大限度地向观众展现这

香港历史博物馆还原李郑屋汉墓的墓室场景（姚志豪　郑一见　摄）

一古迹的原貌，他还特意让工作人员对古墓的每一块砖进行标记，在博物馆按比例整体对应还原。

参与这一考古发掘的刘唯迈博士回忆，李郑屋汉墓发现了58件陶器及青铜器，大部分是东汉时期广东地区民间常用的器物。其中，一套四件套的陶制模型，包括井、灶、屋和仓，陶屋上的刻画文反映了当时的瓦顶和木构建筑。陶屋内还有两个人俑，男的忙于舂米，女的背着孩子。它生动地展示本地居民的生活，同时也反映本地的农业和建筑物的发展。

考古队员还在墓砖上发现不同的模印图案和文字。一块墓砖上铭刻的“大吉番禺”四个字，更是香港地区至今为止发现时间最早的中国文字，可以佐证早在2000年前的汉代，香港地区已属番禺县管治。

相比汉墓，香港近30年发掘出土的唐代墓葬数量更多、规模更大，丰富的出土器物让后人窥探出盛世大唐的繁华景象。邹兴华告诉记者，唐代广州设立了市舶司，位于珠江三角洲东岸的香港则是海上贸易的必经之路。据《新唐书》记载，唐朝中叶设立屯门军镇，在今天的香港和深圳沿岸有府兵驻守，保护来往商船。

20世纪80—90年代，考古人员在香港赤鱲角深湾村遗址中发掘出大量唐代青瓷器，还有釉色晶莹的唐代长沙窑的外销瓷；2011至2012年在大屿山北岸的磡头遗址发掘了10座唐代墓葬，出土了做工精致的青铜皮带扣、玻璃戒指、铜发夹等文物；此外，更发现有开元通宝铜钱，以及一角银锭，刻有“万岁　端州”字样。

“四大民系”同舟共济点亮“东方之珠”

穿过琳琅满目的古代文物展区，一艘数米高的巨型帆船让人眼前一亮。“岸上”还有一间几乎1∶1还原的“邓氏宗祠”。祠堂的横梁上，密密麻麻悬挂着的大灯笼代表着人丁兴旺……

随着唐代大庾岭的开凿与宋代珠江三角洲的逐步开垦，香港一带渐渐成为不少南迁移民宜居宜业的乐土。许多老百姓从江西等地迁入广东，也来到如今的香港地区，较为出名的有锦田邓氏、新田泰亨文氏、粉岭彭氏等大家族，其中以邓氏定居时间最早，分布地域最广。

这些从内地迁徙至香港的第一批移民，他们扎根在新界、元朗一带肥沃的平原上繁衍生息，并自称为“本地人”。到了明朝中叶，随着子孙增多，不少大家族开始修撰族谱、建祠堂、祭祖先坟，形成完整的宗族制度。“他们开始登记人口和田地，向朝廷纳税。族中的年轻人还参加科举，这反映了他们与朝廷之间的密切联系。”邹兴华说，这些大族子弟通过科举入仕，参与基层的管治，成为社会的精英阶层。

直到1683年施琅平定台湾，康熙撤销“迁海令”后，朝廷开始考虑恢复沿海地区的经济，鼓励聚居粤东闽南一带山区的客家人向沿海地区迁移。“错过”了良田沃土，迟来的客家人只能通过开垦梯田，在小小的港湾扎下根来。与此同时，来自海陆丰与潮汕地区、属闽南语系的“福佬人”也来到香港，“到了清朝中晚期，香港本地、客家、疍家、福佬四大民系已渐渐形成。”邹兴华说。

数百年来，不同族群在香港聚居，他们和谐共处，安居乐业，留下了丰富多元的非物质文化遗产宝库。香港民俗展区里，一个仿照长洲太平清醮盖搭的巨型场景最受人瞩目。这里不仅有仿真的戏棚，还有数米高的包山和纸扎神像。邹兴华介绍，“抢包山”是国家级非物质文化遗产项目——香港长洲传统节日“太平清醮”的重要环节，起源于福佬民俗。长洲岛每年四月初八都会举行“太平清醮”活动。现场还会举行飘色巡游、舞麒麟、神功戏等活动，场面热闹非凡。

香港开埠后，除广东外，越来越多来自中国内地其他地区的移民来到香港扎根。香港历史博物馆“香港故事”展厅的最后部分，有如一条长长的时光隧道，从20世纪30年代的茶楼、药店、裁缝店、双层巴士，到20世纪60年代的凉茶铺、士多、理发档、工展会会场……都一一予以实景还原。香港成长的每一个镜头，都记录着各地移民与香港同胞共同奋斗的欢笑与泪水。

（毕嘉琪　杨逸　黄堃媛）

文物看湾区④

文史专家解读文化遗产游径 品读湾区千年文化根脉

中秋假期刚过，随即到来的国庆假期又让人追寻“诗和远方”的心，再一次跃跃欲试起来。在文旅深度融合背景下，正在建设的4条粤港澳大湾区文化遗产游径，将为市民出行提供全新选择。

2018年5月，广东省文化和旅游厅会同省自然资源厅、省住房和城乡建设厅联合发布《粤港澳大湾区文化遗产游径建设工作方案》，要求2019年内建成首批4条文化遗产游径，分别是孙中山文化遗产游径、海上丝绸之路文化遗产游径、华侨华人文化遗产游径和古驿道文化遗产游径。

南方日报记者从广东省文化和旅游厅了解到，4条游径目前已完成价值挖掘和初步空间规划，正在进行标识体系建设，已在2019年底前陆续向公众推出。2019年以来，广东多地也陆续推出多条文化主题游径。未来两年，近代商埠开放文化遗产游径、近代西学东渐文化遗产游径、海防史迹文化遗产游径、非物质文化遗产游径（美食、民俗）、历史文化街区游径等线路，也将陆续加入粤港澳大湾区文化遗产游径行列。

南方日报记者走访粤港澳大湾区文化遗产游径重要史迹点，专访省文物考古研究所、省城乡规划设计研究院、广州市岭南建筑研究中心多位专家，为读者率先披露游径设计亮点，并提供文旅出行指引。

“露天博物馆”诉说湾区历史记忆

深入人称中山“绿肺”的五桂山腹地，记者一行踏着被雨水冲刷过的陡峭青石路，拾级而上。石莹桥路界址碑、云迳寺茶亭、通衢土地庙等古驿道遗存逐一进入视线。这就是绵延70多公里、有“中山丝绸之路”或“香山茶马古道”美誉的“岐澳古道”。

岐澳古道联系着中山石岐和澳门两地。中山市党史办原主任郭昉凌介绍，这里曾经是清代广东政府管理海防、管辖澳门的重要通道，也是岭南居民前往澳门经商、参与海外贸易的必经之路。

100多年来，岐澳古道不仅发挥着物资运输、贸易往来的功能，也是国人“开眼看世界”为数不多的几条通道之一：郑观应、张文湛等先贤志士，从这里走向世界，求知探索；以孙中山为代表的香山革命志士，走出了中国民主革命之路；陈芳、容闳、唐廷枢等爱国实干家，在这里开创实业、建设家园。

岐澳古道见证着中华文明走向海洋的曲折探索，也昭示着中华民族抵御外侮的尊严。史料记载，虎门销烟后，鸦片贩子利用澳门抵抗禁烟。钦差大臣林则徐闻讯下令封锁澳门，率员经岐澳古道前往澳门巡视。一条古道，让粤澳两地共同的湾区记忆走到了一起。

经过修缮开发，岐澳古道已成为市民行山健身、探幽访古的绝佳之选。“文化遗产不只有那些躺在博物馆里的文物，湾区城市里同样充满历史记忆。”广东省城乡规划设计研究院规划设计二所副所长徐涵说，“如果说南粤古驿道的开发是为了实现乡村振兴，文化遗产游径的打造就是将史迹点变成‘露天博物馆’，让湾区人读懂大湾区的历史故事，从而唤起文化自信和区域认同感。”

广东省文物考古研究所所长曹劲告诉记者，在2019年打造的首批4条游径背后，都能找到三地相通的文化记忆。孙中山文化遗产游径体现得尤为突出：中山是伟人故里，香港、澳门分别是孙中山求学、行医之处，广州是他革命活动和革命思想传播的重要据点……伟人足迹遍及湾区，成为粤港澳三地一笔宝贵的文化遗产。

多年前，香港就以香港大学为起点，沿般咸道至德己立街为终点，修葺了一条“孙中山史迹径”，全程15站，每站设立纪念牌，以叙述史实的方式，串联孙中山在香港的活动地点及革命故事。

为打造孙中山文化遗产游径，广东省文物考古研究所也对省内孙中山相关史迹点进行梳理，目前共发现233处文化遗产资源点，经过价值分析共有71处获得推荐。目前，中山市正根据孙中山“出生和成长环境”“早期革命活动”“荣归故里”三条线索，对相关史迹点进行梳理。

遗址“讲故事”激发老城“新活力”

针对4条文化遗产游径的不同特色，广东省城乡规划设计研究院参考欧洲文化线路区域型、线型、散点型三种组织框架模式进行规划：孙中山文化遗产游径采用散点型模式，华侨华人文化遗产游径采用区域（廊道）型模式，而海上丝绸之路文化遗产游径和古驿道文化遗产游径则采用线型模式。

海上丝绸之路与南粤古驿道同属“线型文化遗产”。作为海上丝绸之路2000多年来从未关闭的“南大门”，广州“海丝”史迹点最为丰富，多达28处，其中超过一半都是坐落在中心城区的古建筑或古文化遗址，既有光孝寺、怀圣寺光塔、海幢寺等外来宗教入华传播的遗迹，也有南越文王墓、南越国宫署遗址等舶来品出土遗址与墓葬。

位于广州海珠区的黄埔古港，自宋代以来长期在海外贸易中扮演重要角色。依港而建的黄埔古村，商贾云集的繁华景象虽已不复存在，但这里却保留着岭南乡村生活的独特气息。古村里的麻石街、镬耳墙、古祠堂依旧诉说着“夷舟蚁泊”的传奇，多样化和保存完整的古建筑让这里堪称“广府民居博物馆”，为游客带来独特的沉浸式文化旅游体验。

在澳门，大炮台、大三巴牌坊等大部分与“海丝”相关的法定古迹，集中分布在列入《世界遗产名录》的“澳门历史城区”范围内。“粤港澳大湾区许多具有深厚底蕴的历史文化遗产资源都散落在老城区。文化遗产游径的打造将成为改善老城区空间品质的一大契机。”广州市岭南建筑研究中心研究推广部部长郑宇认为，利用游径展现史迹点文化内涵，找出“城市记忆点”，有助老城市焕发新活力。

有关部门统计，广州96%的历史文化街区、70%的历史建筑都集中在老城区。“酒香也怕巷子深”，尽管历史文化遗存丰富，多年来却因分布零散而识别度不高，文化价值未能得到充分展示。

随着粤港澳大湾区文化遗产游径建设工作的启动，广州市规划和自然资源局以“穿越上下两千年，追忆古今羊城事”为主线，将最能体现“广州味道”的“文化散点”串珠成链，策划打造不同主题的9条历史文化步道。其中，长约1.8公里的“珠水丝路”历史文化步径“沙面—圣心大教堂”段，共连接起3处国保、1处省保、8处市保、8处历史建筑，建筑涵盖海关、洋行、教堂、庙宇、会馆等多种类型。

2018年内，广州还将该路段东延至海心沙，重点打造了长10公里、总面积约320公顷（即3.2平方千米）的“珠水丝路文化长廊”，以珠江为纽带挖掘珠江水系的历史文化资源，历史街区保护和修缮工作也将同步推进，以丰富体验内容，提升城市街道活力。

游径选点体现近年考古新发现

海上丝绸之路“南海航线”路途长、支线多，而广东在“南海航线”上的地位、作用均很突出，拥有丰富的水下遗存。随着近年考古工作的推进，许多散落在漫长海岸线的海丝遗迹，也被列入文化遗产游径的史迹点。

大洲湾遗址博物馆坐落在台山上川岛北侧，2018年初刚刚落成。博物馆两层高的木楼如同巨型保护罩将近百平方米的海滩围住。馆内的玻璃地面下陈列着从大洲湾发掘出的瓷器碎片。这些大大小小的古代外销瓷碎片，也给当地留下一个美丽的名字——“花碗坪”。

然而，在2002年以前，并没有人注意到这些瓷片背后究竟有着怎样的传奇。直到考古人员从瓷片的纹样发现它们的“身份”——它们都是来自

●位于江门台山市上川岛的大洲湾遗址（肖雄　摄）

葡萄牙的定制瓷。这证明早在明代正德年间，上川岛就已成为中国和葡萄牙之间的重要贸易岛。

“花碗坪”在2014年被正式命名为大洲湾遗址。这里作为南粤古驿道和海上丝绸之路的交会点，有着特殊意义，也受到越来越多专家学者的关注，如今已成为海上丝绸之路文化遗产游径与古驿道文化遗产游径都绕不开的史迹点。

南粤古驿道近年不少考古发现成果也体现在古驿道文化遗产游径的选点中。与大洲湾遗址一样，肇庆古城驿道遗址也在2018年底被列为15处南粤古驿道重大发现之一。2017年，广东省文物考古研究所对肇庆古城墙遗址朝天门、南熏门、景星门开展了考古发掘。随着从汉代至民国时期的各种陶器、瓷器、玉器、石器、铜器等重见天日，肇庆古城各时期道路资料的空白也得到填补。

除考古上的新发现外，文化遗产游径规划对现有史迹点的价值也进行重新梳理。清末民初，随着近代工业的兴起和广九铁路建成通车，广州东山新河浦一带成为海外华侨定居开发的热点，也形成侨房最为集中的民居街区，以春园、逵园、简园、明园、隅园“五大侨园”最为人所熟知。

“广东很多近现代名人都有华侨背景，也曾在新河浦居住。”曹劲说。比如，简园的主人简琴石是著名书法篆刻家，有“甲骨文入印第一人”之誉。著名作家秦牧的旧居就在启明二马路2号，是东山地区民国建筑群中具有代表性的归侨名人旧居，但却长期不为游客所了解。除秦牧旧居外，冯如、张弼士、陈芳、容闳、陈宜禧等著名华侨和重要侨领的故居或墓地，都通过华侨华人文化遗产游径的发掘再次走进公众视野。

每一个史迹点都见证着华侨华人艰苦奋斗、建设家园、实业救国的历史。如今，游径的串联又将前人留下的足迹活化成后人的精神动能。中山市正在将“四大百货公司”创始人留下的侨房，连同曹边、沙涌、寮后等保护完善、自然环境良好的古村落，整合中山詹园等现有的旅游景区，面向华人华侨与粤港澳青少年开发寻根探古、游学体验等特色线路产品。

在韶关坪石镇，由“三师”志愿者团队发现的抗战时期中山大学等岭南高校办学遗址也受到广泛关注，计划打造为“华南教育历史研学基地”，实现遗址与其他文化遗产游径之间的联动。

（杨逸　黄堃媛　徐子茗　万旋）

寻踪中大“学术抗战”烽火岁月 中大坪石校址被发现

坪石烽火，武水长流。

多年来，地处韶关北部、武江沿岸的坪石镇，只是一座名不见经传的小镇。直到近年宜乐古道的发现与“三师”志愿者在此开展深入调研，小镇一段尘封已久的厚重历史才被揭开。

1938年10月，日本侵略者进犯广东，广州随之沦陷，中山大学紧急西迁至云南。

1940年8月，中山大学在时任校长许崇清的带领下，回迁到粤北乐昌坪石，直到1944年再次迁校。中山大学在韶关办学4年期间，培养学子近2万人。这段“学术抗战”的历史尽管被清楚地记载于中大校史档案中，过

●坪石老街国立中山大学本部定友图书馆片区

去却因几无实物佐证，而渐渐被人遗忘。

日前，“三师”志愿者团队、广东省文物考古研究所、华南理工大学和中山大学的多位教授，在坪石一带进行寻访，重新发现这片鲜为人知的抗战遗址。调研团队还联同广东省立中山图书馆、广东省建筑设计院等多家机构，计划运用文旅融合新思路，将遗址打造为“华南教育历史研学基地”，实现遗址与古驿道和其他文化遗产游径之间的联动。

从残垣断壁还原“学术抗战”史

2019年8月初的一个下午，武江西北岸的三星坪码头边，一位八旬老人正躬着背搓洗衣物，与前来调研的广东省文物考古研究所所长曹劲不期而遇。从攀谈中得知，老人家住在码头几十米开外一座不起眼的青砖房内。房子墙壁斑驳，窗户洞开，瓦片破损稀疏。70多年前，这里正是中山大学工学院院长陈宗南的住所。

1940年，曾一度迁往云南的中山大学，在时任校长许崇清带领下回迁粤北坪石，校本部选址就在今天的坪石老街。最近一个多月来，在当地开展古驿道调研工作的“三师”志愿者团队重新发现这批校舍遗址，并对其背后历史进行了梳理、发掘。

“当年，中大师生都是从这个码头上岸，来到坪石继续学业。坪石老街的广同会馆就是国立中山大学的校本部，各学院都分布在围绕坪石100里的范围之内。”曹劲说。

志愿者们沿着武江两岸的村落寻访，让越来越多的学院旧址“浮”出水面。由于抗战时期的特殊原因，这些学院选址大多分散，有的甚至相距数百里：理学院设在坪石塘口村，法学院设在武阳司村，师范学院设在管埠，文学院设在清洞村，工学院设在三星坪村，医学院和研究所设在乐昌县城，农学院设在湖南省宜章县栗源镇……

“有趣的是，每个学院都设有一个专属码头。”“三师”志愿者周碉分析，当时各学院之间通过武江水路联络，坐船就能往返于不同校舍。

三星坪和对岸的新村，还留有中山大学工学院的残垣断壁。据记载，中大迁至坪石后，办学条件艰苦，各学院建筑多由工学院的虞炳烈教授主持设计。虞教授因地制宜利用杉木板、杉树皮、竹竿等当地建材，以最低成本建造校舍。机械工程系还设有机械工场，专供各系学生实习之用。

调研团队还找到了当年虞炳烈绘制的建筑设计图。不过，史料记载的88所校舍，大部分如今已难觅踪影。坪石老街上曾经鳞次栉比的明清民居商铺，也只剩下20世纪80年代复建的广同会馆，还有位于共和街28—40号的一排青砖黑瓦老屋。

这批抗战时期院校遗址的重新发现，也让坪石当年的辉煌再度回归公众视野。

自1936年粤汉铁路通行后，武江水运风光不再，坪石街货物集散地生意一落千丈。到了抗战期间，随着国立中山大学、岭南大学、培正学院等院校纷至沓来，小小的坪石街又再次热闹起来。不少店铺和住宅也被改造成学校和宿舍。当地还接连开了10余家书店，新建了戏院。

目前，文保部门正计划将坪石老街的国立中山大学本部修缮为坪石办学纪念园，并在此基础上将残留的大戏院遗址改造成小剧院，向当地民众开放，依照老街历史风貌还原。

国立中山大学法学院码头

钩沉抗战英雄的爱国事迹

除现场调研工作外，钩沉粤北“学术抗战”的烽火岁月，还要回到浩如烟海的史料中寻找蛛丝马迹。

连日来，调研团队正在赶制一批“信息柱”，安置在武江边各个学院的“专属码头”上。这些信息柱都是由华南理工大学、中山大学、华南农业大学的各届学子捐资建造的，每个学院的信息柱都独一无二。柱面上将分割成40个用瓷片贴合的小方块。瓷片上将烤制对应学院的图像史料，包括学院标志、校歌校训、杰出师生、档案名册、毕业名册的图片，甚至还有当年学生们做过的考试题目。

“唯一令人遗憾的是建筑工程系。”循着曹劲的指引，记者看到，建筑工程系的信息柱第四层上还留着一个空白格，“这是留给卫梓松的。”

信息柱的空白格背后，有着一段可歌可泣的抗战往事：卫梓松教授当年担任国立中山大学的建筑工程学系主任。在坪石被侵华日军围困期间，卫梓松来不及突围，坚持不受敌人利诱，最终自杀殉国。“遗憾的是，我们在他任教过的北京大学、东北大学等多所高校查找，都找不到一张卫梓松的资料照片。”

事情的转机出现在2019年9月7日。中山大学教授曹天忠意外找到卫梓松先生在北京任教时的照片，几乎同时，华工理工大学施瑛教师也从旧档案中寻得卫先生的历史照片。至此，卫梓松的形象终于浮现在世人面前。

此外，调研团队发现了一封卫梓松夫人曾子砺书写的信件。信中讲述，卫梓松殉国后不久，被葬于坪石附近的山岗上。调研团队目前正对墓址的所在地进行积极搜寻。

坪石烽火的日子是悲壮的，经过炮火洗礼的学术人才，同样硕果累累。曾翻译马克思《资本论》的经济学家王亚南，就在这里初登讲台成为教授，并与李约瑟就学术问题碰撞火花。马思聪、王慕理夫妇练习《思乡曲》的琴声，仍回荡在不少坪石人的心里。“中国核能之父”卢鹤绂、现代稻作科学的奠基人丁颖、化学工程先驱康辛元，都在这里留下了自己的足迹。

当时中大的生活非常艰苦。坪石镇没有妇科医院，物理学教授卢鹤绂的夫人产期将近时，夫妇俩只能乘小舟去火车站，搭火车到湖南的县城，再雇人力车赶往湘雅医院，心急如焚的卢鹤绂甚至还要跟在车后一路助推。回到坪石后，卢鹤绂一边在灯芯草点的油灯下备课，一边还要背着孩子劈柴做菜。

“尽管能在中大的校史档案中找到这些记录，但过去一直没有实物佐证，也少有校史研究者亲身探访。”曹劲告诉记者，调研团队未来将结合现有文献与口述史资料，进行更为细致的实地考证，以期将华南教育抗战历史时期在坪石的这段历史重现在世人眼前。

文旅融合“讲活”坪石抗战故事

在坪石老街上，几栋联排的二层青砖房平凡无奇。据村民回忆，这里曾是当年中山大学校本部的图书馆。当年的中大校友在《精神食粮》一文中回忆：图书馆在圩市中心，木板上是一层鲜绿的厚地毡，用松针铺成，行走起来没有一点声音。图书馆优越的条件为中大坪石师生营造了浓厚的读书风气。

身处战乱时期，学生能在图书馆里看书，已是难得的享受。据记载，中山大学图书馆藏书楼在1934年曾是全国大学之冠，拥有21万册中外图书、90万册杂志，在迁徙中共使用了299个木箱装运。抗战胜利后，主持图书馆事务的教授、中国图书馆学奠基人之一杜定友四处奔波，最终只抢救回3万多册。

在坪石的最后时光，杜定友依然悉心守护着他的爱书，直到1945年8月18日乘坐最后一班火车离开坪石。他不无痛心地写道：“……衣食不继，艰辛备尝。三十年来，积稿盈尺，化为灰烬。人生计划，粉碎无遗。每一念及，痛不欲生。”

记者了解到，在坪石老街图书馆旧址上，规划团队将按史料记载，修缮、还原一座新的图书馆——定友图书馆，当年图书馆以松针作地毯的创意元素，也被吸纳到设计图中。曹劲表示，图书馆建成后，将向当地民众开放，并计划推出关于杜定友的个人陈列展和“三师”志愿者图片展。

然而，重建的校舍遗址只有一小部分，大部分校舍将采用原址保护的方式加以维持。如今，建筑工程学系仅存一面残墙，掩映在密密匝匝的小树林里。但在曹劲看来，这面墙本身就留存着足够的时光印记，只须通过信息牌的呈现，游客便足以读懂背后历史信息的厚重。

10年前，坪石老街的传统风貌建筑因乐昌峡水利枢纽工程而被拆除。庆幸的是，广东省文物考古研究所抢救性地航拍了坪石老街的多栋古建筑和全貌，这些珍贵的影像资料，也将为坪石老街未来的活化利用提供历史原真性依据，帮助游人重返历史时空。

据介绍，坪石武江一带未来将连缀成华南教育历史坪石研学基地，除了组织青年研学外，还可依托丘陵、武江开展定向越野，开拓水上游线。基地还将与古驿道、绿道、碧道等体系联动，成为文旅融合的新探索。“我们希望将这些遗址活化，使之成为当地民众和到访游客能够共享的空间。”曹劲总结道。

（黄堃媛　杨逸）

两百年杨家祠重获“新生”这里曾走出杨匏安

广州东山，喧嚣闹市中的一方静地。春园、简园、逵园和中共三大会址，分布在恤孤院路、新河浦、培正路一带，时间仿佛在这里定格，留存着斑驳的历史印记，这里曾是当年中共三大的会场和部分代表的住处。东山往西不到5公里，同处于闹市区的越华路116号大院内，杨家祠的修缮工作已经完成。2019年4月30日，这座已有两百多年历史的祠堂正式开放。

杨家祠是珠海北山杨氏家族在广州设立的宗族祠，也是杨氏子弟到广州读书应试的居所。20世纪20年代，华南传播马克思主义第一人，中国共产党最早的党员、理论家之一杨匏安在此撰写了大量文章传播马克思主义，完成中共三大的众多秘密筹备工作。杨家祠的修缮引起了广东省政府的高度重视。

重新开放的杨家祠，连同东山近年来修葺一新的春园、简园等，一同诉说着与中共三大相关的一段历史故事。

一段不平凡的红色历史浮出水面

广州越华路商铺林立，密密匝匝的居民楼中，藏匿着一座祠堂。杨家祠又名“泗儒书室”，昔日是一座坐北朝南的两进祠堂。

然而，长久以来，杨家祠蒙尘失修，几乎消失在广州人的视野里。直到2018年南粤古驿道岐澳古道修缮，考古人员展开对杨匏安当年学习和革

修缮中的杨家祠（李细华　摄）

命活动足迹的追溯，这座古老的祠堂和昔日那段不平凡的红色历史，才重新浮出水面。专家们认为，1923年中共三大在广州召开，杨家祠是这次会议的筹备联络处。

广州杨家祠的修复工程被正式提上日程。为修复杨家祠，省文物主管部门牵头组建了一个由党史、文物、建筑、规划、美术专家构成的修缮工作专家组。广州农讲所6位专家组成了文物资料征集小组，相继展开了大量的史料征集工作，多方查证杨匏安和其他早期中共领导人在杨家祠生活及进行马克思主义理论宣传创作和从事革命活动的历史。他们还对多位杨匏安后人进行了口述采访。

“从史料来看，杨匏安正是在杨家祠东厢阁楼的油灯下撰写了大量文章，成为华南地区系统介绍马克思主义的第一人。这无疑是最重要的发现。”农讲所党支部书记黄广宇告诉南方日报记者，为了突显这一重要发现，相关设计单位在保留杨家祠原本面貌的基础上，修复东厢阁楼时，特意复原了一个杨匏安挑灯工作的场景。

文物资料征集小组还发现，杨家祠曾是中共广东区委的活动场所，更是大革命时期中国共产党一个重要的红色活动据点。在党中央工作的瞿秋白、刘少奇、周恩来等常来杨家祠开会，指导广东的工作。

另据杨匏安家人杨淑珍回忆，1922年，杨家祠挂上了“国语讲习所”的招牌，教师都是党内的同志，杨匏安就是主要的教员，教国语注音字母。实质上，“国语讲习所”是掩护党团组织活动的招牌。

在开放后的杨家祠的展览中，观众得以重温这段激荡人心的历史。

用VR技术呈现不复存在的祠堂后座

2018年底，当文保和修复专家重新找到杨家祠时，其保存状况堪忧。专家们甚至需要依靠墙上一块破旧的“广州市登记保护文物单位杨家祠”牌匾才能辨认出祠堂的位置。

“年迈”的祠堂早已面目全非，原本前后两进的祠堂仅余前座。大门口加建一座小屋作为厨房，祠堂西厢仅16平方米的空间被隔成两间屋子，上搭阁楼，下面是会客厅，祠堂中间还建起一座砖房，住进了6户人家。

在祠堂东厢，一条新修的木楼梯通向阁楼，屋顶开了天窗，多根横梁和檩条已经被白蚁蛀空，岌岌可危。

“被发现时杨家祠已经是广业集团的家属楼，住户把空间格局都改变了，像‘鸽子笼’一样。”专家组组长、广东省文物考古研究所所长曹劲回忆起第一次见到杨家祠时的情景。

2019年初，省政府启动了杨家祠的保护修缮和活化利用工作，6户居民得到了妥善安置，修缮工作得以正式启动。

为了还原杨家祠的历史面貌，专家组从县志里找到杨家祠的平面图，再根据回忆录的相关内容、建筑本体内的改建痕迹，结合广府祠堂的特色，去判断、调整杨家祠的修缮方案。

杨家祠修缮过程运用“绣花功夫”还原历史。在杨家祠门前的小道下方50厘米处，埋藏了36块麻石。如果不是因为修缮挖掘，它们还将在此继续“沉睡”。农讲所文物保护保管部副主任孟育东推断，这批斑驳的青石板正是清末民初杨家祠始建时铺筑的。

“把这批麻石安置到原位，让每一位来杨家祠的游客都能踏上这历史的步道。”几个月来，修缮团队不断调整这批麻石的摆放位置，高度、麻石之间缝隙的朝向都有讲究。

“绣花功夫”之外，修缮团队也借用了高科技手段。2019年1月，专家在杨家祠门头意外发现了几处相当精美的传统壁画。由于历史原因，表层可能被涂上了乳胶漆等污染物，这给壁画修复带来很大的难度。

“先将表层的污染物清除。”技术负责人傅英毅想到了一种微粒子喷射技术。这个技术在其他行业应用很普遍，但用来修复文物还处于尝试阶段。

杨家祠门头的两幅壁画如今已经显出真容，画上题字清晰可见，分别为“东坡笠屐”和“雁塔题名”。相比很多古老壁画都无法证实出处，大多以春夏秋冬或父母为题材而言，杨家祠的壁画不仅出处明确，而且题材都与学业相关，具有独特的艺术价值。

“通常文物建筑的修缮要遵循‘不改变原状’的原则，强调建筑属性，对于红色史迹来说，则更看重这个建筑中的人物、事件等历史信息，不是一味追求‘修旧如旧’。”在曹劲看来，杨家祠虽然是一座清代祠堂，但是它跟中共三大、跟杨匏安存在着密切的关系，所以专家组倾向于将它还原到1923年前后的样貌。

由于历史原因，如今杨家祠的草坪和后座等建筑部分都已不复存在，仅余前座。为了让今天的观众更真切感受历史，修复过程中，在祠堂北墙上通过写实绘画与VR（虚拟现实）呈现的虚拟手段，“复原”了杨家祠堂后座与相邻天井原貌。

中共三大会址附近三大侨园修葺一新

随着杨家祠修复开放及东山街区一带与中共三大相关的红色遗迹的修复，1923年的广州红色记忆版图越来越完整。

近年来，中共三大会址附近的春园、逵园、简园三大侨园，陆续修复一新。曹劲撰写了《1923，从杨家祠到恤孤院后街31号》的考证文章，运用文物考古与史料互证的方法，重述1923年前后广州的革命风云。

曹劲认为，当年作为中共三大会议代表住处的春园，在1923年前后扮演过十分重要的角色。如今，春园以“修旧如旧”的方式场景还原了起居室和卧室等原貌，已经成为一个知名红色景点。

2018年，位于培正路13号的简园也修缮完成，白色和浅黄色相间的主楼古雅而庄重。修缮时，考古人员在后院墙中发现一批厚重老砖，规格不同寻常，推测是越秀山明代城墙砖。1918年正值广州市政公所成立，大规模拆除旧城墙、开辟新城区的工程进入高潮。“有史料记载东山地区不少

修葺一新的简园（李细华　摄）

华侨大宅就近从大东门一带寻购拆下来的城砖用作建材，简园用的可能就是这些城砖。”

在史料梳理中，曹劲注意到了一个特殊线索。曾参与简园建设的建筑工人在1972年接受访谈时说道，简园当年由广州发昌建筑店承建，建简园剩余下来的材料在逵园南侧建了一栋民居。这栋民居就是后来被日军炸毁的中共三大会议旧址。

“这个发现解答了长久以来的疑惑，就是会议旧址为何跟周边的洋楼侨房如此不同，仅仅是一幢两层砖木结构的普通房子。”对此曹劲非常欣喜。曹劲透露，关于简园的历史还有许多谜团，研究还在持续进行，同时也在考虑做一个小型展览，待布展结束后会实行预约开放。

修复史迹遗址，也是打捞历史的过程。如今，掩隐于地下的中共三大会议旧址、修葺一新的杨家祠等，共同记录着20世纪20年代那个革命浪潮汹涌、形势如风云变幻的时代。还有更多不为人知的历史细节，也在等待文物保护专家和学者去一一解开。

（黄堃媛　李培）

第五章

对话：走近文博人物　感悟工匠精神

广东省考古所所长曹劲：在岭南老房子里“雕刻时光”

培正一横路8号，隐藏在广州东山口民国小洋楼建筑群中有一幢四层苏式建筑，是广东省文物考古研究所所在地。在改造时，所长曹劲坚持留下年代久远的楼梯木栅、红漆扶手、斑驳的水刷石外墙和水磨石地面，在她眼里这些都是“时光的痕迹”。

“无论哪一个巍峨的古城楼，或一角倾颓的蓂基的灵魂里，无形中都在诉说乃至歌唱时间漫不可信的变迁。”曹劲尤爱梁思成的这句话，这也是她在古建筑保护上的一贯理念。这位建筑学出身的考古专家曾参与广东海上丝绸之路申遗、南粤古驿道保护等重大项目，她牵头的古建筑维修项目两度获得联合国教科文组织亚太区文物古迹保护奖等重要奖项。

知性、优雅是很多人对于曹劲的第一印象，谈话不疾不徐、平和淡定。深受作为中文系教授的父亲影响，从小饱读古诗词的曹劲经常出口成诗，高考选专业却“任性”地全部都填了建筑学。

与待在实验室里的文物修复专家不同，进入文物保护领域29年来，曹劲的足迹遍布广东的乡间田野，还远涉香港、泰国等地。走入一栋栋凝结了时间与空间的老房子，她破解时光密码，用手艺留住老房子的时光痕迹。

给古建筑“望闻问切”

1990年，在华南理工大学建筑系读大四的曹劲面临着“找不到工作”的窘境，以往直接到学校“抢人”的设计院把许多华工学生拒之门外，曹劲索性做好了回安徽工作的打算。

毕业之际，导师邓其生问曹劲，有一家单位多年来一直跟华工建筑系要人，但没人愿意去，你去不去？曹劲想也不想就赶忙点头：“去！”后来才知道这家单位是广东省文物管理委员会办公室，曹劲就这样稀里糊涂地进入了文物保护领域，“报到的时候才知道被这个单位招进来，主要是负责文物修缮”。

最开始的几年里，曹劲频繁到全省各地出差。20世纪90年代初条件较为艰苦，为了维修古建筑，有时候要坐一整夜大巴到乡下。记得为了修复韶关的华林寺塔，曹劲和同事们在村民家里住了一个多月。每逢要洗澡，村民就会在一口平时炒菜的大锅上顺手刷一刷，放到柴火灶上烧水，热水上还漂着一层泛着光的油星。如果想要改善伙食，起早步行到最近的圩市去买肉，起码要走两个多小时。

广东省文物考古研究所所长曹劲在简园前（张迪　摄）

就是在这种条件下，曹劲学会了给古建筑“望闻问切”的技巧。在没有三维激光扫描技术和无人机辅助的年代，要给一座塔做检修，首先要搭脚手架，爬上去全面地勘察测绘，一丝一毫地量塔的尺寸，分析塔的构造，进而复原出建筑图，判定哪个部位存在危险。“有的塔是地基有问题，有的是经过自然风化关键部位已经摇摇欲坠。古建筑就像一个风烛残年的老人，我们要做的就是‘把脉’，诊断出它的‘毛病’，让它延年益寿。”

相对于建筑行业的高薪和风光，文物保护行业是一个不折不扣的“清水衙门”。20多年前初入这一行业，曹劲用“冷僻、冷清、冷场”来形容。对于地产公司、建筑设计公司的高薪邀约有动摇过吗？曹劲说“有过”，但最后她选择了坚守。用她自己的话说是：“无人之处有绝美的风景。”

破解香港及海外古建筑中的“文字密码”

20世纪90年代末，曹劲受单位委派为香港新界大埔头村的祠堂制定修缮方案。其中包括的敬罗家塾是香港新界地区的望族——邓氏家族的家塾兼祠堂，一座三进三开间院落式的清代宗祠建筑，年久失修已破朽不堪。

如何修缮敬罗家塾？曹劲做的事情是了解大埔头村的文化。为此，她花了大量的时间走访邓氏家族中的关键人物，跟村里的“父老们”，也就是年纪最长的村民聊。“我们修缮祠堂的目的是要让它再一次焕发活力，能引发村民的文化认同，延续它的生命，在社区生活重新扮演重要角色。”

敬罗家塾修缮中有一个疑问，其后院有一部分建筑在民国时被嵌入了钢筋混凝土的结构。在整体的修复方案中，是恢复其清代时原汁原味的结构，还是保留民国时期临时仓促的改造？面对专家们两种不同的建议，曹劲选择了听取“父老”的意见，他们都强烈表示不能接受混凝土改造后的祠堂，最后专家们决定把它复原成清代的模样以延续其文化象征意义。修复后的敬罗家塾已经成为香港文物旅游线上的新热点，旅游观光者的赞誉又反过来激发了社区居民的自豪感和宗族凝聚力，推动乡村传统文化的演变和发展。也正因为如此，它获得了联合国教科文组织亚太区文物古迹保护奖优异项目奖。

破解古建筑身上的密码，并非易事。2017年，泰国王室通过大使馆向中国国家文物局提交请求，希望有中国的考古专家能帮他们解答一处古建筑身上的“未解之谜”。身为广东省文物考古研究所所长的曹劲和华南理工大学建筑学院教授郑力鹏受委派去往曼谷，见到了湄南河西岸的火船廊，业主正是泰国“四大米王”之一的华侨陈慈黉家族，火船廊是当年大米商行的所在地。

难倒泰国考古学者的不是火船廊的修复，而是建筑墙壁上的众多壁画和字样。曹劲一到曼谷就被告知，痴迷中国文化的诗琳通公主隔天就要去现场观摩，她得在一天的时间内完成辨认工作。破译“文字密码”对于通读古诗文的曹劲来说不是难事，在仔细辨认后，她发现这些壁画的主题就是古代诗文佳句、潮州传统戏剧故事和一些传统吉祥图案。窗框壁画题写的古诗包括了唐代刘禹锡、杜甫，宋代杨万里、苏轼等的名作。

但有趣的是，由于当时工匠的文化水平有限，诗文的排列出现了混乱，甚至还有很多错别字，比如“水光潋滟晴方好”写成“水关潋滟晴风好”，“白云红叶两悠悠”中的“两悠悠”写成了“两休休”。在曹劲的讲解下，诗琳通公主不仅全程用中文记录诗词含义，用手机拍下曹劲的工作笔记，最后还在一幅壁画的角落工整地签下自己的中文名字和中文纪年日期。

为城市留存“时光的痕迹”

勘察、设计、施工……古建筑修缮是一整套环环相扣的流程。为保障后续工人维修的规范，前期的勘察和设计极为重要。在一张设计图纸上，除了大格局的设定外，连门窗要怎么修补、如何用传统的手法修补灰塑、瓦片和木材如何选择、如何更多地保留老的结构和构件等都要写得周全，才能保证修复结果不出现偏差。

然而，并不是每一次修复都能称心如意。在修复一座民国骑楼时，曹劲一心想要保住一面旧墙，特意设计了新的结构将其固定，并在设计图纸上标明要保留墙面所留下的历史的斑驳痕迹。没想到，现场的施工中，整面墙被工人刷得雪白如新。“当时我们简直欲哭无泪，文物建筑最可贵的地方在于它的那种味道只能通过时间来获得，而不能通过人为的方式来获得。”

曹劲非常坚持一个原则，就是要遵循可识别性。“一个建筑的历史必须是可读的，哪些是旧的，哪些是新的，修复之后，要让今天的人可以看得明白。”也就是说，不能一味追求修旧如旧或者修得全新，要从文化意义的角度去做最小干预。曹劲以一小段修复后的长城为例，这段长城不是老百姓心目中八达岭长城宏伟完整的样子，只剩下残垣断壁，墙壁高低不平，但这确实是古建筑修复专家心中最理想的样子。“古建筑修复专家只是给它加了稳定结构防止其继续倒塌，消除危险性。它经过岁月的洗礼变成现在这样，遍布时光的痕迹，没有必要全部重建起来。”

曹劲还曾主持广东海上丝绸之路博物馆的设计，为“南海Ⅰ号”的出水保护解决了后顾之忧。在还没确定船体打捞方案的情况下，曹劲提前预估好“南海Ⅰ号”的体积、重量、所需空间，以承载最多可能性的方式建好博物馆和人工水体，让船得以一出水就被顺利地运送到“水晶宫”内封存起来。而近年的“古驿道热”中也常常出现曹劲的身影，在她和志愿者们的奔走下，河源粤赣古道、韶关的西京古道等纷纷“变身”古驿道文化精品线路，吸引众多年轻游客，再次融入当下的社会生活。

修了这么多年的古建筑，现在的曹劲更多地在思考如何把“人和房子一起保护”，也就是常说的整体性保护。谈到最近的热点永庆坊，她认为永庆坊的成功之处就在于，城市历史街区的保护在修缮古建筑外，更保留了原住居民的生活，社区居民参与其中一同实现改造更新。

“既保护有价值的古建筑，还要保护生活在那里的居民原有的生活状态和生活方式。我们不希望只留下古建筑的躯壳，而是要让它‘活着’，充满生命的迹象。”曹劲说。

/ 对话 /

古建筑修缮首要是尊重它理解它

南方日报： 从建筑转向文物保护，从事文物保护和建筑设计最大的区别是什么？

曹劲： 建筑设计是去创造一个全新的空间，而古建筑修缮需要克制我们的创造力。面对前人留下来的珍贵遗产，比如一些老祠堂、老民宅，甚至是一口历经千年风雨的古井，我们要做的不是施展自己的创意才华，而是思考如何去保护它，让它更好地被保存下来，并且继续在我们的生活里发挥作用。所以我首要考虑的是去尊重它、理解它、不改变它，在这样一个前提下去消除病害和危险，重现它最初营造的匠心。

南方日报： 近年来有部分古建筑修缮成果不尽如人意，引发公众的热议，这背后是否与文物保护从业人员的缺口有关？

曹劲： 得益于国家的重视，正在有越来越多的人才加入到文物保护修复的行列，但是整个行业的认识和素质还有待提高。比如中国文物古迹保护准则，比如国际上的各种新理念，我们很多行业内的从业人员还了解得不够深入，在不少细节上，贯彻实施得也不够到位。对于文物保护的重要原则如“不改变原装”“最小干预”“可识别性和可逆性”等等，普遍认识不足。此外，对于遗产保护如何融入当下生活，实现可持续发展，也还有待更多的思考和探索。

南方日报： 如何让更多像永庆坊一样的岭南街区重新焕发活力，在文物修缮上需要注意什么？

曹劲： 我们要思考，城市更新是为了谁，谁才是城市的主人，让城市生生不息。现在很多老街区的“活化”往往会赶走原住民，然后把它打造成一个适合网红打卡的旅游地，在里面你听不到乡音，看不到百姓的生活痕迹，实际上是造成城市的文脉断裂。我觉得我们应该做的是保护它的建筑风貌，同时保护原住民的生活状态和方式，增加基础配套设施，创造更多经济发展机会，从而真正实现街区的复兴，不能“留壳不留核”。

（李培　黄堃媛）

西汉南越王博物馆馆长吴凌云：“南越墓长”讲活广州这段古

广州从建城至今已走过2200多个春秋，它的城市中心未曾偏移，在世界城市史上堪称奇迹。在广州的越秀老城区，地下历代文物遗迹盘根错节、层层相叠，无声讲述着这座城市千百年来的沧桑与辉煌。

坐落在越秀山麓的西汉南越王博物馆，是第二代南越王赵眜的陵寝所在。馆长吴凌云被行内人戏称为“墓长”。1991年从中山大学人类学系考古专业毕业以来，吴凌云与南越国遗迹打了28年的交道。

对于“墓长”的称呼，吴凌云毫不介意。“我们就是南越王的守墓人，大家这样叫也是对历史文化的尊重、认同与自豪。”在他看来，守护南越王墓不只是出土珍贵文物，更是守护岭南文化的根脉。这些年来，他如何在南越国残砖瓦片中捡拾历史记忆？为筹建南越王宫博物馆，又有哪些难忘故事？请您聆听“南越墓长”吴凌云的声音。

南越玺印与陶文研究“一鸣惊人”

在解放北路象岗山下，西汉南越王博物馆厚重、庄严的红砂岩外墙映入眼帘。吴凌云以西汉南越王博物馆馆长的身份，在这里度过了7个年头。1991年，吴凌云即将毕业之际，开馆刚三年的南越王博物馆求才若渴。人事干部修书一封，盛情邀他加盟。“那封信很感人，我就义无反顾地来到这里了。当时这里待遇并不是最好的。”他回忆道。

“我选择南越王博物馆有两个原因：这里是考古遗址，也是一座新馆，更能体现我的价值。”就这样，吴凌云将自己的青春奉献给了象岗山。他从博物馆最基层的岗位做起：检票、擦展柜、擦玻璃……各种粗活他都抢着干。半年后，他当上了宣教部副主任。

吴凌云32岁获得副高职称，37岁获得正高职称，这在同行中并不多见。取得这些职称，离不开他过硬的专业本领。其中，对南越国文字的研究是他的代表性成果之一。

秦始皇派五路大军一统南越，为岭南带来了中原先进的技术和制度，也带来了中原地区的文字。随着考古发掘的不断推进，南越王墓里的印章与封泥、南越国宫署遗址出土的砖瓦、南越瓦片坑遗迹和墓葬中的片言只语，都引起了吴凌云的极大兴趣。多年前，他就对岭南地区考古发现的南越玺印与陶文进行汇总，逐一考释，汇编成《考古发现的南越玺印与陶文》一书。

吴凌云系统分析了秦砖汉瓦上的印记和文字，发现不少内容都是当时的制瓦工匠拍印上去的。从拍印文字可以看出，工匠们以籍贯进行编组劳作。他们来自山东、河北、安徽、江苏、福建、四川等地，可以看到岭南与全国来往非常密切。

建筑物料上的涂鸦图案，也没有逃过吴凌云的“法眼”。在南越国宫署遗址的一片残瓦上，他发现有几个戳印人面的形象，面上长着一双大大的耳朵，头顶两侧还长着角。“他们并不是怪物。这双大耳就是‘儋耳’，两只‘角’是越人‘椎髻’发型，这是古代海南岛人的典型特征。”他说。

虽然尚未发现南越国时期有关海南的记载，但吴凌云却提醒人们：不要低估古人对外交往的能力与欲望：“我们在广州不少汉墓里，都发现域外人士形象的陶俑，还有许多海外舶品出土，这足以证明：早期岭南与各地交往比我们想象的要多得多。”

为筹建南越王宫博物馆白了头发

除了南越王博物馆，广州还有一座位于中山四路的南越王宫博物馆，吴凌云见证了那里从蓝图到实景的蝶变。

这里曾是广州秦汉考古的三大发现之二——秦代造船遗址、南越国宫署遗址的所在地。吴凌云还记得，1994年那个阴雨连绵的盛夏，他在考古学界名宿麦英豪的带领下，参与了秦代造船遗址的第二次试掘。三年后，吴凌云再次参加南越国宫署御苑遗迹的发掘，发现了曲流石渠的重要部分——弯月状水池。

南越国宫署遗址是迄今为止发现年代最早的中国宫苑实例，也是广州历史文化名城的精华所在。曲流石渠遗址被发现后，广州市政府斥资1.9亿元赎回地块，对遗址进行原地原状保护。不久，南越国1号宫殿遗迹初露端倪，广州市政府又出资3亿元迁走了儿童公园。

然而，圈地保护之后，博物馆该怎么建？建好后又该怎么管理？在当时的广州文博系统中，既懂文物又懂考古，还有博物馆管理经验的人才并不多。2009年的一天，上级找到吴凌云，希望调他到南越王宫博物馆负责筹建工作，两人在街头边走边聊。

1994年，吴凌云在秦汉船台遗址开展发掘工作（受访者供图）

“没问题，我已经想到了这一天。”此刻，吴凌云没有片刻犹豫。当时，博物馆被要求在2010年广州亚运会开幕前建成并对外展出。繁重的工程好像一座座大山压下来，吴凌云每天都要奔走在设计师、设计单位、建设单位与施工单位之间。“我每天晚上躺下来，一闭眼，眼前都是一件件任务飞来飞去。”

吴凌云带领团队制定了南越王宫、南汉王宫、名城广州两千年、广州古代水井文化等四大陈列方案，每种陈列方案都采取不同的展示方式。吴凌云还大开脑洞，在博物馆三楼1∶1复原了南越国宫苑的曲流石渠，于是就有了南越王宫博物馆最为惊艳的“空中花园”，城市古今风情尽收眼底。

从2003年到2006年，吴凌云参与南越国遗迹申报世界文化遗产的工作，把南越王宫遗址、西汉南越王墓和南越国“水关”水闸遗址三大遗址，捆绑申报世界文化遗产。经过几年的努力，三大遗址纳入了中国申报世界文化遗产的预备名单。

2016年7月，广州南越国宫署遗址、南越王墓遗址等6处史迹点被列入“海上丝绸之路·中国史迹”首批申遗遗产点名单。南越国遗迹同时被纳入两个申遗单位的名录之中，在其中，有吴凌云的一份功劳与汗水。2017年4月20日，国家文物局确定广州为海上丝绸之路申遗牵头城市，联合南京、福州等城市进行海上丝绸之路保护和申遗工作。

西汉南越王博物馆的文物中，有古波斯的银盒、西亚或红海的珍贵乳香、非洲象牙等，吴凌云说，这些都是2000多年前广州面向海洋，作为古代海上丝绸之路重要节点的重要佐证。

力促“南越王”与“秦始皇”跨时空相遇

守护着2万多件（套）馆藏文物，吴凌云经常在思考：博物馆应如何在观众与文物之间搭建桥梁？

到馆不久，他拿着一份计划书找到馆长，提议办一份内部报纸。1993年，第一辑《南越王》正式创刊。他常常独自一人约稿、跑印刷、学排版，这份报纸一直坚持到现在。

从1993年开始，吴凌云在广州的报纸上开设专栏，介绍南越国的历史文化，每周撰写一篇。“我觉得，博物馆更像一家传播机构。我们要用老百姓喜闻乐见的方式，把研究成果向社会展示出来。”他说。

吴凌云常常组织博物馆与外省“联谊”。

2003年，西安秦始皇兵马俑博物馆、汉武帝茂陵、汉景帝阳陵、咸阳博物馆和陕西省历史博物馆赴港举办“秦汉文物精华展”。返程时，在吴凌云的极力邀请下，相关展品来到羊城。一个以“秦皇·汉武·南越王”为主题的大型展览，出现在羊城观众的视野中。南越王墓出土文物被放在大的秦汉文明框架中。

在一些人看来，南越王与秦皇汉武并不在一个“数量级”上，这三个人怎能放到一起？面对质疑，吴凌云解释：中华文明是多元一体的，南越王赵佗是秦始皇派来的将军，而南越国最终被汉武帝所灭，称王称帝的南越王是中国秦汉时代由战争到统一再到和平强大的历史见证，借此更能认识岭南文化与中原文化的深厚渊源。

西汉南越王博物馆不断创新讲述方式，离不开吴凌云的“清奇脑洞”。南越王墓出土的烤乳猪、海鲜、贝类等20多种食物，成为“食在广州”最古老而鲜活的印记。早在2002年，馆方就与广州酒家推出极具学术“含金量”的“南越王宴”，让市民品味“舌尖上的南越国”。他们引经据典，将北民南迁、开发越地的历史写进菜式，再现古国杂食之风。吴凌云就是策划专家之一。

“南越国虽然存在不到百年，却是岭南文化根脉的源头所在。无论是岭南人的衣食住行的习俗，还是包容创新的精神，都能从中找到渊源。”吴凌云说，作为岭南本土文物珍藏最丰富的博物馆，南越王博物馆不只是出土文物的“管家”，更有责任汲取源头活水，滋养当代文化创新。

“既是最纯正的岭南传统文化缩影，也是最新锐的岭南文化创新地标。”这是吴凌云给博物馆的定位。最近几个月，不甘寂寞的“南越王”多次“出巡”，把展览搬到了闹市区，编排南越文物故事展《南越王·潮》，在恒宝广场、五号停机坪、乐峰广场等商业中心亮相，通过说书、历史剧、宫廷舞，向市民讲述南越王宫里的传奇故事。

/ 对话 /

正着力筹建南越国史研究保护中心

南方日报：守护南越国遗址这么多年，您对它有怎样的认知？

吴凌云：南越国是岭南社会的开篇之章。南越文王墓中出土的上万件文物，涉及到岭南社会政治、经济、文化等各方面，为我们打开了一个2000多年前的神秘王国。

中华文明具有多元性、统一性和延续性的特点。从南越王墓中，我们发现了至少有7—8种不同区域文化类型的文物，涵盖了中原文化、巴蜀文化、吴越文化、闽越文化等。这就反映了当时文化兼收并蓄的局面。从地理环境来看，广东背靠五岭，面向大海，气候温暖湿润，受此影响，广东人很早就放眼世界了。

1955年，香港九龙深水埗发现了李郑屋汉墓，出土了写有“大吉番禺”的铭文砖。这证明，汉朝对香港进行了有效的行政管理。秦始皇设立的南海郡，郡治番禺，就是今天的广州。《史记》记载，番禺是当时全国重要的都会，其影响力可能就涵盖了香港和澳门。

南方日报：能介绍下南越王博物馆正在筹建的南越国史研究保护中心吗？

吴凌云：这一研究保护中心楼高三层，主体工程快要建好了。我对这个中心有着特别的憧憬和期待。我觉得，图书也是博物馆藏品的一部分，可能很多人没有意识到。麦英豪先生给我们捐赠了几千册图书，香港中文大学林业强教授捐赠了1万多册各类文物图册，现在已经有4万册的藏书，未来这些图书都会存放在这个中心，公众可以前来阅读，我自己的藏书以后也会捐出来放在这里。我们希望通过这种方式推动南越国文化历史的保护研究。

（宋金绪　杨逸）

“南海I号”考古领队崔勇：与800年古船结下30年缘分

再见崔勇，是在“南海I号”的考古现场。2019年元旦刚过，古船船舱内的文物发掘工作已接近尾声。每天早上8点多，作为考古领队的他会准时来到考古作业平台，跟他的老朋友——“南海I号”相处近8个小时，投入紧张而极具挑战性的工作。

每见崔勇，必有重大考古发现。从2006年佛山高明的古椰贝丘遗址，到2010年汕头南澳岛附近的“南澳I号”，他都是领队。他有着厚实的身板，耿直利落的性格，接受采访时脸上经常挂着汗珠。无论是陆地田野考古30℃的高温作业，还是水下考古变幻莫测的险情，他都扛得住。很难想象，他已是50多岁。

崔勇是广东省文物考古研究所副所长，两届中国考古界最高奖“田野考古奖”的获得者，主持项目数次被列入“全国十大考古发现”之中，他也是中国第一批水下考古队员。但他笑说自己是“野路子出身”，是因为身体好才去学了水下考古。高中时是物理课代表，大学学中文的他，怎么也想不到自己大半辈子和考古结下不解之缘。

当初学水下考古就是为了“南海I号”

广东海上丝绸之路博物馆内，随着考古工作的进展，“南海I号”棕褐色的木质船体从淤泥中裸露出来，这是800年前古船的真身。

在崔勇眼中，这位“老朋友”又像一个新生儿，脆弱、多变，每天都

●崔勇在“南海Ⅰ号”考古现场（王良珏　摄）

有许多难题等着他和团队去破解。崔勇笑说，冥冥中有一种缘分，他曾先后两度与“南海Ⅰ号”擦肩而过，2016年才正式作为“南海Ⅰ号”项目领队回归。

崔勇当初学水下考古就是为了“南海Ⅰ号”。1987年，英国一个打捞公司在阳江和台山海域寻找“莱茵堡号”时碰巧找到“南海Ⅰ号”，捞起了247件器物，崔勇作为代表参与了这批文物的接收工作。为了跟进“南海Ⅰ号”，随后国家博物馆成立了水下考古研究中心，召集的第一批学水下考古的11人名单中，就有崔勇的名字。

2001年，“南海Ⅰ号”调查前期启动，当时最有潜水经验的崔勇潜入深海，第一个在水下摸到了这艘古船，并亲手发掘出一批文物。

此后几年，“南海Ⅰ号”整体打捞的预案反复修订，崔勇暂别水下考古去做陆地遗址研究，他主持的高明古椰贝丘遗址被评为“全国十大考古发现”之一。2006年，崔勇回到“南海Ⅰ号”考古团队不足20天，“南澳Ⅰ号”被发现的消息传来，崔勇又马不停蹄地赶往南澳做了三年的发掘研究，将自己的第二个“全国十大考古发现”之一的荣誉收入囊中。

“我跟它实在太有缘分，所以我回来了。”崔勇说。

暗流、风暴、海蜇、鲨鱼都会威胁水下人员生命

“我一年下水的次数比许多年轻人都多，自己看到的是第一手材料，跟别人告诉你的不一样。”崔勇说。

崔勇常说自己这辈子运气非常好，见证了中国水下考古飞速发展的阶段。作为中国水下考古的第一批队员，崔勇既要学水下考古的理论知识，还得学潜水和实训。崔勇回忆，最初的潜水训练从一个2米多深的游泳池开始，之后逐步加深，到了最后直接在水深超40米的流溪河水库训练，“潜下去时，眼前漆黑一片”。

紧接着就是实战演习。“我们请了澳大利亚的老师来培训，他很有意思，把年纪大、身体不好的分在一组，把身体好、潜水技术好的放在一组，简称为老弱病残组和明星组。”崔勇自己就是明星组的组长，却经常在完成任务时输给老弱病残组，因为水下考古光能力强不行，会遇到各种突发状况，经验和团队精神很重要。

崔勇开始明白水下考古并没有想象中那么好玩，暗流、风暴、海蜇、鲨鱼甚至海洋植物，都会对考古队员造成生命威胁。从1989年起，崔勇参与调查的水域主要集中在南海和渤海，一半以上的海水能见度接近零，危险物近在咫尺都难以觉察。他记得有次在瀛洲湖刚下水20分钟突然游不动了，感觉被水下网绳缠绕。他急忙把手伸到后背试图解开绳子，却越缠越紧。情急之下，他抓住同伴的手放到自己后背上，让同伴用小刀快速割开绳索，才得以脱险。

为了保证安全，崔勇是水下考古安全规程的严格执行者。比如，下水到预定出水时间必须出水，上水速度每分钟不能超过18米。“经常是刚找到发掘地点，拉好尺子，图还没画，时间就到了。”很多年轻考古队员仗着身强力壮，经常忘记时间，急着把事情做完，崔勇就会不断地用喇叭喊话，让他们赶紧上岸。在他看来，安全比工作重要得多。

在“南澳Ⅰ号”的三年，崔勇每天顶着极大的精神压力。27米的水深，不间断下水，从早到晚只要有人下水他都会在一旁盯着。“接近30米深的话，下潜过程中要吸4个大气压的空气，上浮过程又要控制（速度）

●崔勇在海上工作中（受访者供图）

缓慢，否则气泡会从血液析出造成血栓。”项目结束那一天，崔勇长舒了一口气，静静地说了一句“总算结束了”。“我庆幸的不是打捞了多少件文物，做了多少张图，而是我们三年来没有一桩意外事故。”

“南海I号”需要不止一代人的坚守

18年前，崔勇没有采集到太多的考古资料。后来崔勇偶然在电视里看到李济先生用“整体提取”的方法发掘殷墟，崔勇想这或许是个办法，辗转找到了广州打捞局的工程师吴建成。两人做了个20∶1的模拟试验，初步确定沉箱捞船可行。

崔勇不让固定的范式理论去束缚自己的考古工作，他能够跳出考古，从更多维度去综合判断问题。“南海I号”似乎总能刺激出崔勇的“头脑风暴”，除了琢磨怎么提取文物、保护文物，崔勇也开始一个个揭开古船身上的谜团。

2016年重新回到“南海I号”主持考古发掘工作以后，一个问题就不时在他脑子里蹦出来：“南海I号”当年到底发生了什么？它为何沉没？20年来，崔勇参与过的国内各大沉船考古发掘项目，如绥中三道岗沉船、青岛胶南沉船、定海白礁沉船、华光礁一号沉船的片段一个个冒了出来，崔勇也开始有了一个假设：这艘古船很可能是因超载沉没。它与众多沉没的中国古代沉船有一个共同点，采用“铁器在上，瓷器在下”的装载方式。

“我发现这几条古代沉船有一个相似点，船甲板上放铁器，船舱放满瓷器，这样装货会让船的重心变高，牺牲稳性会使摇摆周期变慢，而瓷器放在底部靠近龙骨，摇摆幅度也会变小，可以避免瓷器在航行过程磕磕碰碰，降低货损。但另一个结果就是一旦遭遇大风就很容易超过摇摆极限，导致侧翻沉船。”在一次会议中，崔勇提出了这个在考古界看来特立独行的想法，却意外得到了造船业行家的肯定。

目前“南海I号”船舱内文物提取工作已接近尾声，发现的文物数量大大超过原来预期。崔勇说，接下来，对脆弱不堪的木质船体的保护工作才是最难的。英国玛丽•罗斯号沉船保护工作已经超过了40年，“南海I号”古船船体的后期保护修复按保守估计也需要20—30年的漫长过程，它需要不止一代考古人的默默坚守。

/ 对话 /

崔勇回忆当年在西沙群岛做水下考古的艰苦岁月

海上艰辛作笑谈，犹记汤中鸡太瘦

南方日报：您是如何走上“水下考古”这条路？

崔勇：我其实是学中文的，毕业以后分配到广东省博物馆的文博研究室做秘书。20世纪80年代中期，考古队去发掘广东曲江石峡的一处遗址，我去了现场，参与了一些考古发掘，觉得自己非常感兴趣，后来干脆从文秘岗位调到了考古队，之后又转到了考古所。

1987年发现“南海Ⅰ号”，国家要发展水下考古。当时我想，反正自己是“野路子”出来，身体又好又年轻，干脆就去学潜水。我最大的体会是，考古这一行，总是要边发现边学习。我高中时是物理课代表，师范大学中文系毕业，但一直有理科生的思维和动手能力。

南方日报：“水下考古”的工作有哪些特别之处？

崔勇：在大众眼里，水下考古是神秘且充满奇妙色彩的，但更多时候伴随我们的是艰苦。想到1996年、1998年两次去西沙群岛做水下考古工作，那时候没有冰箱，我们出海带一大块用盐水煮过的猪肉，还带着几十只活鸡。到最后鸡已经很瘦很瘦，做熟后也嚼都嚼不动了，但是煮的汤的味道还在。

长达数月在海上的连续作业，食物来源以海鲜为主。等到我们从西沙回来的时候，饭店老板问我们要不要龙虾，我们摇摇头每人只想点一盘青菜。

所以，我时常把自己的这些经历联想运用到“南海Ⅰ号”考古发掘上。我时常在想，这艘宋代古船当年船员在海上的远洋生活是怎样的，所以我们对于船上出水的植物、动物遗骸很重视，可以根据这些遗骸来分析古人远洋生活的食物结构。

南方日报：看到您前不久选择在一些新媒体节目向公众讲解水下考古，这是为什么？

崔勇：我觉得要改变一种观念，过去总觉得考古是一门清高的行业，但其实考古工作者不能清高，我们有面向大众宣传文化遗产的义务。“南海Ⅰ号”考古发掘，我们引入了“公众考古”的模式。国内只有两处大型考古遗址是边考古发掘边允许公众参观的，另一处就是兵马俑。也许有人会质疑，不会担心考古变成作秀吗？我想说的是，我们不仅要严守专业这一关，还有责任向公众讲好考古的故事。

（李培　黄堃媛　毕嘉琪）

粤博原馆长魏峻：走出一馆之界　开到千家万户

2018年元旦期间，一件能吃进肚子里的文创产品，让广东省博物馆又火了一把：粤博分别以珠江新城新馆“月光宝盒”的建筑外形与正在推出的“风尚：18至19世纪中国外销扇展览”为元素，推出全新文创蛋糕。预约系统甚至一度被“文化吃货”挤瘫。

不少观众都注意到，近年粤博一改广东人“低调务实”的个性，越来越成为舆论热点。2018年12月，粤博馆藏文物登上第二季《国家宝藏》：

●魏峻与被收入《国家宝藏》节目的金漆木雕大神龛（王俊涛　摄）

在《花开岭南，扬波海丝之路》特辑，魏峻带着三件“镇馆之宝”登上央视舞台。“广东竟有如此多有意思的文物宝贝！”岭南重器的风采让全国观众为之倾倒。

随着粤港澳大湾区国家战略的提出，作为代言岭南文化的地标博物馆，粤博将如何挖掘阐发粤港澳三地共有的岭南文化根脉，展现人文湾区形象？2019开年，魏峻接受南方日报记者独家专访，畅谈守护岭南文脉的心得体悟。

抖音玩得“溜”　粤博成了网红馆

魏峻2012年任粤博馆长。此前多年，他是一名资深的“考古人”：博士毕业于北京大学考古系，曾担任广东省文物考古研究所水下考古中心主任以及广东省文物局副局长。他主持的水下文化遗产保护项目“南海Ⅰ号”宋代沉船整体打捞最受公众瞩目。

过去，岭南在以中原为中心的学界观念中，只是不起眼的一隅。深度参与岭南陆上与水下考古、文化遗产保护工作，让魏峻有机会深入系统触

广东文物登上《国家宝藏》节目（广东省博物馆供图）

摸岭南大地的文脉肌理。走上粤博馆长岗位，他对策展模式进行改革，用优质展览为岭南文化“正名”。

粤博对展览选题开展“竞争性选拔”：策展人先报选题，再根据社会投票情况，举办高得票的展览。策展人也不只限于从前的展览部或藏品部，馆内任何一位中级以上专业技术人员，甚至是社会人士，都有望担纲粤博的策展工作。

魏峻介绍，粤博最近已连续5年入围“全国博物馆十大陈列展览精品奖”终评阶段并有所斩获，“而在2012年前，我们只拿过一个单项奖”。2016年，广东省博物馆荣获“全国最具创新力博物馆”称号，这正是对粤博努力取得回报的最好说明。

魏峻策划的“馆长来了”系列导赏活动，赢得不少人气。接触过魏峻的观众，大多对他自信、流利、敏捷的语言表达留下深刻的印象。而网络直播的参与，也使原本只能容纳数十名观众的活动，可以同时被在线分享给超过10万名观众。

现在粤博在抖音等新媒体方面同样玩得很“溜”。2018年“5·18”刷屏抖音“文物戏精大会”中，粤博就贡献了三个“戏精”，让人记忆犹新。在魏峻看来，博物馆要发展，必须放下身段，跟年轻人的生活结合起来，通过这种方式，让更多的年轻人看见博物馆里究竟有什么宝贝。

“我们博物馆的面积不是全国最大的，藏品精美程度也不是全国最好的，但我们博物馆的美誉度，特别是综合管理水平，是走在全国前列的。”谈及粤博的全国排名，魏峻满是自豪感。2018年出炉的“2014—2016年度国家一级博物馆运行评估”，广东省博物馆名列全国第二。

“广东文创联盟”将向大湾区扩展

魏峻一直有一个愿景，就是将粤博打造为“无边界博物馆”。近年来，省博物馆走出了一馆之界，“开”到商店里，“开”到地铁里，“开”到机场里。2018年5月30日，作为全国首家在机场开设的博物馆体验馆，广东省博物馆文创体验馆在白云国际机场二号航站区正式开业，向南来北往的旅客展示活生生的岭南文化。

“体验馆”为粤博带来了品牌效应与经济效益。不久前，深圳机场也向粤博抛出了“绣球”。据悉，省内各博物馆文创板块超过70%的营业额都来自广东省博物馆。但魏峻说：“‘体验馆’不是‘文创店’，销售不是我们的主要目的，更重要的是让南来北往的候机旅客能用很短时间，通过活动和产品认识岭南文化。”

由广东省博物馆牵头发起的“广东文创联盟”在2018年正式召开成立大会。与其他省区的博物馆文创联盟不同，“广东文创联盟”不设门槛，而是整合了文化创意产业上下游的各种资源。第一批80多家会员单位，就包括美术馆、图书馆、文化馆、非遗中心等机构，也有企业等社会力量加盟，业务涵盖设计、制造、金融、销售等方方面面。

“广东文创联盟”以“大文化”为统领，以“全产业链”为合作模式。魏峻透露，这一崭新尝试未来将向大湾区进一步扩展，实现区域协同发展。

●粤博推出的全新文创蛋糕（广东省博物馆供图）

/ 对话 /

大量文物可印证粤港澳文化同根

南方日报： 从事考古发掘工作的个人经历，给您对岭南文化的认知带来哪些变化？

魏峻： 中华早期文明“多元一体”的格局得到越来越普遍的承认。岭南文化是中华文明“多元一体”的组成部分，我在北大考古系读书时，就已经接受这个理念。

我2002年到广东省文物考古研究所后，先是两年多时间在榕江流域开展考古调查。这个考古项目是由饶宗颐先生和北京大学李伯谦教授共同提出的。榕江流域考古有不少研究成果，我们系统调查了流域内的近200处先秦遗址，发掘了普宁虎头埔新石器时代窑址群、揭阳面头岭战国晚期墓地等，证实了饶老对粤东先秦文化的许多设想，而且还在此基础上，延伸了榕江流域文化的证据链条，从旧石器时代一直延伸到汉代，将粤东地区将近1万年的文化序列基本梳理清楚。

研究发现：岭南在中原文化面向东南亚、太平洋地区传播中，一直起到“桥头堡”的作用。而岭南文化也有许多细小的分支，比如珠三角地区和省内其他地区都有独特的个性：仅仅拿遗址类型来说，珠三角以沙丘、贝丘遗址为主，粤东、粤西的旷野遗址居多，而洞穴遗址则是粤北的特点。我们建立起完整的谱系后，可以将广东与广西、福建等地区进行横向比较，从而清晰看到文化交流的轨迹。

港澳与珠三角地区早期文化的发展模式是相同的，比如沙丘和贝丘遗址，在港澳也有同样发现。三地新石器时代文化序列都以彩陶文化为开端，后续发展过程也非常相似。所以说，粤港澳大湾区的文化根脉是完全相同的。这提升了我们讲好“湾区故事”的文化自信，我们有充足的文物可以说明。

南方日报： 您如何根据粤博馆藏定位发展方向？

魏峻： 从文物的精美程度来说，粤博肯定不如北方地区很多大型博物馆，这是客观事实。但我们粤博特色也很明显，我们建馆的时间比较长，从1959年正式开放至今已有60年。我们馆藏文物体系特别完整。广州是当时文物出口的重要港口之一，也将来自全国各地一批很好的文物留给了粤博。粤博书画、陶瓷收藏在全国都是名列前茅的。体系完整有助我们举办原创性展览，这个条件是很多博物馆达不到的。

近年来，我们也更加注重岭南地方特色文化馆藏的征集，如潮州木雕、端砚等非遗项目。外销艺术品也是我们重点征集方向。明清以后，广州成为中国最早进入全球化进程的地区，特别是长时间实行“一口通商”，大量商品需要在周边地区生产。现在广东省博物馆外销艺术品收藏大概有2万多件，我可以很自豪地说，它们的品质和数量在全国博物馆里都是最好的。

过去人们觉得外销商品艺术价值不高，例如10多年前我们从香港征集一批外销壁纸、外销画时，并不被一些专家看好。但时间证明我们当年的选择是对的，馆藏建设需要长远眼光，我们原来征集花的经费基本上只是现在同类文物价格的零头。

南方日报：担任馆长以来，您对文物新媒体传播做了不少创新尝试，粤博文物应如何宣传包装讲好故事？

魏峻：博物馆需要转变讲故事的方式，包括更新展陈方式，开展公共教育活动。我们2018年开展了660多场公共教育活动，这个排名在全国是很靠前的。活动入场券基本一上线就“秒空”。与媒体合作也给我们带来不少新思路，粤博文物刚刚亮相《国家宝藏》，我们尝试用一种跳出文物看文物的角度，对岭南文化有全新形式的阐释和解读，也是我们今后努力的方向。

粤博正牵头港澳博物馆共同策划名为“三城记”的文物大展，计划2020年推出在粤博首展后，开赴港澳巡展。这个展览将以文物、史料为主，多角度展示穗港澳三座城市同根共源，却又别具一格的人文生态。三地博物馆联合推出的“粤港澳博物馆通行证”，能为持证游客提供折扣等优惠和更加便捷的参观服务。

（杨逸　李培）

粤博“寻宝人”白芳：穿越大半个地球去“淘宝”

位于广东省博物馆三楼的“广东历史文化陈列”展厅内，陈放着一批绚丽夺目的“洋货”：精美绝伦的广彩，巧夺天工的广雕，风靡一时的外销画……它们静静地陈列在展柜内，历经百载时光的淘洗、万里海波的颠簸，却依然熠熠生辉，昔日十三行广船云集的盛景，再次浮现眼前。

珍贵的馆藏是“海丝”故事的讲述者，也是广东开放与兼容的见证人。它们得以“回家团聚”，离不开一群“幕后功臣”的努力。广东省博物馆陈列展示中心主任、研究馆员白芳就是其中一员，从2005年开始，她四处奔走，重点向欧美机构、藏家征集珍贵的外销艺术品。其中，在英国征集到的清乾隆《广州手绘农耕商贸图》外销壁纸更被评定为国家一级文物。

征集工作前后10余年，是怎样的初心激励他们找寻异国他乡的文物？跨境“淘宝”需要怎样的眼力与触觉？让国宝“回家”又遇到哪些艰难？白芳将亲自讲述，带您走近博物馆背后的“寻宝人”，听听他们鲜为人知的寻宝故事。

/ 初战告捷 /
填补外销壁纸藏品空白

刚步入广东省博物馆工作不久，白芳便在业界小有名气。2003年，从中山大学历史系毕业不久的她，成为当时粤博招收的首位博士。

●白芳（王良珏　摄）

走进粤博的第二年，恰逢新馆在珠江新城奠基。经过研究论证，广东省博物馆将未来馆藏重点征集方向，定位在体现岭南文化，特别是广东海洋文明与海外贸易的文物上。初出茅庐的白芳，挑起了“广东历史文化陈列”展厅“扬帆世界”板块策展工作的大梁。

海上丝路故事的主角多是外销艺术品和水下考古出水的器物。“然而，当时国内市场几乎没有外销艺术品。学界对外销艺术品的认识也仅限于外销瓷，其余可以说是一片空白。”白芳说。为此，她将寻宝的线索转向海外，向欧美机构和藏家征集流散海外的外销艺术品。

英国的马丁•格里高里画廊（Martyn Gregory Gallery），以对中国外销画的收藏和研究蜚声世界，由外销画专家孔佩特（Patrick Conner）博士担任策展人。这家画廊每年都会在香港举办专题展会。

2007年，经香港同行的介绍，白芳发了一封邮件给孔佩特询问展会情况，“他寄来了展览图录，一看有好几件我们都很有兴趣，比如外销画和外销壁纸等，随后他给出相关文物的报价”。

为了让准备更充分，白芳一边与孔佩特反复通过邮件沟通，一边搜集意向文物的信息，同时报告粤博馆领导，“大家开会讨论，征求专家的意见，准备购买哪些文物，能承受的价格是多少等等”。

专题展会在香港中环的一栋写字楼中开幕了。2007年11月19日，在粤博时任副馆长莫鹏的带领下，鉴定专家和白芳等人一起前往香港。按照粤博的规定，在征集文物时，鉴定专家要看到实物，现场给出意见，同时实行一票否决制，只要有一位专家质疑或者不同意，就无法征集。

香港研究外销画的两位专家丁新豹和刘凤霞也来助阵。经过专家一致首肯，当场征集到乾隆年间的《市井风情图》外销壁纸、两幅《十三行风光》、一幅《黄埔风光》外销画、一套外销玻璃画等，共计8件（套）。

白芳初战告捷。这是广东省博物馆首次打通境外征集文物的渠道。《市井风情图》成为国内博物馆首次入藏的外销壁纸实物，外销玻璃画也填补了馆藏空白。这批文物为十三行研究提供了难得的实物证明。

/ 力排众议 /

购回珠江版“清明上河图”

新的线索不断传来。2007年底，孔佩特告知白芳，著名外销画家煜呱（Youqua）的《广州港全景图》外销画现身市场，该作长达2米。“煜呱的作品本身就很有名，这么大的尺幅更是罕见。”名画发现的消息打动了白芳，然而，好些专家却认为外销画只是商品，艺术价值不高，不同意征集。

白芳并没有退缩，她认真备课，力排众议，说服有关专家。“全景图蕴含的历史价值很高，描绘了1845年前后的十三行全景风光，在当时非常罕见。”

丁新豹和刘凤霞再次出马，予以支持。

专家初步同意征集后，白芳立即与孔佩特洽谈：对方把文物运到香港，粤博到香港看到实物后再最终确定；如果粤博不购买，则承担运费、保险等费用。

很快，白芳和粤博的专家再次来到香港，在一家艺术品公司的仓库中见到了这幅《广州港全景图》。当晚，专家达成一致，准备征集。

第二天上午，白芳带着专家又来到仓库中，这次主要是谈判价格。经过一番还价，最终以100多万元人民币成交。

申报程序也让《广州港全景图》入藏颇费周章。当时，粤博尚未取得文物进口减免税的资格。为节省关税等费用，团队先后请示广东省文化厅、国家文物局、中国海关等部门。在这份请示报告中，专家给出的文物级别是国家一级。

《广州港全景图》在2008年12月顺利“回家”。它以精湛的洋画技巧，翔实记录19世纪40年代的广州风貌，为同时期国内其他城市所罕见，堪称珠江版“清明上河图”。在广州，经过更大范围内的专家讨论，《广州港全景图》最终被评定为国家二级文物。

/ 差点谈崩 /

最珍贵文物最后半卖半送

从征集外销艺术品的成功案例中，白芳不断总结“淘宝”经验。通过孔佩特的介绍，白芳海外“淘宝”的朋友圈不断扩大；而英美的多家艺术品公司开始主动提供线索。

2011年4月，阿特比利特公司推荐了一套外销壁纸图片，抓住了白芳的眼球。壁纸高约3米，共由12幅组成，总面积约有40平方米，十分壮观，清代广州农耕商贸的场景在壁纸上栩栩如生。这让嗅觉敏感的白芳顿时兴奋。

根据收藏记录，这幅壁纸来源于英国约克郡一级历史保护建筑——夏活庄园大宅（Harewood House）。对方开出了1000多万元的高价。

白芳和同事们冷静应对，立刻对文物的身世大“起底”：这幅作品全称为清乾隆《广州手绘农耕商贸图》外销壁纸，是夏活伯爵拉斯切利斯家族（Lascelles Family）旧藏。文献记载，亨利·拉斯切利斯是东印度公司商船“约克号”的船长，曾在1741—1748年三次乘“约克号”到访广州，这套壁纸是亨利“海淘”所得的商品之一。“中国风”退潮后，夏活伯爵后人把这幅壁纸从墙上撤下来。直到20世纪初，这套被亚麻布捆起来近百年之久的壁纸，才“重现江湖”。

“我们不但要对壁纸的来龙去脉、学术价值、历史价值研究透彻，还要做好谈判方案。”当年8月，白芳和同事们征得专家的初步同意，并向上级部门报告。经研究，当即决定，先让英国公司把文物运到香港，当面商议。

三个月后，白芳和专家又一次来到香港某艺术品公司的仓库中。焦点集中在价格上。阿特比利特的老板派出一名华人代表与专家团队谈判。

“对方坚持不肯让步，从下午一直谈到晚上，没谈成。”白芳等人回到住宿的酒店中辗转反侧，甚至做好了谈不成就承担运费的最坏打算。

第二天，白芳和专家干脆直接找到老板，晓之以理，动之以情。“对方更希望让公立博物馆收藏，我们告知对方，以后要做展览，面向社会公众展出，会好好保藏。同时，还可以给对方捐赠证书。”

这位老板被说服了。于是，就以专家鉴定的价格成交，“和原来的报价相比，几乎相当于半卖半送”。

《广州手绘农耕商贸图》外销壁纸被评定为国家一级文物。迄今为止，这套壁纸是中国文博界收藏的最大最完整的清代外销壁纸。

/ 努力发掘 /
还原外销艺术品地位

在香港，每年10月前后都会有一场古玩及艺术品博览会（Fine Art Asia），从2005年到2014年，白芳几乎每年都去香港1—2次参加博览会，有时也有意外惊喜。

2013年10月，时任粤博馆长的魏峻率鉴定专家和白芳来到香港参加展会，此行主要是冲着马丁·格里高里画廊的外销画来的，却无意中发现英国Gibson古董店在出售一套12幅纸本水粉制茶图，每幅均高34厘米、宽45厘米，描绘了茶叶从播种到出口运输的全过程，活灵活现。而且是清代乾嘉之际的作品，时代早，尺幅大，画工精细，是同类外销画题材中的精品。

鉴定专家当场给出意见，办理成交手续。“这组外销画逼真写实地以图像形式记录了广州外销茶从栽培、种植、采摘、加工、收购到出口的各个环节，为我们深入开展茶叶贸易史的研究提供了珍贵的图像印证资料，是一批具有相当艺术价值和珍贵史料价值的文物。”

水下沉船的出水瓷器也是粤博重点征集的方向。2013年4月，魏峻得到线索，瑞典人史坦的南海海洋考古公司与马来西亚政府合作，打捞了多艘沉船，手中有比较多可以出售的海捞瓷，主要是明代瓷器。

“有的专家一听说是海捞瓷，就撇撇嘴，他们觉得官窑的瓷器才有价值。”白芳则认为，这些海捞瓷是海上丝绸之路文物，从年代上说，有的是明代万历晚期的沉船，与万历早期的“南澳I号”互为参照，对于讲好“海丝”故事很有帮助。

提议通过后，魏峻带着鉴定专家和白芳一起赶到马来西亚，“专家当场同意”。这次，粤博一共征集了100多件瓷器，花了100多万元人民币。2015年，“牵星过洋——万历时代的海贸传奇”展览在粤博展出，其中相当一部分展品就来自这次征集。

从2005年到2015年，白芳和同事一起，累计征集近千件外销艺术品和外销瓷器，为广东省博物馆讲述海上丝绸之路的辉煌提供了大批实物。截至2016年底，粤博收藏有外销艺术品30余种，总数超过2万件。这些文物已成为粤博最具特色的馆藏。

最让白芳感到欣慰的，还是通过他们的努力，让外销艺术品应有的学术地位得以还原：“在照相机普及前，外销画就是当时的‘手绘照片’。它不但留下那个时代的城市风貌，也让东西方两个世界借此展开对话。”

（宋金绪　杨逸）

黏土工匠潘建得：让一把“泥巴”讲故事

第十四届深圳文博会，广东省全省21个地级以上市全部参展，再一次实现了“满堂红”，不少市已经连续多年组团参展，除了传统传承外，创新发展的意味更浓。肇庆馆中一部正在播放的黏土定格动画就吸引了不少人围观。

很多人可能会疑惑，一把“泥巴”可以玩出什么花样？哎，可别小瞧它，“70后”潘建得“玩泥巴”已经30多年了。2013年，一次软陶爱好者聚会让潘建得认识了黏土动画，并由此踏上了黏土快乐修炼之旅，和队友合作的动画还登陆了央视。橡皮泥、蜡甚至是西江边上的淤泥，几乎没有他没玩过的。

如今，潘建得不仅设计了表现家乡本土饮食文化的“裹哥”“蒸妹”卡通形象，在他的指导下，动画工作室的小学生学员们制作的《小草》在2017年还拿到了“新光奖”中小学生定格动画“最佳创意奖”。

把传统文化“捏”进去

文博会“青砖朱门”的肇庆馆里，端砚、木雕、四会玉器、广宁绿玉令人眼花缭乱，但并没有让人停留太久。毕竟，这些传统工艺美术作品作为当地的文化名片，此前已在文博会上多次亮相。

●潘建得在 2018 深圳文博会现场介绍最新的黏土作品（周豫　摄）

开幕当天，潘建得一大早就带着学员们来到会场，将最新的黏土作品摆上展示架。虽然这已是他第二次参加文博会，但他内心依然有点忐忑：自己的展位在角落里，前面还有国家级传承人现场表演端砚制作，规格很高，而他只是个痴迷于“玩泥巴”的人。

潘建得是个标准的“70后”，“玩泥巴”已经30多年了。“小时候，我性格很内向，一个人随手在地里抓一把泥，便可以玩很久，玩泥巴能让我专注而放松。”橡皮泥、蜡甚至是西江边上别人避之唯恐不及的淤泥，都成了潘建得最喜爱的“玩具”。

黏土这种指尖上的艺术，揉一揉、搓一搓、捏一捏，就能将无型的黏土设计成他想象的样子。黏土这种天然的材料给了潘建得最初的艺术快乐，最终也变成了他最佳的情感表达方式。

一直以来，潘建得玩的材料都以超轻黏土和软陶居多，前者可以自然风干，后者则需要烤制。中国虽然是瓷器大国，但软陶却是“舶来品”，是一种人工的低温聚合黏土。它们与传统的陶土相比，由于色彩更丰富，质感又比较像塑胶，用来制作摆件、装饰品，更为美观且实用性更强。软陶与中国传统的面塑颇有几分相似。如今潘建得已有了不少“粉丝”，尤其是2017年参加了文博会后，更多人知道了潘建得和他的工作室。

在并不算大的展示架上，摆放着一个微缩版的茶坊。整个茶坊比巴掌大不了多少，只有一桌两椅、一壶两盏。一红一白两块小小软泥，通过揉片、粘合、折叠、切割、揉捏，就形成了一片片带着纹理的物件。红色纹理分明，白的毫无杂质，相映成趣，无比和谐。更奇特的是，茶坊的老板和来客都不是人，而是两只毛猴，一只怀里还抱着张“拾元大钞”，那钞票竟然比猴身还要宽大，可见这猴身形之微小。

“毛猴起源于清道光年间，一名小伙计无意间用辛夷等各种中药材创造出毛猴。后逐渐在民间流传，是有着上百年历史的老北京玩意儿，但新中国成立后由于无人制作曾经绝迹了几十年。”潘建得对南方日报记者说。这款作品是他按照北京客户的要求定制的，目的也是通过“新手艺”留住“老手艺”。

“小泥巴”玩出“大花样”

一把泥，究竟可以玩出什么花样？潘建得用满架的作品解答了文博会上好奇的围观者。

脸庞圆圆的Q版包公、眼睛大肚子圆的“粽子”、笑脸灿烂的“砂糖橘”……在并不算大的陈列架上，各种用黏土制成的小人偶琳琅满目，造型各异、色彩缤纷。尤其是包公、龙母、利玛窦、莫宣卿这些根据当地历史人物创作的巴掌大小的“泥人儿”，一上架就立马有参观者过来询问。

一位外省的参观者指着桌子上的文化衫，问“上面这对胖滚滚的绿色人偶有什么来头”，其实，这是潘建得2017年根据肇庆的地道美食“裹蒸”创作的一对黏土人偶，底座边长不到5厘米，外形敦厚可爱，又契合当地饮食文化，一诞生就成了肇庆的新“代言人”。“如今我们开发了贴纸、T恤等系列周边，还制作了一套手机表情包。”潘建得说。

不仅如此，近年来潘建得还开始尝试制作黏土动画。说着，他打开电脑，播放了一段动画：肚子胖滚滚的大眼粽子“裹哥”，城门旁柴火烈烈随风而动，而从蒸笼里新鲜“出炉”的，正是“裹哥”和“蒸妹”这两个裹蒸形状、敦厚可爱的黏土卡通……

如果说过去十几年，潘建得对泥土的痴迷还处于自娱自乐的状态，那么2013年的那次北京之行，则让他看到了黏土这门手艺的更多可能性。

2013年初，他到北京参加了全国性的软陶爱好者聚会，认识了从小酷爱立体造型的当代黏土动画艺术家路岩。随后，潘建得加入了公益组织——“守艺”工作室，开始着手准备央视一套马年春节黏土动画的制作。

这是最累的动画拍摄形式，一秒24帧的动画必须全靠工作人员手动“摆拍”，一天能完成两三秒就算很了不得了，每一个人物、每一个场景都需要动画师手工制作、润色，小到一盆花，大到一栋楼，都要这样一点一点地细致刻画。为了让人物表情丰富，还需要制作不同表情的面部部件，每个部件可能只会使用一次。

用潘建得的话说，简直“不疯魔不成活”。

由于并没有接受过专业的动画培训，刚接触黏土动画的时候，潘建得和工作室其他大多数成员一样只擅长人偶制作，“对于视觉和电视制作规律，感觉很棘手”。

更不巧的是，马年央视一套的春节宣传片制作周期特别紧张，从前期策划到完成一共不到3个月。最早的时候，项目还是在央视数码的一个摄影棚进行的，结果制作进行到中期他们被告知摄影棚马上要拆迁，没办法只能继续找其他场地。

“光前期打包就准备了两个星期左右，黏土动画的道具都特别金贵，不能磕也不能碰，零零碎碎还特别多。尤其你做到一半的时候，很多东西都没做完，必须保持原状，不然搬完之后就接不上了。”回忆起那段经历，潘建得至今印象深刻。

所幸，有个朋友是艺术营的负责人，刚好有一块地方空着，就暂时借给项目组了。那是北京最冷的3个月，几个人在一个1200平方米的厂房里，没有暖气，屋里甚至比外面还冷，屋里的人都“流着鼻涕做事”，电暖气买一堆围着都没用。

就这样，这个动画项目在缺钱、缺场地、缺时间的情况下完成了。动画一播出，这种新颖的栏目包装形式充满了趣味与中国特色，让大众对黏土这门手艺的印象一下子就改变了。

逐帧去实现的“动画梦”

一块黏土、一把刻刀、一支笔、一架摄像机，这便是一部活灵活现又讨巧的黏土动画的全部“家当”，看似简单，背后的工作实则相当烦琐，即便是对于潘建得这样在黏土这条传统手工艺路上已经坚持了数十年的人而言。

“现在我们通常所指的定格动画一般都是由黏土偶、木偶或混合材料的角色来演出的。这种动画形式的历史其实非常古老，近两三奥斯卡最佳动画短片里不少都是定格动画。”令潘建得有些失落的是，虽然定格动画在国外非常流行，但在国内反倒是近两年才渐渐兴起。

一撇小胡子，扎着个小马尾，讲起话来掷地有声的潘建得看上去酷酷的，其实内心总有一股气在憋着：“20世纪50年代中国有《神笔马良》这样里程碑式的动画电影，20世纪80年代的《阿凡提的故事》也是用木偶制作的定格动画，为什么到了我们这一代反而没有拿得出手的作品呢？”

“独乐乐不如众乐乐。虽然黏土动画在国内不是一个‘爆棚’的行业，但我相信所有看过它的人，都会爱上它。”潘建得说。

2016年，在肇庆包公文化园旁，潘建得开设了当地唯一一间黏土动画工作室。短短一年，当地4名小学生就在他的指导下凭借名叫《小草》的黏土动画作品拿到了“新光奖”中国西安第六届国际原创动漫大赛中小学生定格动画最佳创意奖。

因为定格动画由逐帧拍摄制作而成，角色动作要连贯、剧情发展要顺畅，必须要做好道具，每拍一张相片，都要重新捏角色、摆动作，这活儿细致、琐碎得令人难以想象。制好黏土偶后，还要再将场景摆好，并逐格地拍摄对象，才能合成使之连续放映。

《小草》的时长虽然只有3分钟，却需要拍摄1000张相片，4个孩子整整花了一个月时间才完成。

作为他们的指导老师，潘建得很欣慰，虽然剧本是他制定的，但孩子们都有发挥自己的审美意趣，在创作的过程中古灵精怪的想法也从未断过，“制作黏土动画需要用到数学、语文、美术、音乐等多个学科的知识，最重要的是，它能让人静下心来专注地做好一件事”。

现在，黏土动画的运用领域越来越广泛，包括游戏、短视频等当下最热门的文化产业“风口”，但潘建得依然希望能有机会制作一部中国原创的黏土动画长片。“目前工作室有些项目还不得不通过众筹平台来筹措制作经费，我们也希望‘裹哥’和‘蒸妹’这类本土文化作品，有机会通过文博会这个大平台向更多人推广。”潘建得说。

“虽然这条路会很漫长，但我无论如何也会坚持下去。”他说。

（周豫）

马尾绣娘宋水仙：
山里土花布接单上百万元

40多年前乏人问津的贵州水族马尾绣，在第十四届文博会上“摇身一变”，绣在了奢侈品牌包上。

“以前卖不出去，几十块都没人要，在我们当地就是很土的土花布，没想到在2018年的深圳文博会上，这款马尾绣手包能卖到16800元，假如按绣娘的工时来定价，一小时将近100元！”来自贵州省三都水族自治县的宋水仙兴奋地说。

身为国家非物质文化遗产马尾绣的传承人，宋水仙已连续多年参加文博会。“文博会见证了‘马尾绣’一年比一年‘高大上’的过程！”宋水仙透露，自2015年起，她在文博会上已接到逾百万元的订单。

马尾绣当年一度没落

在贵州省的黔东南地区，只有41万人口的水族，因拥有国家级非物质文化遗产马尾绣而出名。马尾绣，是水族妇女世代传承的以马尾作为重要原材料的一种特殊刺绣技艺，根据水族妇女在生活中所见所闻而积累的图案，用搓好的马尾线一针一线地绣在底布上，丝丝镶嵌，勾勒成各种各样的精美图案，水族的民俗、民风、图腾崇拜及民族文化，就在这一针一线上代代传承，马尾绣也因此被称为刺绣的“活化石”。

今年53岁的宋水仙，一生都与马尾绣有着不解之缘。从6岁开始，她

在文博会上，宋水仙向人们展示马尾绣图案（陶明霞　摄）

便跟着母亲学习制作马尾绣，21岁又嫁到了被称为“马尾绣之乡”的板告村。然而，40年前，马尾绣渐渐没落，宋水仙更加无法以此谋生，和三都水族自治县三洞乡板告村的其他农村妇女一样，她种地喂猪养家糊口。

“马尾绣历史悠久，其实就是我们民族的日常生活用品，小孩的背带、翘尖绣花鞋、女性的围腰胸牌、小孩的帽子、荷包、刀鞘护套……都会绣上马尾绣的图案。”在文博会时尚设计馆的非遗生活展厅，宋水仙穿着水族人特有的蓝色绣花服饰，戴上仿旧的土布帽，在人群中特别显眼。

她一边向南方日报记者展示马尾绣的各类展品，一边回忆：“以前马尾绣在自己人眼里是很土的东西，所以大家都不买，工艺又那么复杂，做一件小背带就要大半年，所以不如去外面买现成的，我们自己慢慢也不怎么用了，绣娘就越来越少了。”

30多年前发生的一件事，让宋水仙感受到保护传承马尾绣的迫切。一个外国人不远万里寻到板告村，到当地来买马尾绣的老物件。“我当时觉得这些东西真的是宝贝，但我们自己民族的东西，如果都被外国人买走了，那以后我们的后代怎么去了解我们自己民族的文化呢？”

从那时起，她走村串寨寻访马尾绣“老物件”，筹划建立马尾绣博物馆；每天干完农活之余，她就跟着90多岁的老祖母学习怎样配线、搓马尾、放花、做结……她不仅尝试着自己去制作，也不断学习别人的长处，渐渐地，她制作的马尾绣针脚精美细腻，配色和谐，图案古朴精美，宛若一幅彩色浮雕，把水族的民族风，绣进了方寸之间的“二花布”。

2016年，水族马尾绣被列入首批国家级非物质文化遗产名录，宋水仙也成为这一项目的两名国家级传承人之一。

到深圳文博会寻出路

在1990年之前，水族历史上的马尾绣仅在背带、鞋帽等小物件上有刺绣。20世纪90年代，宋水仙在深圳一家工厂打工，闲暇之余，她把马尾绣绣在了自己的包上。厂里的人看到后纷纷赞其精美，抢着要订购。受此启发，她将华美精致的马尾绣与衣服、手提包等现代生活用品相结合。

1995年，宋水仙和丈夫回到家乡，在老家学校旁开店卖过农药、五金、猪肉……一边做些小本经营来维持生计，用收入继续收购马尾绣，一边思忖着“要为水族的马尾绣开辟一条新路”。她带领绣娘们做当时市场上流行的仿古马尾绣，为本想外出打工谋生的妇女们带来经济收入。于宋水仙而言，这是留住了马尾绣技艺。“我们把新的成品卖给别人，把老的宝贝留给自己。保护和致富两不误。”

2006年，随着当地旅游市场的进一步发展，宋水仙和丈夫大胆在三都县城开办了全县第一家马尾绣工艺品店，她成了将马尾绣绣品转化成商品的第一人。

让马尾绣走商业化发展之路并非一帆风顺，有时候小有起色，有时候又赔光了，比如当年根据潮流制作了一大批仿古马尾绣服饰，还有不少堆积在仓库。“前两年喜欢的人多，后来很多人又不喜欢了，潮流很容易过。”不过，她不停地折腾，也逐渐摸索出一套自己朴素的经验。“一定要到外面看看，看看别人是怎么做的，我做出来的东西大家到底喜不喜欢，闷着头往前走，那是不行的。”

2013年，贵州省三都水族自治县携带国家和省级非遗马尾绣、九阡酒等参加第九届文博会，宋水仙也随团来到深圳。“那是我第一次来文博会，真是大开眼界啊！非遗产品并不一定要照搬祖上流传下来的那一套，还可以多样化体现。”

每年的文博会，都有一大批植根于我国历史文化沃土的传统手工艺非遗项目及其传人集中亮相。除了非遗手工艺品，各类融合非遗技艺的文创产品琳琅满目，极受欢迎。

“对于非遗传承来说，创新传承是关键。”宋水仙表示，这次到文博会参展的经历告诉她，要将传统的马尾绣与现代人审美和时代精神相结合，使非遗不再远离现代生活。

当年，她组建团队，开发马尾绣文创产品，包括马尾绣服饰、笔记本、手机壳、雨伞、银手镯等，从10多元到数百元价格不等。以前，马尾绣主要绣在黑色、红色、深蓝色的土布上，如今，宋水仙和公司的一批年轻人，从马尾绣的“老物件”中寻找灵感，让马尾绣呈现在多种多样的载体上，把马尾绣的图案进行时尚化演绎，古老图腾也焕发出新的活力。

“这上面的图案很特别啊，好像是鱼？”在本届文博会上，马尾绣的文创产品受到不少人青睐，宋水仙一边推销，一边向他们介绍，马尾作为水族人对先人思念的寄托，被包裹进白色的线条内，绣成代表生命之源的“生命树”，或是花鸟虫鱼、龙和凤凰，生命轮回，刺绣代代传、代代用，里面隐藏着水族人对家庭和生命独到的理解，以及对美好生活的向往。

“土凤凰”变身“金凤凰”

这次深圳文博会上展示的“贵州奢侈品”，不少是出自宋水仙的手。一件绣上马尾绣凤凰图案的牛皮包，标价3万多元。“这件绣品，我和四五个绣娘一起，绣了大半个月才完成。这是上好的牛皮，把针线穿进去都不容易！”文博会第一天时，记者就被这件精致的红色马尾绣手包吸引，而第二天再去寻它，已找不到踪影。“已经卖出去了！”宋水仙告诉记者。

宋水仙自己也没想到，售价如此高昂的马尾绣，居然这么受欢迎。

那件马尾绣凤凰牛皮包，由宋水仙和深圳一家以非物质文化遗产的创新为核心的文化产业公司——“非遗生活”共同开发。通过文博会，非遗生活早在2015年就与宋水仙建立联系。该公司创始人魏素莹认为：“马尾刺绣流传几百年，还是这么精美，在时光的雕琢下，反而愈加熠熠生辉，而且背后还有这么深厚的文化底蕴，非常适合打造成为奢侈品，走国际高端市场路线！”

2017年的文博会上，黔南州授予深圳非遗生活文化产业有限公司“贵州省黔南州非物质文化遗产产业孵化平台”资质，双方达成非遗教育培训合作、非遗传承人合作等多项合作，而宋水仙也与非遗生活签约，成为该平台下的一员。

马尾绣在历史上一直是“布上刺绣”，在魏素莹的建议下，宋水仙花了大量的时间和团队一起攻克“皮上刺绣”难题。“马尾绣线太粗，针上去了，线却下不来，每次手指都被针扎出血。太细的针头穿不过厚实的皮革，型号大一些的针头，又会在皮上留下明显的针孔。”最终，尝试了40多种材质、厚薄不同的皮料，大小不一的针头换了10多种，不同粗细的绣线也换了几十种，一次又一次不停变换组合，终于找到一些门路。

2018年，非遗生活与宋水仙联合开发的“鱼跃龙门”女士手提包被放在展馆的显要位置，旁边还摆放着宣传展架。“这款包在2017年亮相米兰时装周，很受国际欢迎！上个月，它还被作为商务礼品送给外国友人。”魏素莹向南方日报记者介绍，该公司联合宋水仙在内的20多名非遗传承人制作的作品已经登陆国内一线城市的高档卖场，还远销欧美和中东市场。

“以前是藏匿于大山的‘土花布’，现在成了走上国际舞台的‘金凤凰’。”宋水仙感慨，40年前没人买的马尾绣，现在绣在皮料上，一套经过改良后的产品，售价上万元也不乏顾客。而从2015年至今，宋水仙已经完成了逾百万元的“奢侈品”订单。

2018年为期5天的文博会，让宋水仙又有了新的发现：时尚设计馆内的一家公司，让活字印刷走进景区、走进非遗课堂，通过表演、教学、体验等方式让更多人重新认知活字印刷术；非遗馆内，现代彩绘技术和烙画技术与山东的传统葫芦雕刻工艺相结合，让葫芦成为日常家居用品；不少传统的非遗技艺，更结合5D、VR技术展示，让人们体验其魅力……“身为非遗传承人，我们要做的事情还有很多很多，只要走在时代前沿，马尾绣就不会没有市场。”宋水仙笃定地认为，未来马尾绣事业大有可为。

（陶明霞）

装裱修复师罗伟军：让时间"静止"的匠人

装裱修复师罗伟军原本是一位修军舰的"医生"，13年前转投书画修复，成了个"画郎中"。如今他就职于民间一家非营利性美术馆——湛江45号美术馆，也是馆里唯一一位书画装裱修复师。他常说，修军舰和修书画看似南辕北辙，八竿子打不着，其实两者都极为讲究耐心，甚至"装裱有时候比修军舰更考验人"。

这是罗伟军第一次参加深圳文博会，他在展会现场带着"90后"的学徒就那么安安静静地"洗、揭、补、全"，让貌似不起眼的石花菜——这一"失传"多年的南方传统裱画最佳黏合剂，在会场重现了。

装裱修复极需静心，如父母待儿女

手表的时针指向了10时，身着白大褂的罗伟军站在一张足有乒乓桌大小的木制案台前已近两个钟头。他所在的展位不到5平方米，一个案台就去了大半个空间，除了身旁的宣纸、立在墙边托画用的绷子、挂在墙上的字画，以及必备的工具，整个展位没有任何宣传布置，显得有点太过于"朴素"了。

在他的周边，不论是龙湾醒狮狮头、湛江根雕，还是吴川月饼现场制作、北坡老圩鱼灯、周胜铅笔画表演，都围满了人。当地近年来发展文化产业的成效显著，也激发了文创蕴藏的潜力与活力。一入馆、一抬头，

"互联网体验""共享经济"等标识甚是醒目，年轻人对这些也更"感冒"些。

但罗伟军似乎跟周遭的一切"隔离"了。他手握一把酷似"迷你"笤帚的棕刷，对着一幅已被岁月摧残的书法作品——布满了褶皱和裂痕，模糊黯淡，凝于其中的气韵风致似乎也已随着外形的衰旧而消散。

修复进行时，会场的时间仿佛静止了，又像是长了翅膀。因为好奇而围观的观众发现，就在他们眼皮底下，一个小时犹如过了一个世纪，这幅老化、破损的作品又"复活"了。

"手工装裱修复极需要静心，而这可能就是它的魅力所在。"说这话时，罗伟军下意识地微眯起了双眼。他打开已卷成一团的残画，将画芯背面朝上，喷湿，把破损的地方一一拼好，画上的褶皱在水的作用下渐次舒展开来。"修一幅书画至少得一上午，还不算后期圈色补笔的过程，等会你再看我修完它啥样！"干这活儿罗伟军只能站着，所以整个展区里没有一张椅子。说话间，他已经把书画上的破损处检查了一遍，一共10余处破损。

"心稳，手才稳，艺才精。这事急不得的，得一步一步来。"他一边给围过来的观众讲解，一边给画芯刷上自制的糨糊。当柔软的排笔轻轻地拂过保存了多年的宣纸，赭石、藤黄、花青这些画上的颜色好像突然被点亮了，人物眼角眉梢的神情在濡湿的纸上也慢慢变得清晰。

12年来，经罗伟军之手修复的古画有好几百件，每件古画的修复需要复杂的工序和漫长的周期，耗时最长的需要一年甚至好几年，最短的也要一两个月。

手工装裱三四十道工序，环环相扣，做做停停，停停想想，想想再做，一丁点都马虎不得。对待每一幅画，罗伟军都像对待儿女一样耐心考究，因地制宜、因材施救。"医生讲究望闻问切，对待书、画、印同样如此，得样样精通，大到历史、美学、物理、化学要了解，小到油、盐、酱、醋要能干。"他说。

这行最忌讳"想当然"。一幅字画一个样，季节、天气的不同，温度、湿度的变化，光照的方向、强弱，材料的优劣，都需要考虑进去。这就是这门技艺没办法被机器替代的原因。或许，心中有"静气"才能养书画的"元气"，这样的生活也能让罗伟军的生活变得"更平和"。

“它可能比修军舰还难”

痴书者工必精，痴艺者技必良。说起来，罗伟军算是“半路出家”的，究其原因，就是一个“痴”字。

一次偶然的机会，罗伟军看到了一位书画修复名家的手工修复现场演示，便对这门手艺爱不释手，一有空就往老师那跑，耳濡目染，不知不觉中熟悉了修复的基本流程，随后便正式成为一名“修补匠”。后来，他拜广东省博物馆修复专家李涛为师，也向故宫博物院专家杨泽华及国家博物馆专家王博求教，自己也时常琢磨各种修复材料、工具。

在罗伟军入行那会，收藏已经开始大热，需要装裱的字画越来越多，而裱画师的队伍却不见扩大，结果这需要耗时间的慢活儿慢慢地也“提速”了。为迎合人们“立等可取”的偏好，机器装裱出现了，一幅字画用机器最快一小时就能搞定，渐渐地传统手工装裱越发稀罕。

机器装裱省去了那些颇费时间的传统工序，但黏合材料用的不是糨糊，而用化学胶膜，揭裱时用特制的揭裱液几分钟就能揭开。这样是快了，但却要付出代价。化学胶一旦进入纸张，往往会改变古代书画的纸张性质。“古代的书画常常呈现出一种淡彩淡墨的效果，而机裱过于机械，很难表现出原作的美感，也失去了其中独特的韵味。”罗伟军认为，书画修复与装裱恰恰是一个逆向关系。机械装裱若用在原创作品乃至颇具收藏价值的名家字画上将是致命的，因为这意味着它日后没法修复，也没法进行二次装裱。

手工修复四个步骤即洗、揭、补、全，缺一不可。“修复需要把旧的装裱去除，之后对画芯进行修补，即补上缺失的部分。折断的地方要补折条，有霉菌的部分要去霉并清洗。最后再将书画重新装裱。”罗伟军说，看似简单，实际很考验裱画修复人的功底，因为每一个环节都可能出现意想不到的困难。

他指着一幅打开一半的破旧古画，透过画上的污渍，记者能隐约看出来这是一幅山水画，上面油迹斑斑，有些部分变成了黑褐色，还有的地方布满褶皱甚至已经开裂，完全失去了曾经的韵味。

“这种品相还算是好的，最起码这幅画相对完整，没有朽烂成纸屑。”在罗伟军印象中，迄今为止遇到的最棘手的一件书法作品，到他手时已严重碳化，别说修复，轻轻一提、一捻就可能化成粉末。当时藏家拿到美术馆时，把它包得里三层外三层，唯恐一不小心将这字画的碎片残渣掉出去，谁都不敢想这幅书法还有救。

罗伟军单是修复方案都做了好几天。他先是进行纸张无损检测，鉴定酸碱度、白度等参数，接着进入修补阶段：先湿补、加固，再压平、清洗、去污、揭裱、修补、全色，足足用了近三个月的时间，硬是将其修复得完好如初。

罗伟军感叹：“可比修军舰要难多了。”

笨功夫复活“广东特技”

中国书画修复讲究“修处莫分”。“修补过的作品看起来要像没有修复的一样，要达到这样的标准，补纸的包浆、质地、光泽、色相都要相同。”罗伟军说，修补材料是修复作品的基础，若补料与画芯材质稍有不同，误差就会特别大。在装裱行当里，糨糊始终是各家的“独门绝技”。

在罗伟军的工作台上，就有一盆打稀了的糨糊，看似不起眼，却是他花费了好几年才研究出来的“石花菜制糊”。

不同于北方的面粉浆制，“石花菜制糊”其实是广东人“老祖宗”的智慧：地处南方的广东，由于气候条件限制没有种植小麦，原料生产制作不便；加上面粉制作的糨糊用于装裱上极易发霉生虫，而近海易得的石花菜却有抑菌防霉的功效，用之做黏合剂装裱出的画幅柔和轻软、不脆不脱，作品也更柔软飘逸，便成了装裱修复业的“广东特产”。

但因为这种糨糊相较于市场上出售的合成糨糊、纤维素、胶水等，成本要高出许多，如今除非特别交代，否则很少有人会使用，渐渐地也就“失传”了。

或许因为身处家乡湛江，对于气候的潮湿罗伟军感触太深，看到发了霉的字画，他在心疼和遗憾之余，下“笨功夫”去研究材料，并最终在文博会上重现这一广东“失传”多年的装裱技艺。

文博会现场，罗伟军指点着跟着他的学徒——来自当地特殊教育学校的一名年轻的雕塑老师。“哪有什么‘绝学’？就是时间和精力。糨糊打三年，一钵糨糊就能润泽如玉、弹力十足，每天换水可保存数月之久，那业内就鲜有敌手了。一张桌子擦三遍，一遍湿一遍潮一遍干，这样下来，心情就定了，筋骨开了，活儿才能慢慢开始做。”

罗伟军说，手工装裱工序繁多、过程复杂、要求苛刻，也使得古书画的修复学起来异常枯燥和艰难，学艺不精，不仅不能让古画“起死回生”，而且可能毁得更彻底，那就“形同犯罪”了。

当下，艺术品消费时代不可思议地迅速到来，短短十几年时间，中国文化产业几近井喷式发展。这次来文博会，罗伟军希望让这门手艺也“见见世面”。“如果大家能给予这行多点尊重和了解，那么，愿意做这一行的人自然会多起来。”

（周豫）

第六章

调研：聚焦重大议题　助力文化强省

从岭南文脉汲取“创新基因”以“源头活水”涵养现代文明

传承和创新，是传统文化发展的永恒命题。

习近平总书记指出：“要系统梳理传统文化资源，让收藏在禁宫里的文物、陈列在广阔大地上的遗产、书写在古籍里的文字都活起来。”

这些年来，广东各地开展了一系列弘扬传统文化的创新实践，从汲取“非遗基因”打造“网红产品”，到网络直播互动推广粤剧艺术；从将非遗与文物“打包”保护的“文化生态保护实验区”，到用“中国巾帼英雄第一人”冼夫人名言重塑城市精神标识和文化个性……这些探索充分挖掘了岭南优秀传统文化的时代价值，印证了“不忘历史才能开辟未来，善于继承才能善于创新”。

/ 传承 /

深入梳理岭南文化“家底”

从传统文化中寻找发展的灵感和力量，第一步毋庸置疑是对自身文化“家底”进行完整、深入的盘点和梳理。

在广州市人大常委会主任陈建华的办公室外，有一个比人还高的木质书柜，一打开书柜的旧式铜锁，上百本精装《广州大典》跃然眼前，蔚为壮观。《广州大典》第一期共有520册，如果全部摞起来可达22米之高。

《广州大典》是迄今为止最全面的广州历史文化史料著作集成。作为继学海堂和广雅书局刻书之后，广州史上第三次大规模的古籍整理，《广州大典》编纂工程已持续10年。第一期共征集到海内外图书馆、档案馆及私人藏书家珍藏文献4000余种。其中收入的《岭南文献》是广东第一部诗文总集，《广东文集》是海内外孤本。

"以后再有人问广州'有没有文化'，直接把大典摆在他面前就足以说明一切！"作为主编，陈建华对其中的艰辛和波折深有感触。他认为，梳理文化"家底"关键在于利用。《广州大典》正加快网络服务共享平台建设和古籍人才培养。文献总库的数字资源目前已开送供市民使用。《广州大典》第二期《民国篇》的编纂出版工作目前已进入到实质性运作阶段。

省内考古领域同样掀起了梳理热潮。早在几年前，广东省文物局就在全省范围开展海上丝绸之路史迹调研，收集整理近600处全省"海丝"史迹。广东全省文物行政部门也在2018年3月汇总调查了现存南粤古驿道及其沿线文物古迹保存状况和新发现情况。

南粤古驿道沿线现存各种文物古迹共906处，其中新发现430处。广东省文化和旅游厅党组成员龙家有介绍，海上丝绸之路与南粤古驿道同属线性文化遗产，讲述中原文化如何走向世界、世界文化如何走进中原："这些文化遗产体现岭南文化的多元性和包容性，不但属于今天，更属于未来。"

2018年省级非遗代表性项目名录再添"新丁"。2018年5月批准公布的第七批省级非遗代表性项目名录中，新入选项目39项，扩展项目35项，省级非遗代表性项目达701项。而在文化和旅游部同时公布的第五批国家级非遗代表性传承人中，广东省共有48名传承人名列其中，目前我省有国家级非遗代表性传承人132名。

"南国红豆"粤剧也展开了为期3年的整理工程：由广州市委宣传部、原广州市文广新局（现广州市文化广电旅游局）、广东粤剧促进会、广州市振兴粤剧基金会发起的《粤剧表演艺术大全》编辑计划于2017年6月正式启动。主编倪惠英表示，大全将广泛团结海内外粤剧界精英力量，通过音视频、图片和文字等形式，力求把粤剧近百年最有特色的表演形式及代表性作品记录下来，使非遗传承更加标准化、规范化、权威化。

/ 活化 /

打好创新活化“组合拳”

2018年7月，一场名为“非遗新造物——新中式生活美学创新展”在广州289艺术园区岭南活力非遗艺术馆开幕，展览将非遗转化为有品质、有温度的生活态度与方式，迅速成为广州文艺青年的“打卡圣地”。

作为本次展览的“明星展品”，一个节节新生的“大竹笋”引起市民围观。这款竹编落地灯由自然家设计工作室主创。这个有着奇特造型的“新造物”，源自省级非遗项目清远“沙河鸟笼工艺”，不久前刚刚被列入广东省第七批省级非物质文化遗产代表性项目名录。但早在10多年前，设计师易春友就已经注意到这门传统工艺，可惜受到“非典”疫情影响，广东沙河镇的鸟笼销量惨淡，工艺也随之陷入谷底。

易春友与当地鸟笼工坊匠人合作，把销路较窄的鸟笼转化为更多人使用的灯具和生活用具。随后，易春友深入西南，推出四川瓷胎竹编工艺改良的“竹节杯”，单品销售额超过千万元。当地竹编匠人两年间从10多人上升到近70人，原本每人2000元的月收入也实现成倍增长。

“竹编技艺活化经验对‘非遗+扶贫’具有广泛的启发意义。”易春友表示，广东是全球制造业中心之一，产业基础完善，而泛珠三角地区则有丰富的非遗资源，如充分调动粤港澳大湾区的设计力量，为贫困地区的非遗匠人提供培训、设计和与市场对接，扶贫就业、产业振兴将迎来广阔前景。

“非遗新造物”主办单位广东省振兴传统工艺工作站，在文化和旅游部非遗司指导、广东省文化和旅游厅支持下，由南方报业传媒集团与广东省广轻控股集团共建，在全国首开新闻传媒和工艺美术龙头企业合作共建非遗工作站先例。

广东省文化和旅游厅厅长汪一洋指出，这一举措迈出了广东探索开展非遗工作站体系全覆盖建设的第一步。“在传统工艺类非遗项目之外，广州还设立了传统武术非遗工作站。”他说。

传统文化要保持活力，必须扎根当下，回到生活本身，走进大众内心，才能找到最适合它生长的土壤。身为粤剧名伶的倪惠英同样深谙此道。她在珠三角各地中小学积极推广亲自编排的“粤韵操”。2018年7月，由酷狗支持的“广东省传统音乐复兴计划”正式启动，她携高徒林颖施亲临现场，带来第一场“非遗大师课”，全程吸引近16万网友在线互动。

“只有从线下到线上，全面打开传统文化通向年轻人世界的大门，粤剧才能找到创造性转化、创新性发展的基础。”倪惠英说。

讲好文物故事也需要新的方式。广东省规模最大的抗战主题纪念馆——广东东江纵队纪念馆，近年来积极与东莞及周边地区党政机关、企事业单位、学校等联手合作，举办“重走东纵路”红色之旅、“东纵小战士”夏令营、东纵第二课堂等红色主题活动。2018年前8个月该馆接待参观者近30万人次。“未来纪念馆要打造更多特色宣教活动，从‘讲述故事’变为‘体验故事’，将研究成果转化为各个年龄层次喜闻乐见的表现形式。”东纵纪念馆宣传拓展部主任张俊说。

/ 弘扬 /

从传统中发掘“源头活水”

从传统文化的丰厚积淀中提炼出适应时代所需的“源头活水”，浇灌和润泽现代社会“文化生态”，提升区域发展核心竞争力，正成为当前广东许多城市的选择。

在岭南古邑河源，家训文化被誉为“客家古邑之魂”。这里800多个姓氏家族都有自己的家训族规，反映着崇文重教、克勤克俭、应世经务等传统美德。全国首条家训长廊“客家古邑家训长廊”就坐落在河源客家文化公园，102个姓氏家训在这里“走出”族谱，以书法石刻的形式呈现在世人面前。

“一厚伦理，二尊王法，三救急难，四和乡里，五勤本业，六莫非为，七周贫乏，八谨祭祀。”河源连平县忠信镇司前村干部吴俊峰自豪地向南方日报记者介绍村里世代相传的“吴氏家训”。每年农历正月十三到正月十八，村干部向村民讲解家训家规，已成为这里的“新民俗”。10多年来，司前村没有一例群众上访事件，也没有一例村民刑事犯罪案件，村民安居乐业，民风淳朴和谐。

河源市近年大力开展“家训文化”工程，经过收集、筛选、整理，最终将101个姓氏家族的家训收录结集成《客家古邑家训》一书，并从中提取出河源家训文化的核心“十德”：仁、义、礼、智、信、忠、孝、俭、和、廉。“传扬家训•崇尚十德•日行一善”正成为河源人践行社会主义核心价值观的行动纲领。

在“巾帼英雄第一人”冼夫人的故乡茂名市，冼夫人晚年对自己一生的总结——“我事三代主，唯用一好心”已是街知巷闻的“金句”，也成为茂名市委、市政府全力打造的城市名片。

隋文帝年间，番州总管赵讷贪虐害民，引起岭南诸部亡叛。冼夫人派人上书朝廷，揭发赵讷罪行，安抚俚僚。千载虽往，冼夫人的“好心”仍为“打虎拍蝇”提供源源不绝的正能量。

2016年，茂名滨海新区反腐倡廉教育基地在冼太夫人故里文化旅游景区揭牌。冼夫人廉政文化教育展览馆坚持面向全社会开放，开馆以来接待参观学习游客30多万人次。“我们虽然未必能做出多么伟大的事业，但总要清清白白、平平安安做人。”一位现场参观的市民对记者说。

在“好心文化”影响下，茂名在政治、经济、社会、生态等各方面都交出了令人满意的答卷：连续4年位列“粤东西北振兴发展考核”前三名，经济总量持续领跑粤东粤西粤北地市，城市空气质量稳居全省前三名……

曾是茂名“城市伤疤”、污染面积达到20平方公里的露天矿，经过生态全面修复，短短5年间变成茂名人家门口的“马尔代夫”。为纪念冼夫人的恩德，露天矿改名为“好心湖”。2018年南国书香节期间，好心湖以总票数第一名入选“茂名十大文化名片”。

/ 观察 /

变“输血”为“造血”　探索文化传承创新“范本”

岭南人文底蕴深厚，非物质文化遗产种类繁多。岭南民俗权威学者叶春生曾评价说：“一些很古老的民俗在北方已经没有了，可是在岭南还保留着；广东民俗又有许多创新的地方，处处显示出南北交汇、中西合璧的特点。”

“广东文化生态蕴藏着充沛的内在活力，这为传统文化活态传承提供良好基础。”中山大学中国非物质文化遗产研究中心学术委员高小康说。广东人对岭南文化素来有着高度的文化自信，也从不缺保育文化“家底”的有心人，其中既有专家学者、非遗传承人，也不乏来自社会的企业家、设计师、青年学子等有生力量。

广州美术学院毕业作品展已成为广州城中年度艺术盛事，每年吸引来自全国各地的观众达20万人次。不少学生自发从非遗中寻找毕业设计素材，主动向非遗传承人求教，用鲜活的创意呈现传统技艺创新的可能性。丰富的人才资源，正是岭南传统文化创新的底气所在。

然而，传统文化资源与文创力量之间还有不少环节有待打通。广东仍有大量非遗从业人员尚未纳入现代专业教育体系，缺乏创新、创造转化和适应市场需求的能力。许多非遗项目，特别是传统手工艺，无法转化成市场需要的商品，只能停留在“输血”状态，缺乏真正“造血”能力。

落户山东的“中国非物质文化遗产博览会”与“中国成都国际非物质文化遗产节”已形成“东部一会、西部一节”两大国家级非遗品牌节会。“非遗设计”也成为北京国际设计周的重要板块。反观广东，目前仍缺乏具有标志性的非遗品牌活动，丰富的设计与产业资源未能得到充分发挥。

如今，粤港澳大湾区建设，为岭南传统文化发展带来新契机。高小康认为，港澳地区经济发展迅速，也为传统文化传承活化积累了丰富经验：“比如，香港武侠片带来的‘功夫热’，将黄飞鸿、叶问等名人打造成脍炙人口的文化IP，这些案例可供我们借鉴。”

非遗要发展，单靠财政投入远远不够，还必须发挥市场在配置资源中的决定性作用。有专家建言，粤港澳三地应鼓励民间资本投资非遗事业。许多非遗项目本身就是美丽乡村、特色小镇、乡村振兴、文化旅游产业不可或缺的资源。港澳居民60%以上祖籍在广东，“同声同气”的岭南传统文化领域，有望成为吸引三地民间资本投资的新风口。

2017年挂牌成立的广东省振兴传统工艺工作站，为大湾区非遗跨界交流平台的打造迈出重要一步。高小康期望粤港澳大湾区探索出一种传统文化“全域化”融合发展的新模式，提升中华文化的认同感与凝聚力。

/ 案例 /

“文化生态保护实验区”全省铺开

“见人见物见生活”理念深入人心

近年来，文化遗产保护越来越被视为一个整体工程，“见人见物见生活”的理念深入人心。作为实行非遗整体性保护的重要举措之一，将非遗项目与当地的传统村落、物质文化遗产等文化生态环境“打包”保护的“文化生态保护实验区”正在全省各地铺开。

2010年5月，文化部（现文化和旅游部）批准设立客家文化（梅州）生态保护实验区。侨乡文化（江门）生态保护实验区2017年成为省级文化生态保护实验区。目前，广东共有1个国家级、8个省级文化生态保护实验区，按照“遗产丰富，氛围浓厚，特色鲜明，民众受益”的建设目标推进保护工作。

民俗民歌搭上文化旅游“顺风车”

侨乡文化（江门）生态保护实验区素以世界文化遗产“开平碉楼与村落”闻名于世。“‘开平碉楼与村落’是活的遗产，这个命名意味着：这里的传统农耕文化与碉楼一样，也是遗产的一部分。”五邑大学中国侨乡文化研究中心主任张国雄如此解读。

在碉楼与村落背后，还藏着许多鲜为人知却活色生香的民俗非遗。曲调明快、语言幽默、旋律优美的开平民歌，在当地已经生长500多年，更随着华侨迁徙的足迹流播美国、加拿大、中国香港等60多个国家和地区。这些年来，开平民歌也搭上“碉楼热”的“顺风车”，跟着文化旅游火了一把。

“我们创作了不少碉楼主题曲，游客来到碉楼既可参观游玩，又可听开平民歌。”开平民歌第五代传承人张巨山表示，文化旅游已成为旅游产业发展趋势，非遗则是文化旅游的重要内核：“许多非遗项目虽然不能直接创造经济效益，但与旅游、教育等产业结合，发展前景可观。”

另外，许多传统工艺类非遗项目本身就是市场产品。江门的白沙茅龙笔、新会葵艺、茶坑石雕、新会古典家具、小冈香等一大批传统技艺项目也加入生产性保护行列，走上“自我造血”的道路。

除“侨都”江门，“客都”梅州在生产性保护方面也做出不少尝试。保护区内8个濒危非遗项目之一“梅县提线木偶戏”，从2007年逐步走上市场化道路，商演不断。客家山歌剧更是走出客家山区，演出市场从梅州8个县（市、区）到周边城市、珠三角乃至省外，每年演出不下百场。

在开平举行的省“文化和自然遗产日”活动现场（戴惠甜　摄）

“虚实结合”推动文化永续保护

作为全国第五个国家级文化生态保护实验区，客家文化（梅州）生态保护实验区经过8年摸索，积累下不少经验。2017年，文化和旅游部批准实施《客家文化（梅州）生态保护区总体规划（2017—2030）》，梅州还制定了《梅州市客家围龙屋保护条例》（以下简称《条例》），2018年3月1日起正式实施。

梅州全市保存较为完好的客家围龙屋有3000多座，其中已评为各级文保单位、历史建筑的有百余座。围龙屋是非物质文化遗产的依存空间。《条例》作为梅州首部历史文化保护方面的法规，对传承优秀客家文化的意义不言而喻。

传承是发展的基础。只有让非遗后继有人，非遗普查、挖掘、整理等工作的价值方能体现。为此，梅州实施客家山歌手培养战略工程、客家山歌创作战略工程项目，同时开展“师带徒”以老带新活动，鼓励各级各类非遗传承人带徒授艺。

获批正式设立侨乡文化（江门）生态保护实验区后，江门也提出了更高目标：力争2020年建设成为国家级侨乡文化生态保护实验区。在2018年制定的《侨乡文化（江门）生态保护实验区总体规划》中，以区为“体”、以镇为“骨”、以村为“魂”，将生态保护实验区划分为重点保护区域、一般保护区域和重点保护镇，实行针对性分区域、有主次的保护，以达到永续、真实、完整保存非遗价值的总目标。

无形的文化传承，离不开实体空间的建设。江门将整合海内外社会各界力量，建设一批非遗展示馆与传习所。一个更加立体、多元的侨乡文化保护、传承、体验空间，即将展现在市民游客面前。

（杨逸　周豫　郭珊　顾大炜　马吉池　梁文悦　戴惠甜　李文轩　管志雨）

精品力作展岭南风采 文艺粤军向高峰迈进

在2018年召开的全国宣传思想工作会议上，习近平总书记指出，要引导广大文化文艺工作者深入生活、扎根人民，把提高质量作为文艺作品的生命线，用心用情用功抒写伟大时代，不断推出讴歌党、讴歌祖国、讴歌人民、讴歌英雄的精品力作，书写中华民族新史诗。

一出出讲述岭南故事的舞台精品获奖连连，老中青三代文艺人才梯队形成“文艺粤军”……近年来，广东文艺界坚持以人民为中心的创作导向，努力创作具有岭南风格、中国风骨、世界风尚的精品力作，努力破解“有高原缺高峰”“有数量缺质量”“叫好不叫座”等问题。

为人民抒写，为时代放歌，这些文艺精品源自岭南丰厚的历史文化资源，也源于各种改革创新因子。只有把改革创新精神贯穿于文艺创作全过程，才能创造更多与时代相匹配的文艺精品，实现从“高原”向“高峰”的迈进。

/ 致敬经典　再创经典 /

从本土资源挖掘精品题材

“什么样的土地诞生什么样的创作，我们要为一个时代歌唱。”《向往》词作家田地说。

针对文艺创作“有高原缺高峰”的现象，近年来，广东狠抓重大题材创作，在国际性、全国性重大专业艺术评比中获得50多个重要艺术奖项。

2017年9月27日，全国第十四届精神文明建设“五个一工程奖”揭晓，已获得文华大奖的舞剧《沙湾往事》再创佳绩，与广播剧《罗湖桥》、歌曲《向往》《爱国之恋》共4部广东文艺作品获优秀作品奖，获奖数量在全国省（区、市）名列前茅。

创作广播剧《罗湖桥》的深圳广电集团音乐频率（飞扬971）广播剧制作团队，已经是第二次拿到“五个一工程奖”了。而自20世纪90年代中期“五个一工程奖”设立广播剧类别以来，广东获奖的广播剧作品已达10部。

广东在近代史上屡屡引风气之先，堪称文艺创作的富矿。广东的文艺工作者，以致敬经典的方式再创经典，力求不断推出立得住、传得开、留得下的具有岭南特色的精品力作。

2016年，在“中华文明历史题材美术创作工程”中，广东省画家许钦松的《长江揽胜》、林蓝的《诗经——长歌清唱》等9件作品全部通过验收，展现了当代广东美术家挑战重大题材的新思路、新技法。2017年，在文化部全国美术馆馆藏精品展出季评选中，广东省6个项目获得“优秀项目”，占全国总数的一半以上。2017年度广东省申报国家艺术基金项目立

●舞剧《沙湾往事》剧照（受访者供图）

项35项，创下历年新高。

2017年，“其命惟新——广东美术百年大展”先后在北京、广州、深圳三地展出。广东美术百年来的554件经典作品首次集结，展现了广东美术对于中国美术现代转型的巨大先锋引领作用，吸引了三地近20万观众现场参观，成为2017年全国美术界的现象级展览。

广东省作协提出要擦亮“文学粤军”的名号。据统计，广东作家有10余人次获得鲁迅文学奖，获奖人数在全国位居前列。“从2017年起，省作协每年精心策划组织开展重大现实与历史题材创作活动，每年策划组织创作10部左右的精品佳作。5年内广东将精心打造并推出50部左右的优秀力作，形成攀登时代文学高峰的发展态势。”时任广东省作协党组书记、专职副主席张知干说。

/ 育新人　推名家 /
创新优秀文艺人才传承机制

文艺精品的打造，需要以优秀人才的不断涌现为前提。广东通过育新人、推名家，为精品创作提供人才支撑。2017年，广东省文化厅投入专项资金，用于文博、非遗、民乐等多个领域高层次领军人物和青年拔尖人才的培养。一支高素质的文化人才队伍在广东成长起来。

2018年8月底，广州暴雨连绵，却浇不灭观众观展的热情。在广东美术馆展出的“大潮起珠江——庆祝改革开放40周年全国美术作品展”现场，时常人潮涌动。这些作品有三分之二出自广东，其中不少出自“80后”“90后”的手笔。

水墨画《春运》的作者之一王鹏程出生于1987年，读研期间，他入选了广州画院设立的“青苗计划”。而在此计划之前，国内在非学历阶段的青年优秀美术人才培育方面还是空白。

近年来，广东一直把文艺人才队伍素质建设作为基础工程，通过“广东文艺终身成就奖”“广东省中青年德艺双馨作家、艺术家”等重大评选活动，创新我省优秀文艺人才传承机制，鼓励他们当好岭南文化的传承者，做好“传、帮、带”。

早在2014年，广东省文联便开始在美术、戏曲和音乐等领域实施“一荐一”名家荐才活动，实现人才的以老带新，大大活化了广东省优秀文艺人才的传承机制。

在全省各地，名家大师与青年新秀“结对”传艺，民间艺术大师评选活动反响热烈。与此同时，“当代岭南文化名家”出版工程的开展、“广东剧本超市”的建立、“全省青年创作计划”的铺开，大面积覆盖了新文艺群体。精品力作与文艺人才、社会效益与经济效益均获得了双丰收。

老一辈风头正劲，新一代蓄势待发。

2018年9月5日晚，在由央视和广东共同主办的2018“璀璨梨园——大型戏曲演唱会”（岭南专场）上，广东16位中国戏剧“梅花奖”得主、22位国家一级演员同台献演。除了从艺59载的“潮剧丑王”方展荣、曾拿下“中国曹禺戏剧奖”等7个戏剧大奖的汉剧名家李仙花，还有“90后”的潮剧新星，老中青三代戏曲人同台，尽显南国梨园的薪火相传、勃勃生机。

粤剧源远流长，传到青年演员曾小敏这一代，到了承上启下的关键阶段。2018年6月，中央电视台派出50多人的制作团队和一辆4K转播车，全程直播了她主演的新编粤剧《白蛇传·情》。而央视到广州现场直播粤剧演出，也是粤剧史上的“头一遭”。为了让粤剧走近年轻人，近年来，曾小敏在戏曲电影拍摄、推广和“戏剧进校园”工作上花了很多心血。“舞台的魅力在于创新，只有创新才能让古老粤剧拨动年轻人的心弦。”她说。

/ **转机制　搭平台** /

激活文艺院团市场活力

2018年9月16日晚，因台风“山竹”来袭，广州交响乐团（以下简称“广交”）用一场“电波中的音乐会”拉开了新音乐季的帷幕。早在7月，含17场大牌云集音乐会的广交新乐季“限量版套票”，很快就被广州市民抢光了。

为了培育高雅音乐的观众市场，广交进行了近20年的努力。广交于1997年成立，1998年就尝试做乐季，多年的坚持不仅为乐团培育了一大批忠实听众，更结合本地市民消费习惯形成了一套行之有效的市场策略。以其首创的“周日音乐下午茶”为例，推出时票价仅为50元。

广东通过推动文艺院团改革，催生文艺精品。1988年，广东率先在省直艺术院团推行下放权力、优化组合、人员聘任等制度，大胆将竞争、激励机制纳入院团管理中。作为中国第一个现代舞专业表演团体，广东现代舞团的成立是中国舞蹈史上的一座里程碑。2004年，广东现代舞团在创团艺术顾问曹诚渊的带领下进行改制，创作的大量优秀现代舞作品在市场反响热烈，演出足迹遍及五大洲。

近年来，广东一方面加大对直属艺术院团重大剧目的创作生产、个人艺术专场演出等项目的扶持；另一方面，支持星海演出院线探索发展，营造良好的市场环境，在推动重大剧目创作生产的同时，激励优秀人才脱颖而出。

如今，“户外音乐季”“周日音乐下午茶”“广东现代舞周”“周末民乐坊”“乐聚一小时”等由院团推出的系列演出品牌，早已成为一道道亮丽的文化风景，“广交新年音乐会”“国乐盛典”“粤剧新年盛会”等更是力压不少国内外名团，成为新年演出市场的“佼佼者”。

长达两个月的2018年广东省艺术院团演出季期间，14台剧目总计24场演出轮番上演。“演出季让剧院、剧团抱团运作，既繁荣了广东的演出市场，也让省内演出场馆承担更多推广本土文艺精品的责任，‘倒逼’文艺院团增强市场触觉。”对于这个广东探索推出的全新演出品牌，省文化和旅游厅厅长汪一洋寄予厚望。

发展不息，创新不止。近几年，随着“网演中国”“星海直播”等产品营销平台、“粤西订戏会”等剧目交易平台、“戏迷云播”平台等“演艺+互联网”新媒体项目的建设，广东在夯实文艺精品创作基础的同时，也力争让更多精品叫得响、传得开，不断满足人民群众对美好文化生活的新期待。

/ 观察 /

广东文艺如何攀登高峰?

早些年，广东得改革开放风气之先，不仅涌现出一大批高质量带有鲜明岭南特色的影视作品，更是中国流行音乐的“梦工场”，在小说创作领域也格外耀眼，刘斯奋、陈国凯等人的作品一度风行。

近年来，广东的文艺创作却面临较大挑战。与全国其他地区艺术创作快速发展的势头相比，与广大人民群众对优秀舞台艺术作品日益增长的需求相比，与广东经济强省的地位相比，广东省的艺术创作还存在一定差距。

有文艺评论界人士指出，广东文艺界形成全国性重要影响、具有业内标杆示范意义的优秀作品数量不多，相当部分创作题材的策划提炼、主题思想的立意升华缺乏深度和高度；吸引、培养各类优秀艺术人才尤其是编剧、营销人才的平台和条件还有待完善；组织艺术创作生产的机制、艺术与网络等新兴产业的结合仍不够紧密……归根结底，是广东省的文艺创作和时代发展、群众需求不匹配了。

2018年6月，在广东省繁荣文艺创作座谈会上，省委常委、宣传部部长傅华指出，要把握创作导向，聚焦现实题材，推动创新创造，强化组织引领，注重精细打磨，注重“小人物、大情怀、正能量”，奋力实现广东文艺创作既有“高原”又有“高峰”。

时代呼唤精品，广东更要抢抓机遇，紧紧围绕创作这个源头，多出文艺精品。广东省文化和旅游厅厅长汪一洋认为，打造艺术精品必须“注重从广东实际出发”，通过加强选题策划、组建优势团队、创新表现形式、大力宣传推广等方式，发挥广东优势，讲好中国故事。时任广东省文联党组书记、专职副主席的程扬建议，广东文化界要创新发展理念，“把网络新媒体作为新时期工作的助推器，创新性地抓好网络文艺工作，聚焦时代、聚焦精品，推动广东文艺繁荣发展”。

当下，广东省已明确地将“实施广东文艺精品工程”纳入《广东省建设文化强省规划纲要（2011—2020年）》当中，目标是让广东“成为引领时代潮流的文艺精品生产基地”。

广东文艺如何引领时代潮流？正在举行的“2018广东艺术院团演出季”或许能给我们一些启发。演出季一开始就定下了这样的基调：文艺精品可以成为市场“宠儿”，创作者和传播方更应该是受众“捕手”。一部文艺精品既要深谙艺术市场，还要精通大众气场。作品除了要提升思想情怀、艺术格调，更应该有市场意识、传播技能。一部文艺作品，最终的检验环节始终都握在人民群众的手中，他们才是文艺精品最精确的度量衡。

/ 案例 /

《沙湾往事》：以传统吊足年轻人胃口

雨打芭蕉，点点入心；赛龙夺锦，鼓声雄浑……以20世纪30年代“广东音乐之乡”沙湾古镇为背景，以“何氏三杰”等众多广东音乐人为原型，以广东音乐人创作传世名曲《赛龙夺锦》的故事为主线而创作的舞剧《沙湾往事》，传神地展现了广东近代音乐先驱的创作历程，将广东舞台艺术的创作水平推上了一个新台阶。

从2014年5月首演至今，《沙湾往事》演出逾百场，票房已超过3500万元，更把文华大奖、“五个一工程奖”等重量级奖项收入囊中，并多次受邀赴欧美演出……将大量岭南传统文化创新性地融入舞剧，以更年轻化的形式呈现传统文化精髓，是《沙湾往事》成功的关键。

表演中，《赛龙夺锦》《雨打芭蕉》《平湖秋月》等广东名曲贯穿始终，别具新意。经过作曲家杜鸣的改编，原来快节奏的《雨打芭蕉》在剧中变得如思绪般婉转悠扬，用来表达恋人的思念，更符合当下年轻人的审美。

此外，广东人生活中常见的雨伞和木屐也被编入剧中，与蛙鸣声、划桨声汇成表现岭南韵味的独特元素。岭南地区特有的英歌舞、钱鼓舞、南狮、高胡、五架头、龙舟、飘色等都极具观赏性。最抢眼的莫过于舞台上16扇雕花窗格的"门扉"，它全由电脑编程来控制，仿佛变魔术一般，吊足了高科技时代年轻人的胃口。

凭借一部《沙湾往事》，广东歌舞剧院先后登上纽约林肯艺术中心和华盛顿肯尼迪艺术中心等世界顶尖舞台，这在中国舞剧史上难得一见。

"广东传统文化素材如岭南建筑的灰墙、红门、砖雕均融入舞台设计，先进的电脑数控技术、蒙太奇式的舞蹈呈现、虚实变换的电影剪辑方式等，让中国故事更有'国际范'。"广东歌舞剧院院长熊健说。

粤青年作家崛起全国瞩目

"广东'70后''80后'和'90后'的青年作家实力强劲，队伍齐整，作品门类齐全，无论是总体规模，还是作品质量，在全国当属前列。特别是'80后''90后'新锐作家群迅速成长，在全国文坛一枝独秀。"时任广东省作协党组书记、专职副主席的张知干说。

"广东青年作家获得过除了茅盾文学奖之外中国文学的几乎所有重要奖项。许多作家已经形成了自己鲜明的文学风格，甚至在国际上产生了较大影响。"《作品》杂志副总编辑王十月说。

据了解，在广东省作协会员中，"70后""80后"和"90后"的人数约占全体会员数的24%，广东网络作家协会会员有三分之二以上为"70后"和"80后"，广东优秀青年作家队伍近百人。他们的创作涵盖小说、散文、诗歌和评论等各个门类。比如"80后"诗人郑小琼的诗集《女工记》就被喻为"中国诗歌史上第一部关于女性、劳动与资本的交响诗"；

“80后”作家王威廉的《听盐生长的声音》曾获首届“紫金·人民文学之星”文学奖；“80后”网络文学作家阿菩的长篇神话小说《山海经密码》销售突破百万册，作品已被中国电影股份有限公司高价购买影视版权。

王威廉认为，广东青年作家相对集中在珠三角城市，交流互动频繁，这在全国其他省份是少见的。

广东青年作家的迅速崛起，得益于近年来省作协对培养青年文学人才的高度重视。2016年以来，省作协举办了一系列面向青年作家的培训班，培训人数约2500人次。“文学导师制度”“百名作家下基层”“文学名家带文学新秀”的推行，从服务、平台、机制等多方面推动青年作家成长。

此外，省作协还搭建多种平台大力宣传推介青年作家。《作品》是全国最早关注“90后”文学创作的文学杂志，早在2013年即开设“浪潮1990”，用来刊发“90后”作家的小说。2016年，《作品》首创“90后推荐90后”接龙发稿模式，将选稿权交给“90后”作者，并与《文艺报》、中国作家网等合作，开设专栏共推“90后”作家，至今已有260余名“90后”作家在《作品》亮相，广东已经成为全国“90后”作家的聚集地。

（周豫　宋金绪　刁定宏　汤晓婷）

“补短板”提升文化获得感 着力为南粤百姓“烹小鲜”

深圳，罗湖美术馆、“悠·图书馆”等崭新文化设施纷纷落子，居民足不出户通过手机就能“文化点单”；广州，每8万人拥有一座图书馆，广州图书馆跻身“世界最繁忙图书馆”；梅州，300多座客家古民居摇身一变为农村文化俱乐部，尽管没有一线城市那么“高大上”，但村民一样可以在自家祠堂改造的幽雅环境中感受“诗和远方”……

习近平总书记在全国宣传思想工作会议上强调：“要推动公共文化服务标准化、均等化，坚持政府主导、社会参与、重心下移、共建共享，完善公共文化服务体系，提高基本公共文化服务的覆盖面和适用性。”

广东长期以来存在着公共文化服务发展不平衡的现象，表现为区域、城乡和不同群体之间发展的不平衡。新时代，广东站在高起点谋划公共文化服务建设的崭新格局，通过大力创建基层综合性文化服务中心、推动县级图书馆和文化馆总分馆制、扶持和培育群众文化品牌、满足外来务工人员群体的文化需求、以智慧服务实现升级等手段，大力构建现代公共文化服务体系，打通公共文化服务“最后一公里”，切实提升南粤百姓文化获得感。

/ 补短板 /

激活基层文化“细胞”

东莞大朗镇巷头村有着“中国毛织第一村”的美誉，率先致富的农民相继搬进了崭新的农民公寓。2018年9月初，一个由村委会投资打造的“四馆合一”的巷头社区综合服务中心建成了，它包含村史馆、毛织展览馆、图书馆和生活馆。

整齐亮丽的全新小区，不见了老村模样，为了重拾“乡愁”，村史馆向村民们征集各种旧物，从昔日村民的粮油供应簿等旧票证，再到缩小复原的旧牌坊、大朗古道，一幕幕将老村的旧模样“搬”了进来。

“以前村民常坐在村头大榕树下话家常，搬进新家后关系也不能疏远。”服务中心相关负责人陈金华说，“四馆合一”的模式破解了这一难题。中秋节前，生活馆组织的手工灯笼制作活动吸引了数十名村民带孩子参加。2018年8月，服务中心专门聘请社工组织完成一份上门“家访”，8名社工围绕村民的兴趣定向设计、组织社区活动。从书法课、木偶戏到粤曲粤剧表演，生活馆每周末都是人头攒动。为解决孩子们放学后的托管问题，图书馆设置了“4：30课堂”。这些贴心设计，让服务中心成为村民在家门口的“生活驿站”，维系住了乡情。

长期以来，广东省公共文化服务发展城乡不平衡明显，广东人均公共文化财政支出最高与最低的市之间，数值相差5倍之多。有人曾说，当城市里的孩子坐在现代化图书馆畅想“诗和远方”时，不少农村的孩子只能在昏黄的台球室里虚度光阴。

“补短板，就是要弥补城乡、地域、不同群体之间发展不平衡的问题。”时任广东省文化厅副厅长的刘启宇说，广东通过建设基层综合性文化服务中心等举措，着力弥补基层公共文化投入不足、使用效能不高的短板。

从2013年启动建设至2017年底，梅州市累计投入9000多万元，以“三多三促”（多形态文化，多功能利用，多元化投资；促古民居保护，促文化旅游，促社会和谐）模式活化利用329间客家古民居，将它们改造为农村文化俱乐部。老祖屋华丽变身，增设图书室、电子阅览室、卡拉OK室、棋牌室、书画室、民俗展室等多种功能区域。

“通过对古民居进行标准化改造，让群众就近、自愿地参加公共文化活动，古民居由此焕发生机，成了村民茶余饭后爱去的‘快乐大本营’。”原梅州市文广新局（现梅州市文化体育旅游局）相关负责人介绍说。

佛山三水北江边，历经500年风雨的陈氏大宗祠巍然屹立，它同样以“文化+祠堂”的模式，被改造为基层综合性文化服务中心。镬耳屋内，乒乓球活动室、乡村图书馆、电子阅览设备一应俱全，书画、醒狮、龙舟、舞蹈、象棋、乒乓球等10多个文体协会，每逢周末轮番组织活动，热闹非凡。“无论是不是陈氏族人，随时都能进入陈氏大宗祠享受文化服务。”管理员陈达荣说。

琳琅满目的各式图书、高科技VR体验、多功能活动中心……位于佛山高新区树本产业家园内的高新区智能文化家对外开放。唯尚家具、雪莱特光电等首批11家企业文化家园示范点获得授牌，它们与“智能文化家”一起服务佛山高新区40余万产业工人。围绕基层综合性文化服务中心的建设，佛山各镇区打造“智能文化家”，着力构建满足产业工人的公共文化服务体系，力求“以文化人、以文引人、以文促产”，提升在新一轮抢人大战中的竞争力。

古语云：“富润屋，德润身。”过去少人问津的乡镇（街道）文化站、农村（社区）图书室，摇身一变成为综合性文化服务中心，依托这一平台，不断注入党建、文化、农业科技、康体健身等多种服务。镇、村基层公共服务设施的使用效能获得了极大提升，基层文化的“细胞”被激活，打通了公共文化服务的“最后一公里”。

/ **“种”文化** /

百姓舞台百姓演

深圳罗湖区文化馆内，吧台、录音房、排练厅、志愿者空间一应俱全，俨然成了“草根版”的戏剧人之家，深圳最“火”的群众业余戏剧品牌——“09剧场”在这里诞生。

2012年3月，罗湖区文化馆馆长符史安与南下打拼的戏剧人邸叙然走到了一起，在文化馆联手推出“军哥剧说”系列舞台剧。它在国内首创“单人脱口秀+戏剧小品+歌唱、朗诵和舞蹈”的表演形式，以深圳人的视角来创作，素材全部来源于深圳普通人的生活，打造出了深圳版的“开心麻花”。截至2018年，演出近600场，吸引20多万人次观看。

“以前文化馆的使用效率很低，一个月才一两场演出，群众参与度也不高。植入‘09剧场’品牌后，文化馆成了罗湖每个周末不落幕的群众剧场。”符史安说，通过设计一系列以节目为核心、以馆为阵地的群文活动，文化馆从单一“物理空间”变成“文化品牌”，影响力大大提升。

从2016年起，广东大力推进县（市、区）级图书馆、文化馆总分馆试点建设，以县（市、区）图书馆和文化馆为总馆，在乡镇（街道）、农村（社区）建设服务点，不断向基层群众辐射，将文化“种”到群众中去。

从三年前开始，茂名市电白区文化馆派业务人员到21个镇（街）分馆担任副馆长，打通人员、考核的屏障，建立起总分馆服务平台。电白区文化馆馆长韦华说：“我们馆的专业曲艺舞蹈人员，在各村各镇收了不少学生，一大批文艺分子从下面的村镇‘冒’了出来。”

与此同时，广州的“羊城之夏——市民文化节”、东莞塘厦的“同饮

“同饮一江水”——2018广东打工者歌唱大赛上，广州市花都区合唱团演唱《沁园春·雪》（李细华　摄）

一江水”——广东打工者歌唱大赛等一批群众文化品牌也在各地基层纷纷涌现，彰显了“百姓舞台，百姓演”的特色。

从2017年春节开始，云浮文化馆馆长周教贤亲自当起导演，从各镇村基层选拔群众文艺节目，编排出一台“农村春晚”。2018年的云浮“农村春晚”，八成节目由农民自己搭台、自己演戏，近400名农民群众参与其中。没有奢华的舞台和服装，没有大牌明星，有些节目甚至“土得掉渣”，但凭借着村民熟悉的方言和演员，带着“泥土味”的“农村春晚”获得群众好评连连。

在清远，“村歌嘹亮”群众歌唱大赛以镇文化站为基层组织单位，每个镇（街道）文化站组织一场村歌大赛，然后县（市、区）组织分赛，最后优秀作品在全市展演。从基层遴选的“村歌”带着浓浓的“清远味道”，《赞青塘》《黄花小镇》《腾飞三角》等一批歌唱故乡风土人情的原创歌曲从大赛中涌现出来。

时任广东省文化厅公共文化处副处长的毛凌文介绍说，广东省不断扩大市、县两级的群众品牌赛事活动，以赛促创，以评促创，推出了一大批优秀作品。通过培养重点业余作者、建立广东省群众文艺作品试排试演基地、举办全省群众艺术花会大型赛事等举措，推动我省群众文艺创作水准不断飞跃，自下而上疏通了群众文化创作的“毛细血管”，屡获“群星奖”等全国重要奖项。

/ 新技术 /

“互联网+文化”智慧服务升级

从2018年初开始，韶关市委、市政府启动的智慧图书馆“风度书房”风靡了这座粤北城市。单是暑期，全市风度书房就“迎客”近30万人次。这些书房无人值守，市民仅需身份证、借书证、借书证二维码三者其一便可进入，为市民提供了“家门口的24小时智慧图书馆”。

而在深圳，走进盐田区图书馆，迎接你的可能是机器人“贝贝”。除了能应对各种读者咨询，“贝贝”连“卫生间怎么走”这样的小问题，也能对答如流。

无线操控，感应智能灯，带记忆功能的自动升降“智慧坐席”，能够告诉你最喜欢的书在哪里的“智能书架”，利用多媒体声光电互动技术打造的数字体验式24小时读海书吧、耳机森林听涛区……盐田图书馆处处让人感受到智能服务带来的舒适体验。

2018年9月9日，家住佛山南海的刘女士带着4岁的儿子来到佛山木版年画的百年老铺，在KK老师的现场示范下，和儿子一起制作完成了一张佛山木版年画。参加这样的活动，刘女士只需要在微信里动动手指点击“佛山文化云”菜单就预约成功了。

“‘佛山文化云’每周都会把最新的‘文化菜单’送到我们面前，免费健身房预约、诗文朗诵大赛、音乐会等数十项活动，可自由选择，全是免费的。”刘女士说。

2018年7月，省立中山图书馆采购了700台智能听书机，免费为盲人读者提供“听书”服务，盲人也能进入图书馆“阅读”了。

通过“互联网+”智慧服务，广东推动公共文化优化升级。无论是深圳的“福田文体通”，还是未来的“广东公共文化云”，广东公共文化服务正在利用移动互联网媒体新技术，搭建智能文化家、e网通、公共文化云等全新平台，改变公共文化服务传统的单向输送格局，打造与美好生活相适应的新型文化服务模式。

让优质文化资源在基层流动起来，让群众文艺精品从基层“生长”出来，以新技术手段打通公共文化服务的“任督二脉”……广东大力构建现代公共文化服务体系，弥补区域、城乡以及不同群体之间发展的不平衡，切实提升南粤百姓的文化获得感。

/ 观察 /

盘活社会资源提升公共文化服务

党的十九大报告指出，我国社会主要矛盾已经转化为人民日益增长的美好生活需要和不平衡不充分的发展之间的矛盾。这也是新时代广东公共文化服务建设必须破解的难题。

近年来，广东省大力构建标准化、均等化的现代公共文化服务体系，不断加大对公共文化的财政投入。为如期实现全面建成小康社会目标，2018年广东省财政下达11.5亿元奖补资金，但仍难弥补粤东西北等地区投入不足的问题。按《全面建设小康社会统计监测指标体系》中“人均公共文化财政支出”一项来衡量，广东仅居于全国中等偏上水平。

此外，一些欠发达地区的基层文化站点设施设备陈旧、资源闲置，存在着群众需要的文化服务较少、对岭南文化的挖掘不深、特色不鲜明等问题，基层高素质、稳固的文艺人才队伍也相对缺乏，制约了基层公共文化服务的长足发展。

“在坚持政府主导的基础上，广东应不断创新社会力量参与方式，提升公共文化服务的活力。”广东省政协委员茹晴建议说，要不断尝试由政府向社会组织购买基层公共文化设施的管理和运营服务，以“委托经营”推动公共文化在资源配置、服务提供上采用市场机制、市场手段，借助各种社会资源，盘活基层公共文化资源的使用效能。

广东省文化厅时任副厅长刘启宇提出，要探索公共服务与文化产业发展“两手抓、两手硬”的路径，不断以文化产业为公共文化提供支撑和市场供给，以增强公共文化产品的生产供给能力。例如，中山市利用当地游戏产业发展基础与公共文化服务相结合，在“网咖”等新兴休闲娱乐场所植入公共文化服务，渗透到年轻人群体中，这一经验值得借鉴推广。

广东在公共文化服务方面素以创新著称，曾首创“流动图书馆”、自助图书馆等服务模式。在如今的信息技术时代，广东更应当引领先机。

老子云：“治大国若烹小鲜。”一切发展以人的需求为出发点，解决一个个关于群众文化利益的小问题，广东文化强省建设才能找到最稳固的落脚点。新时代，广东公共文化服务需要不断创新，以更细微的触角直抵群众诉求，以更有活力的机制体制，改变过去公共文化服务的单向输入，建构与群众双向交互的服务模式，引领公共文化服务2.0时代的到来，最终让每个人都能像享受阳光、雨露那样，均等地享受优秀文化的滋养。

/ 案例 /

东莞塘厦：为外来务工者打造“星光大道”

广东是全国外来人口最多的省份。如何满足外来务工人员文化需求，是公共文化服务建设的“广东课题”。在过去15年时间里，以“原创打工音乐”为突破口，以建设打工歌曲创作基地为抓手，东莞塘厦镇走出了一条富有地方特色的公共文化服务体系建设之路。

林建忠来自汕尾陆丰潭西镇，今年38岁的他有近20年打工经历。在深圳做过搬运工，在广州当过司机，初来东莞塘厦时收过废品。2007年来到塘厦时，他只是坐在台下观看塘厦镇农民工艺术团演出的一个忠实粉丝。慢慢地，在农民工艺术团的鼓励和帮助下，他获得了登台演出的机会。

10年间，他成长为一名舞台经验十足的“打工歌手”，在塘厦镇小有名气。2018年初，他的故事登上了央视《朝闻天下》。在塘厦，有太多像林建忠这样的追梦人，因为音乐，找到了自己的精神家园。

时间倒转到2004年，塘厦镇的当地户籍人口不足5万人，新莞人却近50万人，其中大多是打工者。“工厂一线员工业余生活比较单一”，东莞市塘厦镇文化广播电视服务中心副主任李芝泉说，车间、食堂、宿舍“三点一线”是大多数外来务工人员的生活写照，“业余文化生活匮乏，容易造成心理问题，也会带来一系列社会问题”。

为了激活新莞人文化的“一池春水”，2006年，塘厦镇发起了第一届“越唱越红”歌唱大赛。与大多数歌唱比赛在演播厅录制不同，“越唱越红”的舞台是广场、社区和企业园区。大赛影响力在民间不断发酵，收获了“北有‘星光大道’，南有‘越唱越红’”的美誉。

“作为改革开放前沿地，广东社会经济的发展有赖于外来务工群体的辛勤奉献，增强他们的幸福感和归属感迫在眉睫。”时任广东省文化馆馆长的王惠君回忆说，从2013年开始，广东省文化厅将“越唱越红”更名为“同饮一江水”——广东打工者歌唱大赛，并在全省推广。

从2006年至2017年，这项专门为外来务工人员设计的省级群众文化品牌活动合计举办800多场次，受惠群众超500万人次。如今，大赛以东莞、珠海、广州花都等九大赛区为中心，辐射粤东西北，通过海选、周赛、月赛、季度赛、年度总决赛，使大赛的惠及面不断扩大。大赛对所有外来工实行“零门槛”参赛，通过培训、为获奖者签约唱片公司、邀请历届冠亚季军参与巡演等一系列包装推广手段，助其成长，实现梦想。

从2017年起，大赛又新增网络赛区，以微信号实现“线上推广、线下引流”，还尝试网络直播，仅总决赛网络直播就吸引了28万人次观看。“互联网+”将大赛的影响力进一步辐射全国。

（李培　周豫　汪思婷　王芃琹　杨逸　刘长欣　卢浩能）

“文化+”赋能广东制造
跨界融合提升产业内涵

VR沉浸式体验飙车、虚拟拍照、模拟钓鱼系统、机器人舞蹈……在第十四届深圳文博会上，由广州、深圳、佛山、东莞、汕尾等21个地级以上市组成的广东文化产业军团，向世界秀出了约占中国1/7文化产业总量、连续15年居全国各省（区、市）首位的广东文化产业内涵。

文化兴则国运兴，文化强则民族强。繁荣文化产业，广东走的是一条“质量型内涵式”发展新路——重创意，造品牌，推动传统文化向价值链高端提升，引领本土IP“走出去”；重科技，促融合，“文化+”跨界融合赋能文化新业态，推动“广东制造”向“广东创造”转型升级。

一系列政策的“组合拳”推动着广东文化产业“加速跑”。数据显示，2016年，广东文化及相关产业增加值为4256.63亿元（含R&D研发经费），同比增长16.67%；2017年我省文化产业附加值增速高于地区生产总值增速，已成为广东国民经济重要支柱性产业。

这张漂亮成绩单的背后，正是广东贯彻习近平总书记在参加十三届全国人大一次会议广东代表团审议时的重要讲话精神，以高质量文化供给增强人们文化获得感、幸福感的生动实践。

不容忽视的是，广东在推进建设文化强省的道路上，还须解决产业发展中面临的诸多新问题：文化企业如何解决“融资贵”“融资难”？如何填补高端复合型文化产业人才的紧缺？如何迎接粤港澳大湾区发展为文化产业带来的机遇与挑战？南方日报文化深调研团队近日走访了广州、深圳、东莞、佛山等地，为进一步加快广东文化产业发展寻找良策。

/ 精品战略 /

传统文化产业转型升级

在2018年的戛纳电影节上，由广东南方领航影视传播有限公司、中国电影股份有限公司、珠江影业传媒股份有限公司等单位联合出品的电影《南哥》不仅入围专场展映，更与美国TriCoast Worldwide公司签约全球发行。

《南哥》的总制片人兼主演、广东南方领航影视传播有限公司副总经理孙洪涛欣喜地看到，当天来自30多个国家、地区的120余名发行商、文化官员对这部中国影片表现出了强烈的兴趣和合作意愿。根据合同，影片以保底发行、10年分账的形式出售版权。

业内人士认为，该片作为一部讲述中国扶贫模范人物题材的小成本电影，获得海外发行公司的青睐具有重要的政治意义和现实意义，也为“粤产”小成本电影走向世界积累了成功的经验。

“广东电影产业市场化程度较高，和广东省经济大省的地位相匹配。”广东省电影协会会长陈长兵介绍，2017年广东电影票房收入为79.98亿元，同比增长10.82%，占全国总票房收入的14.30%，连续16年蝉联全国榜首。广州、深圳两市人均观影次数分别为5.22次、4.14次，已经达到发达国家水平。

庞大的产业规模和受众基础为广东影视业提供了广阔的市场空间。然而，在上扬的消费曲线背后，却隐藏着本地创作缺位的危机——“不缺受众群，但缺少本土好作品”成为广东从“影视大省”向“影视强省”迈进的绊脚石。

如何通过精品化创作，提升影视产业的内涵和质量？广东省新闻出版广电局有关负责人介绍，广东近年先后出台多项政策，累计投入9810万元奖励重点制片基地、重点电影作品、电影技术研发等，吸引产业资本聚焦广东。“落户佛山的南方影视中心目前也在加速建设，为广东的影视产业发展带来更大的可为空间。”

一方面在内容上做精，用精品化战略实现影视产业的供给侧结构性改革；另一方面在技术上做强，通过硬件升级抢占产业发展制高点。近两年，广东加快发展4K超高清电视应用与产业，4K节目内容与服务应用快速丰富，广东4K节目“双创中心”加快4K内容创作生产，全国首个省级4K超高清频道——广东综艺4K频道将于近期正式开播。

广东省委宣传部常务副部长、广东省电影局局长白洁表示，推动4K电视网络应用与产业发展，是广东把满足人民群众新期待和增强文化自信落到实处，深化广电媒体供给侧结构性改革，促进信息网络技术和消费升级，提升文化软实力和群众获得感的一项重要举措。值得期待的是，到2020年有望带动全省相关产业实现产值6000亿元以上。

/ **跨界融合** /

新兴文化产业异军突起

超级飞侠、喜羊羊与灰太狼、铠甲勇士、巴啦啦小魔仙、萌鸡小队……走进位于广州珠江新城的奥飞娱乐股份有限公司的办公区域，琳琅满目的动漫衍生品让人仿佛徜徉于一个玩具王国。节目《晚安玩具熊》的两名“90后”主持人李雍和黄佩哲正聚在一起“头脑风暴”，探索玩具更

●第十四届深圳文博会3号馆影视动漫游戏馆，工作人员穿上盔甲外套变身机器人，造型炫酷（朱洪波　摄）

益智更潮流的新玩法。

这样洋溢着创意与活力的工作日常，带动着这家动漫企业25年的发展腾飞。

奥飞娱乐公关总监王兰告诉记者，奥飞自创立至今历经了三次转型升级，从一家坚持自主知识产权的玩具制造企业，逐步延伸至以IP为核心的全产业链运营平台，囊括了动漫、玩具、早教、影视、实景娱乐、授权、媒体、游戏等多元化产业。瞄准国际化市场，奥飞与“一带一路”沿线的20多个国家展开系列合作，成为广东文化企业走向世界的成功案例。

数字赋能时代，为文化与科技、互联网的深度融合带来新机遇。动漫、网络游戏、网络音乐等新兴文化业态异军突起，成为广东文化产业的新引擎。

2016年广东动漫总产值约占全国总产值的1/3，网络音乐产值占全国的2/3；2017年，广东省网络游戏营收规模占全国的74%，占全球的20%。以“互联网+”为主要形式的文化信息传输服务业增加值达505亿元，增长35%以上，涌现了腾讯、UC、YY等行业巨头，全国APP总榜安装量前三名——微信、QQ、酷狗音乐均为广东企业。

插上高新科技的翅膀，珠江钢琴、珠江灯光、锐丰音响科技、浩洋电子、励丰文化等一大批文化企业成为行业的“领头雁”……“文化+”，加出产业发展新模式、新业态。

“广东文化产业正加速与制造、信息服务、教育、旅游、体育等产业融合发展，成为文化创意产业新的增长点，产业的跨界融合已成为广东创新驱动的‘加速器’。”广东省文化和旅游厅有关负责人说。

/ **孵化集群** /

文产军团加速“闯世界”

通过触摸玻璃屏幕或者以隔空手势360度旋转无死角欣赏一段文物的影像，观众不佩戴任何设备，裸眼即可观看3D文物……在深圳文博会上，广东团主展区展出的全球第一个箱体内、外空气成像展示技术，吸引了国内外采购商的眼球。

第十四届深圳文博会共有来自101个国家和地区的21 386名海外采购商参加，主会场、分会场、相关活动的总参观人数达733.258万人次，无论是参展规模还是参观人数都再创新高。

作为我国唯一一个国家级、国际化、综合性文化产业博览交易会，深圳文博会举办10余年以来，为中国文化产品打造了一个集展示、交易、交流、评奖于一体的重要平台。连续多届超过2000亿元的交易额，更让外界对中国文化产业的市场潜力充满期待。

除了深圳文博会，还有中国国际影视动漫版权保护和贸易博览会（东莞漫博会）、中国（中山）国际游戏游艺博览交易会、中国（广州）国际演艺交易会、中国（广州）国际纪录片节等众多落户广东的“国字号”节展蓬勃发展，共同推动着中国文化产品以更优的姿态走向市场、走向世界。

广东省文化和旅游厅党组书记、厅长汪一洋介绍，除了引进重量级的行业节展，广东还积极创建国家级文化产业示范区、示范基地，创新开展省级文化产业示范园区创建、认定工作，通过“筑巢引凤”、改善营商环境、有机结合等新方式，推动文化产业集聚发展，取得“规模效应”。广东省目前总收入过100亿元的园区和基地有3家（华侨城、腾讯、羊城创意产业园），过10亿元的有9家。

一头促进“全产业链”纵向对接，另一头发挥地域优势横向联动，广东在推动文化产业规模化发展上打出了“组合拳”。

在“一带一路”和粤港澳大湾区建设不断深入开展之际，正在筹建的粤港澳大湾区文化产业联盟备受瞩目。该联盟副秘书长彭建林介绍，粤港澳大湾区文化产业联盟一方面聚合社会资源，推动文化产业链各个环节互相赋能，另一方面将为大湾区城市经济文化发展方式转变献计献策，推动湾区城市文化事业发展。彭建林希望，将联盟打造成中国乃至全球城市文化展示推广、城市文化发展战略咨询服务、文化项目投融资、文化地产配套建设、文化商业化运营项目推广等领域最具影响力的综合服务平台，辐射带动泛珠三角区域文化产业的发展。

/ 案例 /

东莞松山湖：一站式品牌授权服务助“智造”升级

“近年来，‘潮牌’占服装零售业市场份额越来越大，如何打造‘潮牌’？”在东莞松山湖的博泰文化创新服务中心放映厅里，多名来自香港知名企业的品牌专家组成“导师团”，轮番为数十名来自东莞各行业的企业负责人传授自主品牌的经营秘笈。

“这是博泰创意服务中心主办的品牌工作坊，我们经常会邀请各行各业龙头企业的品牌专家为中心服务的企业负责人进行培训，分享如何打造IP，交流如何提升产品的竞争力。”东莞市博泰文化创意有限公司创始人凌汉明说。

拥有与迪士尼、派拉蒙、FOX等世界级公司多年合作经验的凌汉明看到，2008年金融危机以来，东莞代工企业没有品牌的短板显露无遗，东莞多数制造业长期处于微笑曲线的底端。

如何能帮助东莞企业走出缺乏品牌的困境？如何在帮助企业通过品牌授权升级转型的同时，帮助企业打造自主品牌？凌汉明的思考与东莞各级政府大力发展版权产业的决心不谋而合。在东莞市政府的大力支持下，他于2015年开始着手搭建博泰创意服务中心，推动东莞市品牌授权资助项目落地。

东莞近年在创建全国版权示范城市上下了很多功夫。自2015年底起，东莞市政府推出品牌授权资助项目，连续5年累计资助总额高达9000万元，对于符合条件的东莞企业，给予品牌授权保底费用30%—50%的资助，每个企业每年最高可获得资助200万元。受东莞市政府授权委托，松山湖还编制了《东莞松山湖创意服务中心项目资金扶持管理办法》，成为全国首创的品牌授权扶持政策。

在政策的支持下，博泰创意服务中心组建了专业化的运作团队，打造全国首家一站式品牌授权全产业链服务平台来协助企业实现升级转型，平台业务涵盖品牌引进与授权、研发创意设计、销售渠道搭建、咨询培训，推动品牌授权资助项目落实。

截至2017年底，博泰已与迪士尼、腾讯、奥飞等多家品牌公司建立战略合作关系，引进品牌公司58家，引进形象超过100个；帮助东莞企业完成品牌授权合同58份，授权合同总金额达8656万元。推动了东莞企业借力品牌授权商业模式，加快转型升级的步伐。

“松山湖对文化创意产业的扶持模式，让品牌授权资助资金发挥出了显著的杠杆作用，撬动了企业创造自主品牌的活力，有效促进国内外品牌授权与东莞制造业对接，推动‘东莞制造’向‘东莞创造’的转型。”凌汉明期待，更多广东企业能利用品牌授权这一商业模式“借船出海”，加快自主品牌培育和打造。

华强方特：“文化+科技”提高国产IP竞争力

憨态可掬的“熊大”“熊二”，“萌”得让人恨不起来的“光头强”……动画片《熊出没》系列中的动漫形象陪伴着一代人的成长。2017年上映的《熊出没·奇幻空间》票房更达5.21亿元，成为当年上映的国产动画片中的票房冠军。

而制作“熊出没”IP系列的幕后“推手”，正是华强方特文化科技集团。从动漫产品、特种电影、主题演艺，到文化科技主题乐园等文化内容产品及服务，华强方特近年来逐渐发展成为国内知名的文化科技领军型企业。

走进华强方特深圳总部一楼展厅，众多炫酷的科技场景“扑面而来”：AR技术让京剧演员在你面前唱念做打，声光电融合成一出凄美动人的《梁祝》……

打通文化与科技的“任督二脉”，华强方特有何秘诀？华强方特的负责人介绍，华强方特设有创意设计院、科技研究院和工程设计院，这三个院互为上下游关系，相辅相成，实现了文化与科技在组织架构层面上的有机融合。

其中，创意设计院的工作是要将众多的文化元素和高新技术相结合，创意设计出独具魅力的主题公园项目；科技研究院所承担的是技术研发工作；工程设计院则主要是在创意策划和科研成果的基础上，进行公园规划及建筑和景观设计，使之成为内容丰富、功能齐全的主题公园设计方案。

“文化与科技的跨界融合，正是深圳文化企业发展的一个鲜明特点，腾讯、华强等都是其中的代表企业。”华强方特集团高级副总裁尚琳琳告诉记者，华强方特是目前国内唯一一个从主题乐园创意设计、研究开发、内容制作、施工建设到市场运营全产业链运营的企业。

/ 观察 /

筑牢金融与人才支柱

“如何抓住粤港澳大湾区机遇继续领跑？要打造文化新高地，广东不能只注重速度。”文化部“十三五”规划特聘专家、文化经济学者彭中天认为，发展文化产业，资源是基础，创意是灵魂，人力是核心，制度是保障，产权是根本，金融是动力，信用是纽带，科技是翅膀。

然而，多位专家均指出，金融与人才的支撑不足制约着广东文化产业的加速发展。如何能扫清广东文化产业发展“高速路”上的障碍？

中传金控股权管理有限公司总经理王志刚指出，风险控制和金融杠杆容易导致文化产业出现资金问题、难以为继。“如何将资源需求、资本需求、资本属性进行匹配，给需要发展的文化产业找到资本助力，是一道难题。”

“‘文化+金融’的模式还需要摸索。”南方科技大学党委副书记、深圳大学文化产业研究院院长李凤亮认为，在文化融资方面，建议推进评估质押融资保贷文化融资模式的创新，推动文化投资贸易便利化和金融的自由化。

对此有专家建议，从政府层面上助力，建立普惠文化金融信贷风险补偿制度，加强资本支撑力。建议由广东省财政安排专项资金设立省文化贷款风险补偿资金池、贷款利息补贴专项资金、担保专项扶持资金、文化保费专项资金，专项用于支持文化金融创新。

“不仅要破解我省文化项目和文化企业‘融资难’‘融资贵’，人才不足也直接影响着广东文化产业的创造力和生命力。”包括南方领航影视传播有限公司副总经理陈学军在内的不少专家均提到，广东省的影视文化产业链条尚未搭建完善，近10年来影视人才纷纷北上，不仅导致省内不少影视基地陷入生存困难，更制约着本土影视创作水平的提升。

影视产业的这一窘境同样见诸其他文化领域。专家指出，其背后原因在于文化创新创业人才支持不足。目前，广东省的各项人才认定和支持政策，大多以高级工程师、院士、中国专利金奖、承担重大科技攻关项目等贴近科技产业的标准为硬性门槛和评价因素，尚未建立切合文化产业特点的文化产业人才认定和支持政策。

“文化企业员工的学历普遍为本科，很少能达到当地引进人才的扶持政策要求，基本无法享受企业所在地的人才引进政策，既不利于文化产业人才成长，也难以从实质上吸引文化产业人才落地。”红岩文化创意公司总经理洛晓峰说。

洛晓峰等业内人士提议，广东可参照浙江等地做法，研究出台切合广东省文化产业特点的文化产业人才认定办法和支持措施，将文化产业特需人才、文化重点领域青年创新创业人才，纳入广东省“珠江人才计划”“扬帆计划”“广东特支计划”等支持对象，采取货币补贴或实物出租方式解决文化产业特需人才、文化重点领域青年创新创业人才住房保障问题。

也有专家提议，把握粤港澳大湾区的机遇，加强大湾区人才培养联动，支持文化科技、文化创意企业、园区与高等院校、科研机构共建人才培养基地，促进产学研紧密结合，加快创新型、复合型、外向型文化科技、文化创意人才的培育。

（毕嘉琪　刘长欣　郭悦　黄堃媛）

守文脉铸乡村之魂 亮特色强振兴之基

2018年9月23日，我国迎来了第一个中国农民丰收节。节日背后饱含着对乡村振兴沉甸甸的期许：党的十九大报告中首次提出实施乡村振兴战略。习近平总书记对实施乡村振兴战略做出重要指示：“要坚持乡村全面振兴，抓重点、补短板、强弱项，实现乡村产业振兴、人才振兴、文化振兴、生态振兴、组织振兴，推动农业全面升级、农村全面进步、农民全面发展。”

没有乡村文化的高度自信，就难以实现乡村振兴的伟大使命。在广阔的乡村地区，岭南文脉树大根深。无论是客家古镇的打造、香业小镇的建设，还是仓东古村的复活，乡村文化都是最持续的精神动力来源。村民们正以高度文化自信，登上广东新农村建设的舞台，演绎乡村振兴的华彩乐章。

记者广泛走访珠三角与粤东粤西粤北各地乡村，从文化传承、产业振兴、乡风建设等不同维度，梳理南粤大地乡村文化振兴的生动案例，从中寻找乡村振兴“铸魂工程”的启示。

/ 遗产保育 /

活化古村落　留住乡村“根和魂”

乡村振兴既要塑形也要铸魂。如果将文化振兴比作乡村振兴战略的“铸魂工程”，那些深藏在古村落里的传统文化遗产，正是乡村“根和魂”的所在。

梅州大埔县百侯镇流传着“同堂七魁”“同榜三进士”“一腹三翰林”等佳话。明清两代，这里曾诞生翰林5人、进士24人、文武举人134人，“秀才家家有，进士到处走”的美誉不胫而走。“百侯镇保存完好的明清古民居多达120座，也是目前国内官厅式古民居最多的地方。”大埔县百侯镇党委书记邓越林自豪地说。

2010年，百侯镇成为梅州首个“中国历史文化名镇”。深厚的文化底蕴为古镇留下辉煌的历史。在现今经济新常态下，百侯“耕读传家”的文化遗产如何续写新篇？邓越林为记者绘声绘色地描摹了一幅“文化强镇”和“旅游活镇”的发展蓝图：

为了充分彰显客家古韵，百侯镇一批古建筑实施“旧貌换新颜”：主祀杨氏先祖的南麓公祠翻新为“百侯翰林文化展览馆”，“一腹三翰林”的太史第修缮布展为“百侯农耕文化展览馆”……一座座会“说话”的文

著名作家杨应彬位于大埔县百侯镇的故居（何森垚　摄）

物，诠释着百侯的人文华彩。另外，百侯镇还大力发展文化旅游产业，投资近8000万元，打造集古镇观光、历史探寻、文化休闲、科教娱乐、民俗体验于一体的客家古镇文化旅游区，并成功创建国家4A级旅游景区。

无独有偶，2018年4月，潮州市政府出台《潮州市城乡居民住宅建设管理办法（试行）》，要求建筑设计应体现村居地域特色，并提供了多种秉承传统民居建筑风格和潮州文化特色的建筑物立面图，供村民选择。如今，潮安区归湖镇狮峰村内，白墙黑瓦的潮派建筑鳞次栉比。越来越多既让人记得住乡愁，又具有广阔发展空间的新农村，正在潮州出现。

/ 产业发展 /

特色文化品牌助力乡村振兴

除了有形的古村落外，乡村还保存着大量无形的文化资源，为乡村文化振兴提供了重要元素。

百城烟水无双地，六代风幡自一天。位于云浮新兴县六祖镇的龙山，是六祖惠能的故居地、弘法地、圆寂地及《六祖坛经》辑录地，因而被誉为“岭南第一圣域”。2018年1月，广东省首部大型实景音画大典《禅宗圣域·六祖惠能》正式开演，标志着当地从“景区旅游”向“全域旅游”转变迈出了重要一步：新兴县以六祖故里旅游度假区为起点，将龙山塘村、外布前村、塔脚村、夏卢村和《禅宗圣域·六祖惠能》大型表演项目串珠成线，推出“禅意之旅”精品线路。

非物质文化遗产也是岭南乡村文化的“富矿”。起源于明代的江门新会小冈香制作技艺是省级非遗项目，600多年来，双水镇小冈村的空气里总弥漫着香的气息——这里集聚了800多家制香企业，年产量约占全国的40%。双水镇因此成为中国三大制香基地之一。

岭南特色小镇是乡村振兴的新支点、新载体。如今，“小冈香业小镇”规划建设被提上日程。除小冈香外，香水、香精、植物精油提炼等与“香”相关的产业，都是香业小镇未来的发展方向。结合当地风貌建筑资源，香业还将有助于促进特色旅游发展。

色调浓烈缤纷、构图不拘一格、人物造型夸张的农民画，凭借浓厚的乡土气息越来越受城市游客的青睐，也成为乡村旅游的一张“文化名片”。惠州龙门农民画已有40多年历史，农民画师达数百人之多，作品近年先后在美国、澳大利亚、加拿大等10多个国家和地区展出。

在2018年深圳文博会上，龙门展区全面展示“龙门农民画+人工智能”、生态农产品、旅游等特色文化产业最新成果。一件件农民画地毯、丝巾、服饰、床上用品，全部采用人工智能重构设计图案来展示，为乡村文化振兴勾勒新的可能性。

/ 乡风建设 /

“党建+文化”为新农村建设聚能

乡村振兴是一项综合性战略，既包括乡村经济、社会和文化的振兴，也包括乡村生态文明的进步。培育文明乡风、良好家风、淳朴民风，改善农民精神风貌，提高乡村社会文明程度，同样是乡村文化振兴的重要指标。

传统农耕文化中蕴含的大量具有积极意义的人文精神内涵，正等待被重新激活。恩平歇马村是有670多年历史的古村，至今还保留着成人礼、拜孔礼、开笔礼、点窍礼等习俗。

古树、古村、长寿老人，是佛山三水芦苞镇一道独特的风景线。当地长寿老人数量众多，平均每4000人就有1名百岁老人。从2017年开始，芦苞镇在三水区内率先试点实施农村党员设岗定责。在党员干部牵头下，独树岗村进一步探索“党建+文化”模式：一方面深挖和整理当地历史文化资源，开辟打造“党史馆”；另一方面通过举办洪圣诞、二隻宴、龙舟赛等活动，提升古村文化软实力。

芦苞镇独树岗村是当地远近闻名的“孝善古村”，涌现出许多孝善事迹。7年前，村民蔡广权刚退休不久，年迈的双亲却相继因为意外而瘫卧在床。他一人毅然挑起照顾双亲的重担，孝爱事迹感动了十里八村。2016年，蔡广权被评为“感动三水”人物，获佛山市“孝爱人物”提名。独树岗学校1980届校友率先成立志愿服务队，为村民义诊、义剪、免费维修家电等。独树岗村还成立了同乐慈善会，为生活困难的村民提供帮助。三年前，村民们发起了一场爱心众筹，为同村患上肝硬化晚期的蔡润强送上5万多元爱心助款。

乡村文化的振兴，必然哺育出新的文明乡风。让村民“唱主角”，鼓励他们参与到文明乡风的恢复与培育之中，才能真正激活乡村文化振兴的内生动力。

/ 观察 /

乡村不只是地理坐标　更是心灵的归宿

不知从何时起，“乡愁”的话题总能引起社会的热议和共鸣。城镇化改变着传统乡村的面貌与肌理，“无乡可归”成为许多城市游子共同的喟叹：在现代人看来，乡村不只是地理的坐标，更是心灵的归宿；与物质层面的脱贫致富相较，“精神回乡”的诉求，更需要得到深层次的满足。

乡村文化振兴，就是筑起一条“回乡之路”。作为改革开放前沿地，珠三角地区的“回乡之路”尤显漫长：许多地方村民虽保留着“农民”的身份，却已“洗脚上田”；有部分村落呈现出“只有新房、没有新村”的景象，找不到自己特有的文化印记。

粤东粤西粤北地区常见的“追赶型乡村”，却面临着另一种危机：人口老龄化、青壮年劳动力流失导致的“空巢”现象，让古村落失去日常维护的主体，非遗传承后继乏人，部分村落甚至处于自生自灭的状态。避免农村成为“荒芜的农村、留守的农村、记忆中的故园”，已是广东亟待破解的问题。

方兴未艾的“全域旅游”，似乎是乡村振兴的一道“良方”。广东近年通过举办品牌赛事助推古村落发展。“南粤古驿道定向大赛”大多设在经济相对落后的县区，对乡村经济的拉动显而易见：赛事期间，云浮兰寨村餐饮业、住宿业营业额比平时增长约250%，梅州百侯镇当地特产销售额也较平时增长500%之多。

然而，在文旅产业风光的成绩单背后，不能忽略的是，文化振兴才是“灵魂”。离开乡村文化资源的保育，文旅产业发展就成了无源之水、无本之木。“美丽乡村建设重点不在旅游，而是当地人的家园建设。村民的参与是最重要的。”中山大学历史系教授刘志伟认为，与发展旅游产业相较，营造乡村社会的文化品格才是乡村振兴的重中之重。

农民是乡村振兴的主体，并不排斥城市力量的参与。2018年的中央一号文件也将“坚持城乡融合发展”，作为实施乡村振兴战略的基本原则之一。广东省社会科学院科技与社会发展研究中心副主任林[illegible]期望，城乡文化的深度交融，城市“新传统”与乡村“老传统”形成共鸣，有助于乡土精神价值的重新发掘，进而引领乡村发展走向全面繁荣兴旺。

/ 案例 /

开平“仓东计划”获国际奖项　用村民力量“复活”乡村肌理

2018年6月，位于江门开平仓东村的“仓东遗产教育基地”迎来了一批特别的客人——加拿大不列颠哥伦比亚大学和香港中文大学的师生，在这里开展为期12天的跨文化体验学习课程。虽说是课程，但学生们每天的生活却像仓东村民一样稀松平常：与村民们拉家常，听他们弹古琴、唱民歌，跟他们练书法、包粽子，认识各种中草药及其功效……有的学生还有板有眼地学起太极。

仓东村究竟有什么魅力，让这些远隔千里、身处不同文化的师生心里产生共鸣？这还得从10年前说起：秉文谢公祠、侯成谢公祠是仓东村两座有近百年历史、风格上中西合璧的祠堂，仓东村华侨谢天一计划出资修复。于是，村民找到了保护开平碉楼经验丰富的五邑大学广东侨乡文化研究中心暨建筑系副教授谭金花。

“社区在，人在，则文化在。”这是谭金花的理念。在她看来，老房子并非只是一座建筑，它们背后都有人的温度、人的故事。

谭金花不赞成无中生有地将民居建筑“修复”为“精品”。进驻祠堂后，她带着义工将散落在地上的瓷器、青砖、瓦片收集起来，将上千件记录村史民俗的物品分门别类。她还多次拜访村民，请他们回忆祠堂旧貌，然后请来当地工匠，用传统工艺和材料进行修复。

“做保育工作之前，要先搞清楚，我们为什么而做？为谁而做？”谭金花认为，文化遗产的保育并非拒绝发展，更非凝固历史、阻止改变，而是对过往记忆的保存、对“村落肌理”和“地方精神”的保护。她更希望通过古村落的修复，唤醒村民对自身文化的自豪感，使之成为保育乡村文化的主人公。

2014年底，“仓东村历史建筑修复”正式竣工，“仓东教育基地”建成开幕。但最让谭金花欣喜的，却是传统乡村生活的回归：村民们舞着狮子到祠堂拜祭祖先、在榕树下围在一起拉胡琴唱开平民歌……

谭金花团队的工作也得到国际的广泛认可。2016年1月27日，“联合国教科文组织亚太区文化遗产保护奖优秀奖”颁奖典礼在仓东村举行。当天受到表彰的不仅有政府机构、大学和民间组织，51位村民和工匠同样领到了奖状。已经80多岁高龄、用传统壁画技艺修复古祠堂的老师傅胡均湊也是其中一员。

“文化遗产最大的价值就在于它与人的关系。”在不少人眼中，只有那些被评为国家级、省级、市级的文物或非遗，才具有保护的价值，但在谭金花看来，日常生活的衣食住行，都是非常宝贵的文化遗产，“如果你现在不重视它，将来一样有可能会消失”。

（杨逸　李培　马吉池　孙嘉琳　雷贤辉　苏仕日　梁文悦）

打造粤港澳大湾区共有人文家园

环绕在珠江口和伶仃洋海湾周边的11个城市，总面积5.6万多平方公里，7100万的人口规模，地区生产总值规模超过1.3万亿美元，是当下最具活力和发展潜力，也是最受瞩目的经济体之一，与旧金山、纽约、东京等成熟的世界大湾区城市群相比毫不逊色……自2017年“粤港澳大湾区”首次写入《政府工作报告》后，粤港澳大湾区建设已在国家层面加快推进。

文化兴国运兴，文化强民族强，文化是凝心聚力最好的黏合剂。放眼全球，湾区发展不仅是一个自然环境、经济流通等因素持续演化推进的过程，高度的文化认同与文化自信，同样是其发展壮大不可或缺的强劲动力。2000多年同根同源、血脉相通的岭南文化，恰恰是粤港澳大湾区的一大突出优势。

随着粤港澳大湾区建设提速，粤港澳合作不断向纵深推进，在改革开放迎来40周年之际，广东如何从兴人文、强文化入手，充分挖掘、融合及利用岭南传统文化优势，抓住新机遇继续领跑？如何在打造粤港澳大湾区共同的精神人文家园的同时，依托内地、辐射海外，推动中华优秀文化走出去？这些都是值得思考的问题。

粤港澳共有岭南文化基因

优美写意的舞水袖、灵活有力的耍花枪、或婉转或高亢的唱腔……2018年8月2日，在粤剧艺术博物馆内，一群来自粤港澳三地的孩子将粤剧折子戏演唱得有板有眼、气势十足。

这些小演员平均年龄不到10岁，最小的只有5岁，都是“2018年粤港澳青少年粤剧艺术交流夏令营”的学员。虽然在广东舞蹈戏剧职业学院学习粤剧基本功的时间不长，他们表演起来却淡定自若，香港学生表演的《师公出马》还专门对剧本做了调整，英语和流行语也夹杂其中，听起来令人耳目一新，颇具时代特色。

“同根、同源的人文文化，是粤港澳合作各个阶段中的重要基础，而粤港澳三地青年的文化交流，对三地深入合作意义重大。”广东省粤港澳合作促进会执行会长林迪夫说。

粤港澳大湾区内的广州、佛山、肇庆、深圳、东莞、惠州、珠海、中山、江门九市和香港、澳门两个特别行政区，自古同属于百越之地，秦始皇统一岭南之后又基本同属于南海郡范畴。三地人民共同创造的岭南传统文化，包含着最根本的中华文化基因。在港澳青少年中推广岭南传统文化，更容易增强年轻一代的文化认知、加强情感上的交流。

2018年7月21日，“2018粤港澳青年文化之旅”结束了10天的行程在惠州收官。活动中，109名三地青年先后走进澳门、香港特区以及广东深圳、梅州、河源、惠州等地，近距离接触先进文创企业、学唱客家山歌、练习操作提线木偶、学习汉剧水袖基础等，进一步加深了对彼此的了解。

已被列入文化和旅游部2018年度内地与港澳文化交流重点项目的“粤港澳青年文化之旅”，自2009年启动，至今已经举办了10届，包括客家文化、广府文化、潮汕文化、非物质文化遗产等在内的岭南传统文化主题都曾被列入到活动中。10年间，粤港澳三地超过1000名青年学生通过这种方式，共同领略了岭南文化精髓，见证了传统文化的创新发展。

近年来，随着粤港澳三地青少年文化交流活动的日益常态化，越来越多的青年人加入到了传播岭南文化的队伍中来，他们借由“同根同源同发展”等主题活动，诠释着新时期人文湾区的基因。

9月8日，“2018穗港澳青少年文化交流季”在广州收官，在此前的近4个月时间里，来自广州、香港、澳门的青少年通过“‘同根同源同发展’中小学生故事大会”“穿‘阅’广府——追寻广府文化之路”等活动，重新认识了广府文化。在“广府文化之夜”的青少年广府市集上，这些年轻人还现场亲身体验了刺绣、广彩、打铜等传统非遗工艺。当选2019年“穗港澳青少年文化交流季”推广大使的刘蕙宜也是此次活动的主持人之一，她表示：“传承和传播岭南文化是每一个大湾区青少年应尽的义务。”

三地文化交流向深向实

“当前，通过粤港澳三地采取切实的措施，从政府到民间，从个人到高校，可以建立更多的文化交流。2018年8月12日，在广东省一年一度的全民文化盛会“南国书香节”举行之际，原籍南京、在香港生活近20年的青年作家葛亮提出了他的希望。

当天，包括葛亮、费勇、朱燕玲、王威廉等在内的一众文化名人倡议建立粤港澳大湾区文学联盟，以文学创作、影视和动漫等多种形式共同讲述大湾区的文化故事。实际上，早在粤港澳大湾区战略规划出台之前，大湾区内包括文学、音乐、动漫、影视等在内的各行业、各文化单位乃至民间交流，就以各种方式在各个空间紧密进行着。

2018年6月，粤港澳文化合作第十八次会议在佛山召开。其间，三地就携手推进“一带一路”文化交流、推动青年文化交流、加强品牌建设、完善合作机制等达成了共识。粤港澳文化合作会议是广东省文化厅、香港特区政府民政事务局、澳门特区政府文化局自2002年起建立的合作机制，建立16年来，广东已对港澳双向交流共937批17 168人次，三地达成合作项目近170个，各领域人才交流密切。

近两年在三地反响颇佳的“粤港澳青年戏剧交流计划”便是在此背景下得以实施的。2017年，该计划启动三地剧本征集，短短几个月，收到的作品就达100部。同年11月，《粤中大状》《废胎》《乌托邦1号》三部剧从广东、香港、澳门众多作品中脱颖而出，并以一天三戏连演的形式在三地巡演，引发轰动。

“这个计划是历史上第一次出现的，它覆盖了戏剧创作、制作、演出以及人才培训等重要环节，对三地戏剧文化艺术的发展很有益处。”香港中英剧团艺术总监古天农说。

近年来，香港话剧开始越来越多“北上”进入内地市场，广东更是香港话剧进入内地的首选地区。2016年，舞台剧《南海十三郎》来广州演出时，连演三场，场场爆满。2018年8月，广州大剧院联手香港音乐剧的旗舰剧团之一的“香港演戏家族”，首次尝试联合制作音乐剧《朝暮有情人》，通过讲述几代人的爱情故事让观众了解到香港和广州城市的变迁及发展。

粤港澳三地文化交流，除了渠道在日益开拓，形式也在日益丰富。2018年9月，中国电影家协会在广州举办“粤港澳大湾区电影及公共传播人才培训班”，“广府粤韵——粤港澳大湾区音乐曲艺文化”系列活动也已开锣。就在一周前，“粤港澳大湾区音乐艺术联盟”成立，除了三地的文化单位，联盟还以开放的姿态吸纳了一些在数字音乐行业处于领先地位的企业。

抢抓大湾区文化新机遇

粤港澳大湾区除了经济上的优势，更具有侨乡、英语和葡语三大文化纽带，是连接21世纪海上丝绸之路沿线国家的重要桥梁。

2018年5月，深圳文博会历史上第一次举办粤港澳大湾区文化产业合作论坛，与会专家认为，在粤港澳大湾区规划即将落地之际，湾区内城市可尝试将文化“走出去”作为产业结构调整的重要组成部分，借文化“出海”。当下，广州、深圳、佛山等地也正抢抓大湾区带来的文化新机遇，打造具有文化特色的国际化产业集群。

作为全国闻名的武术之乡，佛山曾涌现黄飞鸿、叶问、李小龙等一批武术宗师，并随着香港影视的拍摄而闻名世界。自“中国南方影视中心”落户佛山后，目前已有来自内地及港澳的30多家优秀影视企业签约进驻影视中心。

面对蓬勃发展的影视市场，影视中心也从单一的场景资源开始向影视生产转型，网络剧、网络电影、数字生产等多管齐下，把大湾区内影视企业和影视生产环节聚集，为文创产业创造实实在在的产值。随着影视城二期的启动，影视中心的产业链延伸和服务能力也在不断升级，今后还有望打造南方最大的影视数字生产基地，并将其辐射到整个粤港澳大湾区。

近年来，深圳掀起了第三轮文化设施建设高潮，“新十大文化设施”“十大特色文化街区”大大提升了深圳的文化特色和文化品位，“深圳湾文化设施带”也正在规划中。在完善文化设施的同时，深圳也在加快建设国际文化创意先锋城市，大力发展现代文化，“2018年城市文化菜单”的品牌文化活动就多达32项，“一带一路”国际音乐季、深圳国际摄影大展、深圳（国际）科技影视周等活动也充分展示了深圳的国际化城市形象。

向打造湾区文化综合体的方向迈进，广州则找准了“演艺”这个发力点。目前，广州大剧院已跻身“世界十大剧院”之列。2018年9月，又一个城市文化地标、总投资逾4亿元的广州粤剧院建设项目动工。

近年来，通过“梅花奖”“世界戏剧节”等戏剧活动品牌和文交会、演交会等文化交易平台的打造，广州在培养戏剧观众、培育演出市场上取得了良好的成效。不久前，在原广州市文广新局（现广州市文化广电旅游局）通报该局2018年工作情况和下一步工作计划时，该局相关负责人透露，广州谋划在南沙打造文化演艺小镇，建设剧院一条街，使其成为辐射大湾区的演艺文化中心，这也将成为“广州发挥粤港澳大湾区引领作用，共建全球文化中心”的重要举措之一。

/ 观察 /

以岭南文脉孵化“大湾区文化”

粤港澳大湾区范围内的11个城市，以敢为天下先的勇气和求真务实、兼收并蓄、开拓创新的风姿著称的岭南传统文化为共同文化谱系，在绵延千年同气连枝的民风民俗及人文底蕴的滋养之下，逐渐孕育出一脉相承又多姿多彩、相互认同的岭南文化生态圈，为深入开展交流与合作提供了水到渠成的平台和根基。作为勇立改革开放潮头的创新大省，广东在互联网时代更是孕育了一批像腾讯、网易这样的互联网巨头和一大批创新型企业，创新动能十足。

丰富的历史文化资源、得天独厚的区位优势，以及穗、深、港、澳等城市目前在创意设计、戏剧、影视等领域所拥有的产业优势，只有进一步实现充分的交融互动，才能最大化地实现优势互补。要让粤港澳大湾区的恢宏蓝图变成现实，就必须在继承岭南传统优秀文化基础之上，创造一种焕然一新、超越地域、更具国际化色彩的城市文化大格局，来配合世界级城市群的建设。

湾区经济和湾区文化之间往往有着一种开放包容、锐意进取的共通性。以美国的旧金山湾、纽约湾以及日本的东京湾为例，它们不仅是引领全球经济风向的重要标杆，也是文化、艺术及科教高度繁荣发达的地区。岭南传统人文精神与大湾区文化基因具有先天契合性。当下，随着港珠澳大桥、广深港高铁等一些基础设施建设的完善，粤港澳大湾区的地域壁垒正不断被打破。其中，香港、广州、深圳三个中心城市在文化产业和现代服务业等领域对珠三角地区的引领和外溢作用日益明显，其中深圳文博会已经成为全球最大规模的文化产业博览会，在其带动下，“文化+科技”“文化+创意”“文化+旅游”“文化+金融”“文化+体育”等跨界融合的新兴业态的发展将进一步加快，有望成为产业升级、文化升级的新风口。

另一方面，随着文化多业态融合与联动日益成为创新趋势，在不久的将来，或将诞生一种能代表粤港澳湾区整体文化软实力的“混合型”新文化艺术，进而成为大湾区打通资源优势、构建人才高地、发展新兴产业的关键所在。

业内人士建议，在以区域融合推动产业的特色化、多元化，完善区域内文化产业链条和文化消费市场的同时，当务之急是尽快发掘、培养一批在文博、文学、艺术、设计、动漫、影视等各领域最具代表性的头部IP，形成一批能够媲美百老汇、好莱坞、吉卜力等的基于文化创意的龙头企业和文化品牌。

开放和创新是大湾区文化建设的灵魂。只有从岭南传统文脉中汲取精髓，持续地提炼、繁衍、孵化出一种新的“大湾区文化”，努力打造世界级文化中心，构筑大湾区人文共同体，才能以此吸引来不同国家、地区、民族和文化背景的高端企业和优秀人才定居扎根；才能为粤港澳大湾区提供地缘、政策、资源等红利之外源源不断的旺盛活力。

/ 案例 /

广州深化探索对外文化交流　大手笔塑造国际文化形象

2018年，开业已有8年的广州大剧院首次尝试制作原创歌剧《马可·波罗》。这部歌剧饰演主要角色的外籍演员全部用汉语演唱、念白，现场由澳门乐团演奏，合唱团则来自广州，舞台呈现更是充满鲜明、浓郁的中国风情。所以，归根结底这是一部由广州牵头，集合了广州、澳门乃至国际艺术家智慧的中文歌剧。在中国与国际文化艺术交流日益频繁的今天，纯粹的“老外”用汉语唱中国歌剧，《马可·波罗》无疑是开了先河，其史无前例的国际阵容和大胆创新也引发了世界各地的高度关注。

近年来，广州在对外文化交流方面的探索正不断深化。除了文化场馆的建设，广州通过塑造文化品牌、吸引高水准文化人才，推动中华文化走出去的步伐也在加快。

“广州文化周”等国际性文化交流品牌每年都会选择每个合适城市举办代表广府文化精髓的文化活动，文化纽带功能显著。中国音乐金钟奖、国际纪录片大会、中国（广州）国际演艺交易会、羊城国际粤剧节等一批大型文化活动，也多角度展现着广州特色，彰显城市魅力。

在改革开放40周年的重要节点，15场城市传播国际路演活动密集地在广州举行。与此同时，一个包含政界、学界、科技界、传媒界以及全体市民在内的立体化国际传播矩阵正合力将“广州”这个城市推向世界舞台。“不光‘吃在广州’，文化也在广州。”借助文化的力量，如今的广州已经成为向世界展示中国的重要窗口，并向着“国际交往中心”的目标迈进。

（周豫　郭珊）

广东高标准高质量推动文化繁荣兴盛

珠江水逶迤浩荡，南海潮激昂壮阔。

文化是一个国家、一个民族的灵魂。文化实力是国家和地区实力的重要表现。改革开放以来，广东文化屡开风气之先，数度引领风潮，对推动广东当好排头兵、先行地、实验区功不可没。迈进新时代，加快建设文化强省，努力交出物质文明和精神文明两份好的答卷，更加成为广东实现“四个走在全国前列”、当好“两个重要窗口”的必然选择。

振衣千仞，砥砺而行。《广东省进一步加强精神文明建设行动计划》《广东省建设文化强省行动计划》《广东省推进“粤港澳大湾区文化圈”建设三年行动计划（2019—2021年）》等相继出台，以走在全国前列为目标，高标准高质量推动广东文化繁荣兴盛。一幅恢弘绚丽的新时代广东文化强省建设蓝图，在珠江畔、南海边徐徐展开。

/ 复兴岭南文脉　追溯湾区源头 /

让传统文化与现代文明交相辉映

2018年10月24日，习近平总书记考察广州西关历史文化街区永庆坊时强调，注重文明传承、文化延续，让城市留下记忆，让人们记住乡愁。

每天，广州牙雕国家级非遗传承人谭广辉都会沿着西关骑楼老街前往永庆坊，来到他的工作室展示和讲解。“永庆坊在改造中变年轻了。”谭广辉身边的清代骑楼老街和民居整饬一新，成为年轻人蜂拥而至的网红打卡地。随着永庆坊二期建设，展示广州手工艺精华的“三雕一彩一绣”展厅将全新开放。

年轻人多了，老故事没有走远。

永庆坊蝶变的背后，一座座饱经沧桑的历史建筑、一处处历史文化遗产在南粤大地重焕生机。

广州，2000多年岭南文化中心地，围绕建设全球区域文化中心城市的发展目标，全方位推进文化建设，不断提升城市文化软实力和国际影响力。用绣花功夫推进历史文化街区活化提升，推动文、商、旅、创、居融合发展，让传统文化与现代文明交相辉映，培育提升粤港澳大湾区科技教育文化中心功能，广州正在全方位推动实现老城市新活力。

深圳，以“先行示范区”的标准，率先塑造展现社会主义文化繁荣兴盛的现代城市文明。深圳正努力建设国际时尚创意之都、国际化的文化传播高地、国际文化创新创意先锋城市、人文湾区和国际文化交流中心，加快建设区域文化中心城市和彰显国家文化软实力的现代文明之城。

以“共建人文湾区”为目标，珠三角9城正充分发挥文化建设的引领支撑作用，传承创新岭南优秀传统文化，推动传统和现代融合发展，留住历史根脉和文化记忆，厚植湾区人文精神，全面推进粤港澳大湾区文化圈建设，全方位开展文化交流合作，打造粤港澳大湾区世界级旅游目的地。

一个人，一座祠，点亮羊城红色星光。2019年4月30日，华南地区系统介绍马克思主义第一人杨匏安的革命史迹杨家祠，经过半年整修，重新开放。这间深藏广州越华路、蒙尘许久的老房子热闹了起来，短短几个月已接待参观人次超3万。

为了让陈列在南粤大地上的遗产活起来，广东印发实施《广东省加强文物保护利用改革行动计划》《广东省红色革命遗址保护利用行动实施方案》《关于进一步推动我省革命老区和原中央苏区振兴发展的意见》等，700余处省级以上文保单位的日常保养维护、多处濒危革命文物的抢救性保护工作进入了公众视野。

作为中国近现代民主革命的策源地，广东是革命文物延续年代最长、最有序列、种类最齐全的省份。近几年广东深入系统普查红色革命遗址

4000余处，红色革命遗址保护利用卓有成效。发现保护革命类不可移动文物2035处，珍贵文物7459件/套。

“万物有所生，而独知守其根。”粤港澳大湾区文化遗产游径的建设，是一次对大湾区历史文化的寻根之举。广东省文化和旅游厅厅长汪一洋说，广东今年将建成孙中山文化遗产游径、海上丝绸之路文化遗产游径、华侨华人文化遗产游径和古驿道文化遗产游径，三年内计划打造9条文化遗产游径，“建设粤港澳大湾区文化遗产游径，就是追溯大湾区文化的‘源’，吸引市民真切感知城市文脉”。

/ 传承历史文化　聚焦当下生活 /
广东文艺从“高原”迈向“高峰”

“为祖国放歌——中国文联、中国剧协庆祝中华人民共和国成立70周年戏剧晚会”于2019年9月4日晚在梅兰芳大剧院上演。广州歌舞剧院的新创舞剧《醒·狮》片段“双狮舞”引爆全场热烈掌声。

9月4日下午，广东广播电视台原创自制、广东卫视和山西卫视联合推出的大型文艺节目《国乐大典》研讨会在北京举行。来自全国电视传媒和音乐界的权威专家，对该节目在展现民族音乐时代风华、用国乐讲好中国故事的创新表达给予高度评价。

立时代潮头，发时代之声，广东文艺创作生机勃勃。在2019年举行的全国第十五届精神文明建设“五个一工程”评奖中，广东有五部作品获奖，数量居全国第三。图书《中国桥——港珠澳大桥圆梦之路》获特别奖；纪录电影《港珠澳大桥》，歌曲《再一次出发》《信仰》，广播剧《大爱人间》获得优秀作品奖。电影《照相师》、电视剧《面朝大海》、纪录片《潮起珠江——习仲勋在广东》等一批反映改革开放主题的优秀文艺作品相继出炉。

文艺最能代表一个时代的风貌，最能引领一个时代的风气。按照李希书记关于“打造一批具有岭南风格、中国风骨、世界风尚的精品力作，筑就新时代广东文艺高峰”的指示精神，广东文艺家们坚持对传统的创造性转化和创新性发展，举精神之旗、立精神之柱、建精神家园，不断创作出既有正能量、又有感染力，既温润心灵、又启迪心智，既体现历史文化、又聚焦当代生活的文艺精品。

近几年，广东获得国家级及国际性文艺奖项作品达400多件（部）。舞剧《沙湾往事》以极高的艺术水准摘得第十五届文华大奖；散文集《遥远的向日葵地》获第七届鲁迅文学奖；音乐剧《烽火冼星海》，戏曲电影《柳毅奇缘》《白门柳》，电视剧《热血军旗》，美术作品《长江揽胜》等佳作迭出。

南粤百年，其命惟新。2017年，“其命惟新——广东美术百年大展”赴京展出，2018年“大潮起珠江——庆祝改革开放40周年全国美术作品展”在中国美术馆开幕，展示了广东美术引风气之先、领时代之新、走变革之路的历程。“唯有立足于文化传统的传承光大，立足于当代中国的精神体验，中国艺术才会有真正的现代性，才会有源源不断的创作活力。”广东省文联主席、广州美院院长李劲堃说，我们一定坚持以习近平新时代中国特色社会主义思想为指导，按照总书记对文化文艺事业繁荣发展的重

2018年11月，海内外华人粤剧粤曲展演登陆粤剧艺术博物馆，来自世界各地的粤剧爱好者登台献艺（肖雄 摄）

要指示要求，扎根广东、深入一线，传承好优秀岭南文化基因，在新时代生动反映广东改革发展的生动实践，创作更多高质量高水准的文艺作品。

创新是文艺的生命。摘得第十一届中国舞蹈“荷花奖”的大型民族舞剧《醒·狮》，探求传统文化的当代表达，创造了独树一帜的岭南舞蹈语汇，在广州三元里抗英背景下，舞狮少年面对爱恨情仇、家国大义时的自我觉醒与蜕变的深情故事，令人震撼。有“南国红豆”之称的粤剧，紧跟时代步伐，首尝国内粤剧4K全景声电影“头啖汤”，珠江电影集团、广东粤剧院出品的《白蛇传·情》全片时长101分钟，特效画面超过90分钟，创下全国戏曲电影之最，极具震撼力。

艺术源于生活。最近获全国和广东省“五个一工程”奖的作品，有不少现实主义题材代表作。“只有真正沉下心去，长时间扎根基层、深入群众，才能吃透生活，抓住本质。”广东省作协党组书记、专职副主席张培忠说。广东省作协正在策划建立广东文学重大现实题材库，并组织“改革开放再出发”重点作家蹲点深扎创作。

含英咀华，吐故纳新。老一辈风头正劲，新一代蓄势待发。广东通过文艺终身成就奖、“德艺双馨”中青年作家艺术家评选表彰、“一荐一”美术音乐名家荐才行动等举措，实现人才的以老带新。全省文化软实力提升工程正在实施，推进党报党刊、广东卫视、珠影集团、文艺院团振兴提升计划，正在为广东的文艺生产注入新的活力。一支传承有序、厚积薄发、勇于创新的“文艺粤军”正在成长。

/ 既能触手可及　又能仰望星空 /

公共文化服务供给与市民零距离

文艺必须走进人民，才能发挥培根铸魂的作用。提升百姓的文化获得感，需要载体和桥梁。

粤北韶关，“风度书房”成为城市一道靓丽风景线。开到老百姓家门口的“24小时智慧图书馆”吸引韶关市民纷纷打卡“充电”。自2018年初启用至今，共接待读者228万人次。

佛山南海的读书驿站、江门陈垣书房……广东各地形式各异的图书馆延伸到街道、基层社区，成为广东公共文化建设惠及民生的生动一幕。

新时代，广东站在高起点谋划公共文化服务建设的崭新格局，通过创建基层综合性文化服务中心，推动区、县级文化馆、图书馆总分馆制建设，以智慧服务实现升级等手段，大力构建现代公共文化服务体系，打通公共文化服务“最后一公里”，切实提升南粤百姓文化获得感。

为补齐公共文化服务区域不平衡的短板，广东大力推动优质公共文化资源向欠发达地区和基层倾斜，持续加强粤东西北地区的公共文化基础设施建设，深入推进“三馆一站”免费开放，提高全省公共文化服务均等化水平。目前全省建成村级综合性文化服务中心25 721个，覆盖率达到99.62%，图书馆、文化馆总分馆制模式加快复制推广。

以数字化手段提升公共文化服务效能。深圳福田区通过“福田文体通”微信平台，实现公共文体服务供给与市民零距离，被列为全国公共数字文化建设特色案例在全国推广。全省“1+21”文化馆公共文化服务总平台“文化在线”2018年6月建成运行，全年累计浏览量达159万人次。“广东公共文化云”建设已在筹划中，南粤百姓手机“点单”，便可享受优质文化服务。

“同饮一江水——广东劳动者歌唱大赛”“广东群众戏剧曲艺花会”“百歌颂中华”等群众文化活动品牌，在南粤各地涌现出来，更多基层群众成为健康文艺的享受者、创作者、参与者。今年广东选送的西河大鼓书《大营救》成功摘得第十八届“群星奖”。

打造“全民阅读”的广东模式成效初显，南国书香节等全民阅读系列活动深受群众欢迎。2019年南国书香节主分会场入场观众超300万人次，分会场首次实现全省地级市全覆盖。

基层文明实践活动进一步提质升级。全省已建成新时代文明实践中心（所、站）10 317个，在21个试点县（市、区）基本实现县、镇、村三级全覆盖，推出文明实践志愿服务项目9914项，开展文明实践活动14.2万场次，参与群众约572万人次。创新开展“七个一百”精品项目下基层活动，乡村文明创建“十百千”示范工程逐项落地。

文化也是仰望星空。广东以世界一流标准，高水平规划建设标志性公共文化设施。广东美术馆、非物质文化遗产展示中心、文学馆“三馆合一”项目建设，力争年底前开工。广东画院新址项目即将投入使用。广东省水下文化遗产保护中心等完成立项。深圳谋划建设深圳歌剧院等“新十大文化设施”。2019年9月5日晚，广州交响乐团与广州塔正式启动“倾城之塔·交响广州”项目，广州交响乐团演出实况录音作为景区内背景音乐，让游客在这座世界第三、中国第一的城市观光旅游塔附近饱览美景的同时，领略“广交之音”弥漫空气之中的艺术气息……广东文化强省建设的丰硕果实正转化为百姓触手可及的文化消费与休闲时光。

/ 跨界融合发展　赋能业态创新 /

广东文化产业迎来多引擎

憨态可掬的“熊大”“熊二”，“萌”得让人恨不起来的“光头强”……从动漫IP产品、特种电影、主题演艺，到涵盖文化科技主题乐园的内容产品及服务，华强方特文化产业全链条开发，是广东文化产业蓬勃发展的一个缩影。

广东文化产业已经走出了一条“质量型内涵式”发展新路：重创意，造品牌，推动传统文化向价值链高端提升，引领本土IP“走出去”；重科技，促融合，“文化+”跨界融合赋能文化新业态，推动“广东制造”向“广东创造”转型升级。

插上高新科技的翅膀，珠江钢琴、珠江灯光、锐丰音响科技、浩洋电子、励丰文化等一大批文化企业成为行业的“领头雁”。数字赋能时代，为文化与科技、互联网的深度融合带来新机遇。动漫、网络游戏、网络音乐等新型文化业态异军突起，成为广东文化产业的新引擎。

广东还开通首个省级4K超高清电视频道，500多家上下游企业投资落地广东，集聚形成穗、深、惠等3个4K产业集群，走在全国前列。

业态创新，活力涌现。广东文化产业交出一张张亮眼成绩单。2017年，广东省数字出版产值1800亿元，居全国第一；动漫业产值400亿元，占全国动漫业产值的1/3；游戏业收入1515亿元，占全国73.9%，占全球20.4%；全省文化产业增加值4817亿元，占全省地区生产总值的5.37%，连续16年居全国各省市首位，已成为全省国民经济支柱性产业。文旅融合加快推进，推动文化和旅游产业实现增加值占地区生产总值10%。初步测算，2018年全省旅游总收入1.36万亿元，同比增长13.5%。

“粤港澳大湾区文化圈”起步建设，首届粤港澳大湾区文化艺术节、粤港澳青少年粤剧艺术交流夏令营等活动，让三地文化从交流合作到交融交心。文化产业三地合作也日趋紧密。在刚刚结束的2019广东国际旅游产业博览会上，超过500家大湾区旅游企业参展，来自港澳的品牌企业组成大湾区主题乐园展区，展现了大湾区文旅业交流融合的蓬勃生态。

记者从省文旅厅最新获悉，《广东省关于加快文化产业发展的若干政策意见》正在制定中，对健全现代文化产业体系和文化市场体系，培育新型文化业态，推动广东省文化产业高质量发展走在全国前列，将提出一系列政策措施，包括在用地、金融、人才政策和知识产权保护与开发应用、财政税收等方面给予一系列扶持。广州、深圳等市也将陆续出台推动产业融合等政策文件。

舵稳奋楫，风劲扬帆。广东紧紧抓住粤港澳大湾区建设和深圳建设中国特色社会主义先行示范区的重大历史机遇，以岭南文化为纽带，促进粤港澳三地传承发展中华优秀传统文化，共建共享高水平的公共文化服务体系，建设具有国际竞争力的文化产业体系和世界级旅游目的地，打造中外文化交流互鉴的重要窗口。坚定文化自信，新时代广东文化强省建设正在书写绚丽动人的精彩华章。

（孙国英　李培　徐林　徐子茗　黄堃媛）